V&R

Angela Scholz / Aribert Rothenberger

Mein Kind hat Tics und Zwänge

Erkennen, verstehen und helfen beim Tourette-Syndrom

*Unter Mitarbeit von Tobias Banaschewski,
Manfred Döpfner, Berthold Grave,
Gunther H. Moll, Michael Treffer*

Mit 3 Abbildungen

Vandenhoeck & Ruprecht
in Göttingen

Ich danke den Familien Nolte, Preusser, Schulte,
Handke, Becker, Lüdecke und Krause
für ihre Mitarbeit an diesem Buch.

Die Deutsche Bibliothek – CIP-Einheitsaufnahme

Scholz, Angela:
Mein Kind hat Tics und Zwänge: Erkennen, verstehen und helfen beim
Tourette-Syndrom / Angela Scholz/Aribert Rothenberger. Unter Mitarb. von
Tobias Banaschewski .... – Göttingen : Vandenhoeck & Ruprecht, 2001
ISBN 3-525-45885-1

Satz: Satzspiegel, Nörten-Hardenberg
Druck- und Bindearbeiten: Hubert & Co., Göttingen

Inhalt

Gut zu wissen, was es ist: Wegen Tourette muß man sich
nicht krank fühlen

Wie dieses Buch entstanden ist

Eltern von Kindern mit Entwicklungsauffälligkeiten und leichten Behinderungen sind oft ratlos. Sie beobachten häufig schon sehr früh, daß ihr Kind sich anders entwickelt als gleichaltrige Kinder aus dem Bekanntenkreis. Solange sie nicht wissen, warum ihr Kind solche Abweichungen im Verhalten, beim Lernen oder in der körperlichen Entwicklung zeigt, fühlen sie sich unsicher und hilflos.

Wenn sie dann erfahren, daß die Entwicklung ihres Kindes wegen einer feststellbaren körperlichen oder geistigen Behinderung oder einer Hirnreifungsverzögerung von einer gesunden Entwicklung abweicht, kann dies verschiedene Reaktionen hervorrufen: Einerseits stellt eine solche Feststellung immer eine Enttäuschung für die Eltern dar – denn damit steht eindeutig fest, daß ihr Kind »nicht ist wie die anderen«. Auf der anderen Seite ist eine Diagnose häufig der erste Schritt, um fachliche Hilfe zu erhalten. Erst wenn die Eltern wissen, was ihrem Kind fehlt und was es braucht, können sie es gezielt fördern und erfolgreich in seiner Entwicklung unterstützen.

Auch meine beiden Pflegekinder zeigten im Lauf der Zeit verschiedene Entwicklungsauffälligkeiten (z. B. Sprachentwicklungsverzögerungen und Wahrnehmungsstörungen). Deshalb suchte ich nach verständlich geschriebener Fachliteratur und war froh, wenn ich Bücher mit guten Hintergrundinformationen fand. Besonders hilfreich war es für mich, wenn es zu den Problemen außerdem Erfahrungsberichte von betroffenen Eltern gab.

Zu erfahren, daß andere Familien ähnliche Probleme hatten,

war für mich sehr entlastend. Oft fand sich bei der Lektüre auch die eine oder andere nachahmenswerte Strategie, mit den Schwierigkeiten unserer Kinder besser umzugehen.

Als ich vor einigen Jahren erfuhr, daß unser Pflegesohn Manuel an einer komplexen Ticstörung namens Tourette-Syndrom (TS) litt, begab ich mich auf die Suche nach entsprechender Literatur für Eltern von Tourette-Kindern, doch ein Buch mit Erfahrungsberichten aus dem Alltag der Betroffenen gab es nicht. So kam ich auf die Idee, diese Lücke mit meinen eigenen Schilderungen zu füllen.

Glücklicherweise hatte ich gewohnheitsmäßig alle Tics und anderen auffälligen Verhaltensweisen, die Manuel durchlebte, in meinem Tagebuch notiert. Beim Formulieren meines Berichts kam mir der Gedanke, auch andere Eltern in meinem Buch zu Wort kommen zu lassen. Dies erschien mir bei einer Störung wie dem Tourette-Syndrom wichtig, da diese Krankheit ja gerade durch die Vielfalt der Symptome und die Verschiedenartigkeit der Verläufe gekennzeichnet ist. Deshalb wollte ich Eltern von Kindern mit möglichst unterschiedlichen Störungsbildern bitten, ihre Erfahrungen für andere Eltern verfügbar zu machen. Verhaltensweisen, die man als Symptome der Krankheit zuordnen kann, machen weniger Angst und verunsichern die Betroffenen nicht so sehr.

Ich entwickelte einen ausführlichen Fragebogen, den ich an verschiedene Familien schickte, zu denen ich durch die Tourette-Gesellschaft Deutschland e. V. (TGD e. V.) Kontakt bekam. Einige Eltern schickten mir ausführliche Berichte, die fast unverändert abgedruckt werden konnten. Andere beantworteten stichwortartig meine Fragen und erklärten sich damit einverstanden, daß ich einen flüssigen Text daraus machte. Berthold Grave, ein erwachsener Betroffener, gestattete mir, den Originaltext seines beeindruckenden Vortrags, den er auf einer Tagung der TGD e. V. in Göttingen gehalten hatte, in mein Buch aufzunehmen. Michael Treffer, Ansprechpartner der regionalen Selbsthilfegruppe Karlsruhe, schrieb einen Beitrag über den Umgang mit Schulen und Behörden. Ich habe jeden Beitrag mit einer passenden Überschrift und einer kurzen Einleitung versehen, aus der ersichtlich wird, welcher Aspekt jeweils im Vordergrund steht.

Professor Aribert Rothenberger, der mir durch die TGD e. V. bekannt war, hatte sich von Anfang an bereit erklärt, mich bei meinem Buchprojekt zu unterstützen. Er schlug vor, die von mir zusammengestellten Erfahrungsberichte aus fachärztlicher Sicht zu kommentieren und durch einen Fachbeitrag über das Tourette-Syndrom zu ergänzen. Da ein großer Teil der Kinder mit Tourette-Syndrom gleichzeitig von einer Aufmerksamkeitsdefizit-Hyperaktivitätsstörung, kurz ADHS genannt, oder von Zwangsstörungen betroffen ist, wird in diesem Teil des Buches auch hierauf ausführlich eingegangen. Es werden viele Fragen beantwortet, die betroffene Eltern häufig stellen. Außerdem werden hilfreiche Strategien für den Umgang mit Tourette-Kindern in Schule und Unterricht aufgezeigt.

Die Namen der Familien und der Jugendlichen, die einen Bericht beigesteuert haben, sind mir bekannt. Ich habe sie jedoch abgeändert, um den Betroffenen den Schutz der Anonymität zu gewähren. Auch ich selbst habe mich aus dem gleichen Grund für ein Pseudonym entschieden.

All denen, die mit ihren persönlichen Erfahrungen und mit fachlichen Beiträgen an diesem Buch mitgewirkt haben, möchte ich an dieser Stelle sehr herzlich danken. Auch der Tourette Gesellschaft Deutschland e. V. danke ich für die Unterstützung bei der Veröffentlichung dieses Buches.

Mein besonderer Dank gilt jedoch den Kindern und Jugendlichen, die sich bereit erklärt haben, ihre »Geschichte« in diesem Buch veröffentlichen zu lassen. Ich würde mich sehr freuen, wenn unser gemeinsames Werk Kindern und Jugendlichen mit Tourette-Syndrom und ihren Angehörigen helfen würde, die Krankheit besser zu verstehen und einen angemessenen Umgang damit zu erlernen.

Angela Scholz

Statt einer Einleitung

Die Erscheinungsform des Tourette-Syndroms ist nicht erst in unseren Jahrzehnten genauer gesehen worden – man hat dem Muster von motorischen und vokalen Tics nur erstmals einen Namen gegeben und bessere Erklärungs- und Behandlungsmöglichkeiten gefunden als während der ersten Hälfte des 20. Jahrhunderts. Die sichtbar auffälligen Bewegungsweisen sind und waren auch nicht nur für Fachleute von Interesse. Vielmehr finden sich in alten Texten (z. B. vor 2000 Jahren durch Altios von Kappadokien) und Werken von Leo Tolstoij (in *Anna Karenina* porträtiert er seinen Bruder Dimitrij mittels des Charakters von Nicolai Levin) sowie Rainer Maria Rilke einfühlsame Darstellungen von Menschen mit einem Tourette-Syndrom. Stellvertretend soll hier die Beschreibung von Rilke aus seinem Buch »Die Aufzeichnungen des Malte Laurids Brigge« (1910) gewählt werden. Der Autor hat in dieser Szene aus dem Paris zu Beginn des 20. Jahrhunderts die wesentlichen inneren und äußeren Merkmale eines Menschen mit Tourette-Syndrom sowie die Reaktionen der Umgebung aufgezeigt:

»Der Boulevard St-Michel war leer und weit, und es ging sich leicht auf seiner leisen Neigung. Fensterflügel oben öffneten sich mit gläsernem Aufklang, und ihr Glänzen flog wie ein weißer Vogel über die Straße. Ein Wagen mit hellroten Rädern kam vorüber, und weiter unten trug jemand etwas Lichtgrünes. Pferde liefen in blinkernden Geschirren auf dem dunkel gespritzten Fahrdamm, der rein war. Der Wind war erregt, neu, mild, und alles stieg auf: Gerüche, Rufe, Glocken.

Ich kam an einem der Caféhäuser vorbei, in denen am Abend

die falschen roten Zigeuner spielen. Aus den offenen Fenstern kroch mit schlechtem Gewissen die übernächtigte Luft. Glattgekämmte Kellner waren dabei, vor der Türe zu scheuern. Der eine stand gebückt und warf, handvoll nach handvoll, gelblichen Sand unter die Tische. Da stieß ihn einer von den Vorübergehenden an und zeigte die Straße hinunter. Der Kellner, der ganz rot im Gesicht war, schaute eine Weile scharf hin, dann verbreitete sich ein Lachen auf seinen bartlosen Wangen, als wäre es darauf verschüttet worden. Er winkte den andern Kellnern, drehte das lachende Gesicht ein paarmal schnell von rechts nach links, um alle herbeizurufen und selbst nichts zu versäumen. Nun standen alle und blickten hinuntersehend oder -suchend, lachend oder ärgerlich, daß sie noch nicht entdeckt hatten, was Lächerliches es gäbe.

Ich fühlte, daß ein wenig Angst in mir anfing. Etwas drängte mich auf die andere Seite hinüber; aber ich begann nur schneller zu gehen und überblickte unwillkürlich die wenigen Leute vor mir, an denen ich nichts Besonderes bemerkte. Doch ich sah, daß der eine, ein Laufbursche mit einer blauen Schürze und einem leeren Henkelkorb über der einen Schulter, jemandem nachschaute. Als er genug hatte, drehte er sich auf derselben Stelle nach den Häusern um und machte zu einem lachenden Kommis hinüber die schwankende Bewegung vor der Stirne, die allen geläufig ist. Dann blitzte er mit den schwarzen Augen und kam mir befriedigt und sich wiegend entgegen.

Ich erwartete, sobald mein Auge Raum hatte, irgendeine ungewöhnliche und auffallende Figur zu sehen, aber es zeigte sich, daß vor mir niemand ging, als ein großer hagerer Mann in einem dunklen Überzieher und mit einem weichen, schwarzen Hut auf dem kurzen, fahlblonden Haar. Ich vergewisserte mich, daß weder an der Kleidung, noch in dem Benehmen dieses Mannes etwas Lächerliches sei, und versuchte schon, an ihm vorüber den Boulevard hinunter zu schauen, als er über irgend etwas stolperte. Da ich nahe hinter ihm folgte, nahm ich mich in acht, aber als die Stelle kam, war da nichts, rein nichts. Wir gingen beide weiter, er und ich, der Abstand zwischen uns blieb derselbe. Jetzt kam ein Straßenübergang, und da geschah es, daß der Mann vor mir mit ungleichen Beinen die Stufen des Gangsteigs hinunterhüpfte in der Art etwa, wie Kinder manchmal während des Gehens aufhüpfen oder springen, wenn sie sich freuen. Auf den jenseitigen Gangsteig kam er einfach mit einem langen Schritt hinauf. Aber kaum war er oben, zog er das eine Bein ein wenig an und hüpfte auf dem anderen einmal hoch und gleich darauf wieder und wieder. Jetzt konnte man diese plötzliche Bewegung wieder ganz gut für ein Stolpern halten, wenn man sich einredete, es wäre da eine Kleinigkeit gewesen, ein Kern, die glitschige Schale einer Frucht, irgend etwas; und das Seltsame war, daß der Mann selbst an das Vorhandensein eines Hindernisses zu glauben schien, denn er sah sich jedesmal mit jenem halb ärgerlichen, halb vorwurfsvollen Blick, den die Leute in solchen Augenblicken haben, nach der lästigen Stelle um. Noch einmal rief mich etwas Warnendes auf die andere Seite der Straße, aber ich folgte nicht und blieb immerfort hinter diesem Manne, indem ich meine ganze Aufmerksamkeit auf seine Beine richtete. Ich muß gestehen, daß ich mich merkwürdig erleichtert fühlte, als etwa zwanzig Schritte lang jenes Hüpfen nicht wiederkam, aber da ich nun meine Augen aufhob, bemerkte ich, daß dem Manne ein anderes Ärgernis entstanden war. Der Kragen seines Überziehers hatte sich aufgestellt; und wie er sich auch, bald mit einer Hand, bald mit beiden umständlich bemühte, ihn niederzulegen, es wollte nicht gelingen. Das kam vor. Es beunruhigte mich nicht. Aber gleich darauf gewahrte ich mit grenzenloser Verwunderung, daß in den beschäftigten Händen dieses Menschen zwei Bewegungen waren: eine heimliche, rasche, mit welcher er den Kragen unmerklich hochklappte, und jene andere ausführliche, anhaltende, gleichsam übertrieben buchstabierte Bewegung, die das Umlegen des Kragens bewerkstelligen sollte. Diese Beobachtung verwirrte mich so sehr, daß zwei Minuten vergingen, ehe ich erkannte, daß im Halse des Mannes, hinter dem hochgeschobenen Überzieher und den nervös agierenden Händen dasselbe schreckliche, zweisilbige Hüpfen war, das seine Beine eben verlassen hatte. Von diesem Augenblick an war ich an ihn gebunden. Ich begriff, daß dieses Hüpfen in seinem Körper herumirrte, daß es versuchte, hier und da auszubrechen. Ich verstand seine Angst vor den Leuten, und ich begann selbst vorsichtig zu prüfen, ob die Vorübergehenden etwas merkten. Ein kalter Stich fuhr mir durch den Rücken, als seine Beine plötzlich einen kleinen, zuckenden Sprung machten, aber niemand hatte es gesehen, und ich dachte mir aus, daß auch ich ein wenig stolpern wollte, im Falle jemand aufmerksam wurde. Das wäre gewiß ein Mittel, Neugierige glauben zu machen, es hätte da doch ein kleines, unscheinbares Hindernis im Wege gelegen, auf das wir zufällig beide getreten hätten. Aber während ich so auf Hilfe sann, hatte er selbst einen neuen, ausgezeichneten Ausweg gefunden. Ich habe vergessen zu sagen, daß er einen Stock trug, nun, es war ein einfacher Stock, aus dunklem Holze mit einem schlichten, rund gebogenen Handgriff. Und es war ihm in seiner suchenden Angst in den Sinn gekommen, diesen Stock zunächst mit einer Hand (denn wer weiß, wozu die zweite noch nötig sein würde) auf den Rücken zu halten, gerade über die Wirbelsäule, ihn fest ins Kreuz zu drücken und das Ende der runden Krücke in den Kragen zu schieben, so daß man es hart und wie einen Halt hinter dem Halswirbel und dem ersten Rückenwirbel spürte. Das war eine Haltung, die nicht auffällig, höchstens ein wenig übermütig war; der unerwartete Frühlingstag konnte das entschuldigen. Niemandem fiel es ein, sich umzusehen, und nun ging es. Es ging vortrefflich. Freilich beim nächsten Straßenübergange kamen zwei Hüpfer aus, zwei kleine, halbunterdrückte Hüpfer, die vollkommen belanglos waren; und der eine, wirklich sichtbare Sprung war so geschickt angebracht (es lag gerade ein Spritzschlauch quer über dem Weg), daß nichts zu befürchten war. Ja, noch ging alles gut; von Zeit zu Zeit griff auch die zweite Hand an den Stock und preßte ihn fester an, und die Gefahr war gleich wieder überstanden. Ich konnte nichts dagegen tun, daß meine Angst dennoch wuchs. Ich wußte, daß, während er ging und mit unendlicher Anstrengung versuchte, gleichgültig und zerstreut auszusehen, das furchtbare Zucken in seinem Körper sich anhäufte; auch in mir war die Angst, mit der er es wachsen und wachsen fühlte, und ich sah, wie er sich an den Stock klammerte, wenn es innen in ihm zu

13

rütteln begann. Dann war der Ausdruck dieser Hände so unerbittlich und streng, daß ich alle Hoffnung in seinen Willen setzte, der groß sein mußte. Aber was war da ein Wille. Der Augenblick mußte kommen, da seine Kraft zu Ende war, er konnte nicht weit sein. Und ich, der ich hinter ihm herging mit stark schlagendem Herzen, ich legte mein bißchen Kraft zusammen wie Geld, und indem ich auf seine Hände sah, bat ich ihn, er möchte nehmen, wenn er es brauchte.

Ich glaube, daß er es genommen hat; was konnte ich dafür, daß es nicht mehr war.

Auf der Place St-Michel waren viele Fahrzeuge und hin und her eilende Leute, wir waren oft zwischen zwei Wagen und dann holte er Atem und ließ sich ein wenig gehen, wie um auszuruhen, und ein wenig hüpfte es und nickte ein wenig. Vielleicht war das die List, mit der die gefangene Krankheit ihn überwinden wollte. Der Wille war an zwei Stellen durchbrochen, und das Nachgeben hatte in den besessenen Muskeln einen leisen, lockenden Reiz zurückgelassen und den zwingenden Zweitakt. Aber der Stock war noch an seinem Platz, und die Hände sahen böse und zornig aus; so betraten wir die Brücke, und es ging. Es ging. Nun kam etwas Unsicheres in den Gang, nun lief er zwei Schritte, und nun stand er. Stand. Die linke Hand löste sich leise vom Stock ab und hob sich so langsam empor, daß ich sie vor der Luft zittern sah; er schob den Hut ein wenig zurück und strich sich über die Stirn. Er wandte ein wenig den Kopf, und sein Blick schwankte über Himmel, Häuser und Wasser hin, ohne zu fassen, und dann gab er nach. Der Stock war fort, er spannte die Arme aus, als ob er auffliegen wollte, und es brach aus ihm aus wie eine Naturkraft und bog ihn vor und riß ihn zurück und ließ ihn nicken und neigen und schleuderte Tanzkraft aus ihm heraus unter die Menge. Denn schon waren viele Leute um ihn, und ich sah ihn nicht mehr.«

Wenn Rilke von der »gefangenen Krankheit« spricht, die »im Körper umherirrt« und versucht, da und dort »auszubrechen«, so können vom Tourette-Syndrom Betroffene dies sicherlich gut nachvollziehen. Auch wenn Rilke bei dem Herrn nur motorische Tics (Muskelzuckungen) schildert, darf doch vermutet werden, daß bei einer derartigen Ausprägung auch irgendwann vokale Tics (Lautäußerungen) aufgetreten sind. Vielleicht hat Rilke diese auf die Entfernung auch nicht gehört.

Der dramatische Kampf innerer und äußerer Kräfte gegen die andrängenden Muskelzuckungen konnte durch den starken Willen des Spaziergängers (unter Nutzung einer motorischen Blockade mit Hilfe seines Stocks) lange unentschieden hin und her wogen – schließlich ließ er aber den Tic dahinfahren, löste und befreite sich in einer Serie von »schleudernder Tanzkraft«, um sicher bald wieder in die alte Auseinandersetzung gezwungen zu werden. Vielleicht konnte er mit seiner starken Willenskraft immer bessere Möglichkeiten in sich entdecken, mit seiner Krankheit umzugehen, sich nicht von ihr bestimmen zu lassen. *Zuversicht* und *Mut* zum selbstaktiven Umgang mit dem Tourette-Syndrom spricht aus Rilkes Schilderung – dies sollten wir weitertragen.

Aribert Rothenberger

Manuels Geschichte

Durch Zufall entdeckt: Wie wir der Krankheit auf die Spur kamen

Hätte ich im September 1993 nicht im Wartezimmers eines Kinder- und Jugendpsychiaters gesessen – unser Leben wäre sicherlich anders verlaufen. Zufällig stieß ich beim Durchblättern eines Zeitschriftenheftes auf einen Artikel von Oliver Sacks über die chronische Ticstörung eines amerikanischen Chirurgen, eine seltene neurologische Erkrankung namens »Tourette-Syndrom« (TS).

In diesem Artikel fand ich anschaulich das alltägliche Leben des Dr. Doran beschrieben, eines hochgebildeten Mannes, der unter immer wiederkehrenden unwillkürlichen Bewegungen, Muskelzuckungen und Vokalisationen litt, die er kaum kontrollieren konnte. Ich war wie gebannt – einige dieser Tics, die den beschriebenen Chirurgen tagtäglich überfielen, kamen mir sehr bekannt vor. Das ständige Antippen und Berühren aller Gegenstände und Personen, die sich in weniger als einem Meter Abstand von ihm befanden, kannte ich nur allzu gut von meinem Pflegesohn Manuel. Auch das Erzeugen merkwürdiger Geräusche und das häufige Wiederholen ulkig oder interessant klingender Wörter – meistens überhaupt nicht zum jeweiligen Gesprächsthema passend – waren mir aus unserem Familienalltag sehr vertraut.

Ich hätte niemals vermutet, daß es sich bei diesen teilweise recht ungewöhnlich erscheinenden Verhaltensweisen unseres Sohns um Symptome einer neuropsychiatrischen Erkrankung handeln könnte. Mein Mann und ich hatten uns zwar schon oft die Frage gestellt, warum Manuel häufig so unruhig und nervös wirkte, warum seine Hände und Füße, aber auch sein Mundwerk, ständig in Bewegung sein mußten.

Wir hatten uns seine diversen Tics, seine Ablenkbarkeit, seine Unruhe, sein oftmals geradezu hyperaktiv wirkendes Verhalten und seine sonstigen Schwierigkeiten jedoch immer als verständliche, ja eigentlich »normale« Reaktionen auf seine belastenden Lebensumstände als Pflegekind erklärt, die bei einem sensiblen Kind einfach zu einer erhöhten Anspannung und Nervosität führen *mußten*. Schließlich lebte er von seinem fünften Lebensmonat an als ein Kind zwischen zwei Familien, ohne richtig zu wissen, wohin er eigentlich gehörte.

Nach der Lektüre des Artikels ließ mich jedoch der Gedanke nicht mehr los, unser Pflegesohn könne möglicherweise ebenso am Tourette-Syndrom leiden wie der von Oliver Sacks geschilderte Dr. Doran. Glücklicherweise fand ich ein paar Tage später in unserer Stadtbücherei beim Durchstöbern weiterer Ausgaben derselben Zeitschrift die Mitteilung über die Gründung einer überregionalen Selbsthilfeorganisation von Tourette-Kranken, der »Tourette-Gesellschaft Deutschland e. V.«, die von einem Spezialisten auf dem Gebiet der Erforschung und Behandlung des Tourette-Syndroms ins Leben gerufen worden war.

Ich konnte es kaum abwarten, bis ich wieder zu Hause war – umgehend wandte ich mich an die Tourette-Gesellschaft (im folgenden TGD e. V. genannt) mit der Bitte um weitere Informationen über diese Erkrankung.

Kurz darauf erhielt ich eine ausführliche Informationsbroschüre zugeschickt. Darin fanden mein Mann und ich weitere Hinweise darauf, daß Manuel am Tourette-Syndrom erkrankt sein könnte.

Mit diesen neuen Informationen und Vermutungen im Hinterkopf beobachtete ich einige Tage später meinen Sohn morgens im Badezimmer. Mir fiel – »durch die Tourette-Brille betrachtet« – auf, daß er an jenem Morgen seine sonst üblichen rhythmischen Verzierungen des Waschbeckens und des Spiegelschrankes mit Zahnbürste und Zahnpasta unterließ. Statt dessen vollführte er auf unserem Badezimmerhocker stehend ein kleines Tänzchen. Ganz spontan fragte ich ihn, ob er das extra machen würde, und ob er damit auch aufhören könne, oder ob er jetzt da tanzen *müsse*.

Daraufhin sprudelte es nur so aus ihm heraus: Daß er dieses Tänzchen nur so aus Spaß mache, daß es aber eine Menge Dinge gebe, die er einfach machen *müsse*, ohne es zu wollen. Nach einer Weile bremste ich seinen Wortschwall und schlug vor, mir das alles noch einmal zu erzählen, damit ich es auf eine Kassette aufnehmen konnte. Diese Idee gefiel ihm sofort, denn er liebte es, mit Freunden selbstbesprochene oder -besungene Kassetten herzustellen. So fragte ich ihn – wie eine Reporterin, die ein Radiointerview durchführt – nach den verschiedenen Dingen, die er nach seinem eigenen Empfinden machen mußte und nicht einfach lassen konnte.

Auf diese Weise erfuhr ich von Begebenheiten, von denen ich bis dahin noch gar nichts gewußt hatte. Da Manuel beim Sprechen vor lauter Aufregung außerdem einige hörbare vokale Tics produzierte, hatte ich nach dem Interview ein aussagekräftiges Dokument seiner Störung in der Hand. Kurz entschlossen schickte ich die Kassette – ergänzt durch einige erklärende Worte über Manuels familiären Hintergrund, seine bis dahin aufgetretenen Tics und seine damals recht schwierige Entwicklung – direkt an einen mir durch den Kontakt zur Tourette-Gesellschaft Deutschland e. V. bekannten Tourette-Spezialisten. Ich wollte unbedingt herausfinden, ob mein Sohn womöglich wirklich an dieser Krankheit litt.

Kurz darauf teilte der Arzt uns mit, daß man anhand der von mir und von Manuel selbst beschriebenen Symptomatik (die bereits länger als ein Jahr bestand), ziemlich sicher vom Vorliegen eines Tourette-Syndroms sprechen könne. Aufgrund der vielfältigen Symptome handele es sich dabei vermutlich um einen mittleren Schweregrad.

Über diese Aussage waren mein Mann und ich zunächst sehr erschrocken – schließlich handelt es sich beim Tourette-Syndrom um eine chronische Krankheit, die unter Umständen zu starken sozialen Beeinträchtigungen führen kann. Andererseits fühlten wir aber auch so etwas wie Erleichterung, denn nun hatten wir endlich eine plausible Erklärung für die in den vorangegangenen Monaten immer stärker gewordenen Muskelzuckungen und Vokalisationen.

Wäre mir nicht durch Zufall und gerade zur rechten Zeit der Artikel von Oliver Sacks in die Hände gefallen, wüßten wir vielleicht bis heute nicht, daß einige von Manuels schwierigen oder merkwürdig anmutenden Verhaltensweisen durch eine neuropsychiatrische Erkrankung mit dem Namen »Tourette-Syndrom« hervorgerufen wurden.

Interview mit Manuel

Bevor ich an dieser Stelle den genauen Wortlaut des spielerisch aufgezeichneten Interviews wiedergebe, das ich mit meinem Sohn Manuel führte, möchte ich zum besseren Verständnis einige kurze Erläuterungen geben:

»Inky Pinky« ist eine Zauberfee-Puppe, die Manuel zum Einschlafen braucht und mit der er manchmal noch im Bett ein wenig spielt.

Annabella ist Manuels (Pflege-)Schwester.

»Der Heiopei ist im Maar ertrunken« hat folgende Bedeutung: Im vorhergehenden Urlaub produzierte Manuel häufig verschiedenste Lautäußerungen in Kombination mit motorischer Unruhe und »Herumhampeln«. Wenn er sich so gab, sagten wir immer »Der Manuel ist im Moment nicht zu sprechen, der Heiopei ist wieder da«. Um ihm zu helfen, diese Verhaltensweisen abzulegen, haben wir den »Heiopei« am Schluß symbolisch in einem Maar in der Eifel ertrinken lassen und den Manuel mit nach Hause genommen. Seitdem sind diese speziellen Bewegungs- und Lautkombinationen weg.

»Larrrrssssa« hat er im Urlaub oft zu einem Mädchen namens Lisa gesagt.

»Rrrrothaariges Mäddell« hat er im Urlaub auch immer wieder (z. B. beim Wandern) vor sich hingesagt.

Das im Rachen gebildete »Chchch«, das häufig während des Sprechens auftaucht, kann man auf der Kassette heraushören, wenn man genau darauf achtet. Ich habe es deshalb mit aufgeschrieben, wenn Manuel es produzierte. Auch das vermutlich unwillkürliche Einschieben eines »rrr« mitten in einem Wort kann man beim Wort »Hausaufga(rrr)ben« bei genauem Hinhören feststellen.

20

Die Funktion des Gehirnmännchens samt seinem Gefolge will ich auch kurz erläutern. Als Manuels leibliche Mutter ihn zwei Jahre zuvor unter Druck gesetzt hatte, sich zu entscheiden, wo er leben wollte, hatte sie ihm unter Androhung schlimmster Folgen verboten, uns von seinen Sorgen zu erzählen. Als er dieses Verbot nach Monaten endlich übertrat, brach er vor Schuldgefühlen zusammen. Um ihm weiteres Erzählen belastender Erlebnisse mit seiner Mutter zu ermöglichen, erfand ich damals die Figur des Gehirnmännchens. Dieses half ihm danach immer beim Öffnen geheimer Kammern in seinem Kopf. Wir schickten es auch durch den ganzen Körper, um herauszufinden, wo seine damals starken Bauch- und Kopfschmerzen herkamen.

Und wenn wir mal wieder irgendwelchen »Seelenmüll« gefunden hatten, schickten wir das kleine Männchen und seine Helfer damit »auf natürlichem Weg« aus dem Körper raus; den Müll und das Gerümpel nahm es mit. Nachdem wir alle verschlossenen, verstaubten Kisten und verriegelten Kammern in seinem Kopf und Körper geöffnet und entrümpelt hatten, haben wir damals das Gehirnmännchen und seine Mannschaft aus unseren Diensten entlassen. Danach hatten wir es nicht wieder in Anspruch genommen – dies geschah am Ende unseres »Interviews« ohne meine Anregung ganz spontan durch Manuels eigene Idee.

Frage: »Manuel, wir hatten ja gerade beim Zähneputzen angefangen, uns über ein Thema zu unterhalten, das war ja ganz spannend. Jetzt erzähl' mir doch einfach noch mal, was du mir eben schon erzählt hast. Wie war das noch mal – du hast vorm Spiegel gestanden und deine Zähne geputzt, und dann hast du angefangen, so'n Tänzchen zu machen, weißt du noch, so wie eben, so mit den Armen so hin und her. Und da hab' ich dich . . . gefragt, sag' mal, machst du das eigentlich extra, kannst du damit aufhören, oder kommt da irgendwas in dir drin vor, warum du das machst? Und dann erzähl' noch mal, was du eben gesagt hast.«

Manuel: »Also, das ist so: Damit kann ich auch aufhören, das mach' ich nur, weil mir das eben Spaß macht, vorm Spiegel. Es gibt aber auch Dinge, die kann ich nicht aufhören, zum Beispiel dieses, wenn ich im Bett liege. . . . Wenn ich auf dem Kopfkissen liege, dann ist so'n Magnet, das zieht mich nach vorne, und dann muß ich wieder aufstehen, und dann hinten (am Bett) . . . alles anfassen . . . Und wenn ich das nicht mache, dann hab' ich Rückenschmerzen, ganz dolle. Wenn ich zum

Beispiel die Inky Pinky anfasse und damit spiele, dann ist das ganz schön. Und wenn ich die wieder hinlege, dann ist so'n ganz doller Schmerz in mir, dann nehm' ich die wieder, und dann ist das wieder ganz leicht.

Oder auch wenn wir draußen sind irgendwo, und da liegt 'n größerer Stein, und ich will den gern mitnehmen, aber der ist mir zu groß, dann geh' ich weiter, dann zieht mich irgendwas so nach hinten, und ich kann dagegen gar nichts tun. Wie so'n riesiges Magnet, was mich anzieht. Chchch . . .«

Frage: »Und was machst du dann?« . . .

Manuel: »Dann versuch ich, . . . daß ich das nicht aufheben brauch' irgendwie, weil . . . so'n Stein, den brauch' ich doch nicht unbedingt aufzuheben und dann mitnehmen. Und ihr sagt dann immer: ›Manuel, jetzt komm doch mal!‹

Und bei Annabella beim Malen oder so, dann mach' ich immer ›Gerrrr, gerrrr‹.

Und wenn wir beim Spielen sind, beim ganz schönen Spiel, . . ., was ich eigentlich ganz schön finde, dann sag' ich immer ›Ach, ich spiel nicht mehr, ach, ich spiel nicht mehr, . . .‹«

Frage: »Und wenn du dann aufhören willst, das zu sagen?«

Manuel: »Ich kann einfach nicht aufhören, das zu sagen, wenn ich das nicht mache, dann krieg' ich so'n ganz komisches Kribbeln überall. Das muß ich einfach sagen, das drückt sonst ganz, die Stimme drückt dann. Da kommen dann immer mehr ›gerrr‹ hoch, immer mehr, und dann muß ich einfach den Mund aufmachen und dann laß' ich das eben los. Dann kommt das raus, raus, immer mehr.«

Frage: »Und dann machst du dieses ›gerr, gerr‹. Und eben hast du mir im Badezimmer erzählt, daß das dann oft so ist, daß du dann die Annabella damit ganz doll nervst, und dann sagt die irgendwann ›Jetzt spiel' ich nicht mehr.‹«

Manuel: ». . . und dann ist die sauer. Dann bin ich wieder so verzweifelt, nur wegen mir, ich bin so doof, . . .«

Frage: »Das ist ganz schön schwer für dich, oder? – So Manuel, paß auf, jetzt fällt mir noch was ein, was ich dich gern noch mal fragen möchte . . . Es gibt doch so'n paar Sachen, die uns Erwachsene auch schon mal nerven, weißt du, wo wir mal

im Urlaub gesagt haben, das ist so heiopeiartig. So alle möglichen Verhaltensweisen, ...«

Manuel: »Wo wir gesagt haben, der ist im Maar versunken
...«

Frage: »Ja, hinterher haben wir das gesagt, daß der Heiopei
im Maar ertrunken ist. So'n paar Verhaltensweisen, wo wir uns
auch manchmal echt drüber aufregen. Vielleicht denkst du mal
daran, was es alles gibt, und erzählst mir einfach mal, welche
Sachen du wohl lassen kannst, und wo das so ist, wie du grade
erzählt hast. Magst du mir das mal erzählen?«

Manuel: »Ja, ich erzähl dir erst mal die, die ich lassen kann:
zum Beispiel dieses Kinn-Vorrecken, dieses ... (macht verschiedene merkwürdige Bewegungen vor). ... Aber ich kann
manches auch nicht aufhören. Zum Beispiel ›chchch‹, beim
Vorlesen muß ich immer ›hmm hmm‹ machen (räuspert sich
ganz heftig).«

Frage: »Stimmt, wenn du vorgelesen bekommst, das ist mir
schon ganz früher aufgefallen, da warst du noch ganz klein,
weißt du das noch? Da hast du ganz oft immer so ›hmm, hmm‹
gemacht beim Vorlesen. ... Richtig so wie räuspern. (Manuel
räuspert sich lautstark.)

Was fällt dir denn noch ein, was du nicht sein lassen kannst,
wenn du das möchtest?«

Manuel: »... Wenn wir spielen, Annabella und ich, dann ist
irgendwas, daß die Puppen ganz doof werden, und irgend so'n
Gehampel aufführen, obwohl das ganz friedliche Puppen sind.
... Und das nervt die Annabella, und dann spielt die wieder
nicht mehr. Das ist genauso, wie bei dem ›Ach, ich spiel nicht
mehr‹, da spielt sie auch nicht mehr, oder beim ›gerr‹ – da gibt
es drei Sachen, wo sie manchmal beleidigt ist. Das geht dann
überhaupt nicht gut. Die Puppen machen dann so'n Gehampel.
Das ist dann ganz doof, dann spielen wir gar nicht mehr richtig
schön.«

Frage: »Und wenn du dann eigentlich wieder richtig schön
spielen möchtest, daß die Puppen sich irgendwie unterhalten
oder ihr irgendwas mit den Puppen macht?«

Manuel: »Das geht nicht, chchch, wenn ich das einmal angefangen hab', das kommt dann irgendwann so, dann kann ich das nicht mehr aufhören. Dann mach' ich das so lange, bis die Annabella sauer ist.«

Frage: »Obwohl du vorher genau weißt, daß die Annabella davon sauer wird? Weißt du das in dem Moment vorher im Kopf?«

Manuel: »Ich chchch weiß das ganz genau, die Annabella wird sauer, ›Manuel, jetzt laß' es sein!‹, ich möchte das nicht, aber das rutscht mir immer wieder so raus. Das kann ich gar nicht anders machen. Ich weiß genau, ich will das nicht. Die Annabella ärgert sich darüber, ich will das nicht.«

Frage: »Und das weiß dein Kopf in dem Moment ganz genau. Und der sagt dir das auch. Der sagt ›Manuel, hör' damit auf, das gibt nur Ärger.‹«

Manuel: »Ja, . . . Und dann spielen die Puppen so'n Scheiß, obwohl ich das versuche zu lassen. Dann kann ich nicht mehr richtig spielen, fällt mir nichts mehr ein, und dann sag' ich wieder ›Ach, ich spiel nicht mehr, ach, ich spiel nicht mehr.‹«

»Und dieses ›gerrr‹: Ich hab' dann so'n Drücken im Hals, dieses rrrr, das muß ich dann so rollen lassen, so wie bei ›Larrrrsa‹. Chchch. . . . Also dieses ›zarrr, zarrr‹, dieses ›rrrr‹ muß ich eigentlich machen, und dann darf ich mir auch Wörter aussuchen, welche ich nehme. Und wenn ich das ›Larrrrsa‹ eben schön finde zu sagen, dann nehme ich lieber das ›Larrrsa‹ und nicht dieses ›gerrrr‹.«

Frage: »Ach, das ist ja interessant, da kommt dieses ›rrrr‹ . . . ganz doll aus dir raus,«

Manuel:». . .aber ich darf mir aussuchen, welches ich nehme.«

Frage: ». . . und wer bestimmt den Rest, . . .?«

Manuel: »Das bestimmt mein Körper, mein Hals. . . . Schon wieder jetzt, weil wir darüber reden, ›rrrrrr‹, . . .«

Frage: ». . . da kriegst du wieder so'n Druck. War das mit dem rrrrothaarigen Mäddell auch so? Oder war das nur so'n Spaß?«

Manuel: »RRRRothaariges Mäddell, das war eigentlich süß, und das konnte ich auch sein lassen.«

Frage: »Ach, das war nur so'n Spaß. Weil vieles, das machen Kinder ja auch nur, oder auch manchmal ausgelassene Erwachsene, wenn sie einfach lustig drauf sind, und irgendwie so blöde Wörter mal sagen. Damit kann man aber dann ja auch wieder aufhören ...«

Manuel: »Nur nachts da ... bin ich so müde, und mein Körper, der weiß selbst, er möchte sich jetzt hinlegen und nicht wieder nach vorne. Und obwohl mein Körper dann schlafen will, dann muß ich mich dann wieder nach vorne lehnen, oh, das ist schreck-, schreck-, schrecklich.«

Frage: »Dieses abends im Bett, daß du dann immer aufmußt, das hab' ich ja auch schon mal irgendwann einmal gesehen, ... und dann hab' ich dich glaub' ich auch noch ausgemeckert, oder? Daß ich mal gesehen habe, daß dein Oberkörper so zum Ende des Bettes wutscht und deine Hände da hinten dranticen, und dann hast du dich wieder hingelegt. Und ich denk' dann manchmal, der will bloß schon wieder was von mir, und der will mich ärgern, und der will bloß nicht schlafen.«

Manuel: »Und ... bei den Hausaufgaben, wenn das alles falsch ist, wenn du denkst, daß ich dich nur ärgern will, dann ist das doof, weil ich die ganze Zeit nur auf der Unterlage so blöd rumkrickel' und mich gar nicht konzentrieren kann deswegen.«

Frage: »... Das hattest du mir ja eben ... auch schon mal erzählt, daß da bei den Matheaufgaben manchmal irgendwas mit dir passiert. Sag' das doch noch mal genauer.«

Manuel: »Ja, bei den Matheaufgarrrrben, da will ich eigentlich nicht, daß du die ganze Zeit neben mir sitzen bleibst, das ist irgendwas in mir, daß ich mich nicht konzentrieren kann.«

Frage: »Und dann hast du mir eben erzählt, daß dann irgendwas in dir sagt, jetzt mußt du unbedingt mit dem Bleistift auf der Unterlage rumkrickeln.«

Manuel: »Ja, ja genau ...«

Frage: »Oder so mit dem Bleistift, das kenn ich ja auch ganz gut, daß du immer mit dem Bleistift so 1000 Punkte da machst, so richtig draufhämmerst, wie Regenpunkte, so ganz viele über die Unterlage verteilst. Und das passiert dir auch, wenn du eigentlich wirklich rechnen möchtest. ...?«

Manuel: »Chchch, wenn wir so reden wie jetzt, dann bin ich eigentlich ganz ruhig, dann kann ich dieses (krickeln) sein lassen, selbst wenn ich dir das zeige. Aber, chchch, chchch, ... wenn was ganz ernstes ist, dann mach' ich das eigentlich nicht. Aber so, wenn keiner mit mir so was macht oder so, dann konzentrier' ich mich auch nicht, dann geht so'n Gehampel los, dann muß ich überall hin, dann muß ich bis ins Wohnzimmer, und dann irgendwo überall anticen, chchch. ... Ich mach' ja manche Sachen, die ich wirklich nicht will.«

Frage: »Das ist ganz schön lästig für dich, nicht?«

Manuel: »Das kann man wohl sagen!«

Frage: »So Manuel, jetzt hattest du ja eben noch 'was angefangen, was du mir auch erzählen wolltest, mit dem Fahrrad fahren. Was ist dir denn da noch eingefallen?«

Manuel: »Ja, ... manchmal, da will ich das gar nicht, dann laß' ich die Hände einfach los. ... Dann hab' ich immer so 'ne Angst, daß ich umkippe, aber trotzdem ...«

Frage: »Und das passiert dir auch einfach, ohne daß du das überhaupt willst.«

Manuel: »Und dann schimpft ihr mich immer aus, und dabei will ich das gar nicht.«

Frage: »Das tut mir leid. Ich kann mich noch gut an den Urlaub erinnern, wo das immer wieder passiert ist und wo ich dachte, du machst das extra. Und ich hatte wirklich immer Sorge, du fällst gleich vom Fahrrad oder der Lenker, der dreht sich um und du fällst auf die Straße. Und das geht auch immer automatisch?«

Manuel: »Hm, und deshalb macht mir Radfahren keinen Spaß mehr.«

Frage: »Das kann ich verstehen. Weißt du, woran ich mich auch erinnert habe eben? Als du das Radfahren grade erst gelernt hattest, so mit fünf Jahren ungefähr, da waren wir mal im Park, und da warst du noch gar nicht so sicher mit dem Fahren. Da kann ich mich erinnern, da hast du immer beim Fahren den Kopf nach hinten gedreht. Das weiß ich noch ganz genau. Da hab' ich dich damals gefragt: ›Manuel, warum guckst du denn nicht nach vorne, du mußt doch nach vorne gucken, sonst baust du gleich noch 'nen Sturz!‹ Und da hast du mir damals gesagt: ›Das sagt mein Gehirn, mein Gehirn sagt immer: Du mußt den Kopf nach hinten drehen!, ich will das gar nicht, aber mein Gehirn sagt immer: Dreh' den nach hinten! und dann muß ich das machen.‹ Kannst du dich noch daran erinnern? Das paßt ja irgendwie zu dem anderen, daß da irgendwas in dir immer ist, was dir sagt, was du tun sollst. Und eben hattest du mir ja sogar noch erzählt, daß das manchmal richtig weh tut, wenn du das dann nicht machst. Wenn du dich dann nicht in die Richtung bewegst, daß dir das dann manchmal richtig weh tut im Körper.

Jetzt wollte ich dich noch eins fragen, Manuel, passiert dir das denn auch in der Schule? Oder ist das da nicht so schlimm?«

Manuel: »Ich hab' dir ja vorhin schon gesagt, wenn ich ganz doll beschäftigt bin, dann nicht so, aber wenn keiner so mit mir beschäftigt ist, dann mach' ich das manchmal auch.«

Frage: »Also, wenn du keine bestimmten Aufgaben hast, und dich nicht mit irgendwas ganz doll beschäftigst, dann passiert das öfter.« . . .

Manuel: »Ich muß dir noch was erzählen, . . . wenn ich beim Kassettenhören, wenn ich dann . . . irgendeinen (Sprecher) so höre so doll, . . ., dann mach' ich das immer so laut wie's geht, obwohl ich das überhaupt nicht will, und dann wird das immer so laut, dann dröhnen meine Ohren so. . . . Das will ich eigentlich gar nicht, das finde ich ganz blöd, das stört mich beim Kassettenhören, . . ., dann kann man sich überhaupt nicht konzentrieren bei 'ner Geschichte. . . . Bei Musik kann man das ja ruhig ein bißchen lauter machen, aber bei Geschichten find' ich das alles überhaupt nicht mehr schön.«

Frage: »Das heißt, du machst dann was, was du eigentlich gar nicht schön findest, das gefällt dir eigentlich gar nicht besser, als wenn du jetzt alles in der gleichen Lautstärke hörst. Aber es muß irgendwie sein . . .?«

Manuel: »Hmm . . .«

Frage: »Und eben hattest du mir noch erzählt, daß du auch beim Kassettenhören selbst oft so komische Geräusche machst, die dich auch stören dabei. Hab' ich das richtig verstanden, . . .?«

Manuel: »Das gerrrr, das kommt auch beim Kassettenhören.«

Frage: »Und daß du dann manchmal von der Kassette gar nicht mehr so viel mitkriegst, weil du selbst so viele Geräusche machst und dich das auch stört ...

So, jetzt erzähl' mir noch mal ganz kurz, was du mir grade gesagt hast, ohne daß der Kassettenrecorder gelaufen ist. Wie war das mit dem Gehirnmännchen?«

Manuel: »Das Gehirnmännchen, also ... das ist ein Männchen, das lebt im Gehirn, und das hat auch'n König und 'ne Frau und so. Und die leben da alle drin, und die haben so ganz viele Kammern, wo meine ganzen Sachen im Gehirn eingeschlossen waren. Und das war da ganz lange abgeschlossen und ist jetzt verstaubt. Und heute hat das Gehirnmännchen die Kammer aufgemacht, und da sind die ganzen Männchen da rausgehüpft davon und dann runtergerutscht aufs Herz und vom Herz aus'm Popo raus. Und jetzt hab' ich die weg. Jetzt hab' ich die erzählt, jetzt sind 'se raus. Jetzt liegt mir nichts mehr auf'm Herzen, jetzt hab' ich das alles erzählt.«

Frage: »Das ist aber schön. Und wie hattest du das grade noch mal genannt? ...«

Manuel: »Jetzt ist die Kammer gelüftet im Gehirn, ..., jetzt sind da nicht mehr so viele Motten und Falter, jetzt ist das alles weg. Jetzt ist das wieder 'ne schöne, saubere Kammer ohne irgendeinen Streß. Jetzt ist die erst mal leer, ... Und wenn irgendwas Gutes oder was Schlechtes kommt, dann wird das da reingestopft. Und beim Guten bleibt die Tür offen und beim Schlechten wird die Tür ganz feste verriegelt. Und irgendwann, wenn du mich danach fragst, dann wird die aufgemacht, und dann wird sie gelüftet wieder. ... Chchch.«

Zu viel Wut im Bauch? Der lange Weg zur Diagnose

Nachdem wir nun zu wissen glaubten, woran unser Manuel litt, suchten mein Mann und ich natürlich umgehend Hilfe und Unterstützung für ihn. Obwohl wir – was absolut nicht selbstverständlich ist – in unserer Stadt etliche Fachleute fanden, die sich mit dieser Erkrankung auskannten, gab es niemanden, der die Diagnose »Tourette-Syndrom« bestätigen wollte.

Aufgrund unserer Vorinformationen erwarteten wir, daß eigentlich nur noch eine genaue Schilderung der Symptomatik durch uns und – der Vollständigkeit halber – verschiedene Tests und Beobachtungen notwendig seien und man uns dann die dringend benötigten Hilfen für einen angemessenen Umgang mit der Krankheit im Alltag mit auf den Weg geben würde. Doch die Vermutung des erwähnten Spezialisten wurde trotz aller von uns aufgezählten Symptome gründlich in Frage gestellt oder gar schlichtweg abgelehnt.

Statt dessen wurde mit großem Eifer nach familiären Belastungen und Konflikten gesucht, die bei uns aufgrund der problematischen Pflegefamiliensituation natürlich reichlich vorhanden waren. Deswegen ging Manuel auch zu jener Zeit regelmäßig zu einer tiefenpsychologisch orientierten Spieltherapeutin. Hier wurden uns die motorischen Tics mit unterdrückter Wut erklärt, manche Vokalisationen als Ausdruck eines »körperfeindlichen Klimas« in unserer Familie.[1] Der Rest wurde einfach nicht zur Kenntnis genommen, da die meisten Tics

---

1 Derartige Erklärungen haben ihre tiefe Wurzel in der Annahme von S. Freud und seinen Nachfolgern, daß Tics zu den »hysterischen« Störungen gehörten, obwohl schon um die Jahrhundertwende von anderen Ärzten auch die Ansicht vertreten wurde, daß die Störung erblich-biologisch sei. Da sich Tics durch Gefühlsregungen (positive wie negative) verstärken können, kann es (bei oberflächlicher Betrachtung der Sachlage) auch heute noch zu solchen Fehleinschätzungen wie bei Freud kommen; siehe dessen Beschreibung seines Falls »Emmy N.«. (A. Rothenberger).

in den Therapiestunden und den Untersuchungssituationen nicht auftraten und von daher nicht direkt beobachtbar waren.

Uns Eltern unterstellte man übertriebene Aufmerksamkeit und Empfindsamkeit gegenüber der »Unruhe« unseres Sohns. Ein Psychologe riet uns, uns mehr um unsere Erwachsenenbeziehung zu kümmern: Mein Mann solle mir Blumen kaufen; ich meinerseits wurde gefragt, wann ich ihm zuletzt sein Lieblingsessen gekocht hätte. Ratschläge oder Hilfen, wie wir mit Manuel und seinen Tics umgehen sollten, erhielten wir nicht, obwohl unser ohnehin schwieriges Familienleben durch immer neue Tics und Zwänge mehr und mehr beeinträchtigt wurde und wir nicht immer wußten, wie wir den nächsten Tag überstehen sollten.

Obwohl alle von uns aufgesuchten Ärzte und Psychologen das Tourette-Syndrom kannten, war es offensichtlich für sie unvorstellbar, daß bei unserem Pflegesohn eine neuropsychiatrische Störung Ursache für Tics und Zwangsverhalten sein konnte. Wir waren jedoch fest davon überzeugt, daß sich selbst in unserem Fall nicht *alle* Probleme mit der schwierigen Familiensituation erklären ließen!

Glücklicherweise standen wir durch unsere Kontakte zur Tourette-Gesellschaft mit unseren Problemen und unserer Sichtweise von Anfang an nicht allein. Für mich persönlich war es eine überwältigende Erfahrung, auf den alljährlichen Treffen der Selbsthilfegruppe andere Menschen mit Tourette kennenzulernen. Ich war beeindruckt, wie positiv und offensiv viele Menschen, die viel schlimmere Symptome hatten als Manuel, mit ihrer Krankheit umgingen. Auf den Tagungen war ich von lauter ticenden Jugendlichen und Erwachsenen umgeben und fühlte mich anschließend mit meinem »Tourettie« zu Hause nicht mehr ganz so exotisch.

Außerdem bot sich bei den Treffen auch immer die Möglichkeit, persönliche Gespräche mit den in der TGD e. V. engagierten Spezialisten zu führen und Antworten auf konkrete Fragen zu erhalten. Alle diese Kontakte und die vielfältigen Informationen, die wir durch die Vorträge auf den Tagungen erhielten, führten dazu, daß mein Mann und ich recht bald auch ohne eine

von fachärztlicher Seite erstellte Diagnose zu der festen Überzeugung gelangten, daß unser Sohn wirklich vom Tourette-Syndrom betroffen war. Wir ließen uns von da an in unserer Einschätzung nicht mehr beirren. Einige Monate später fanden wir
dann endlich eine Ärztin für Kinder- und Jugendpsychiatrie, die
unsere Sichtweise teilte und bereit war, uns entsprechend zu
beraten.

Verglichen mit anderen Betroffenen, die teilweise jahrelang
unter Tics und Zwängen litten, ohne je vom Tourette-Syndrom
gehört zu haben, hatten wir also großes Glück: Noch bevor
Manuels Symptome immer schlimmer und vielfältiger wurden,
wußten wir von der Krankheit, ihren Ursachen und Auswirkungen. Dieses Wissen hat uns und ihm sehr dabei geholfen, einen
angemessenen Umgang mit den Tics und Zwängen im Alltag
zu finden.

Außerdem ermöglichte es uns, Manuel eine für ihn nachvollziehbare Erklärung für seine Schwierigkeiten zu geben, noch
bevor diese ihn allzu sehr verunsichern konnten.

Die Krankheit kindgerecht erklärt:
Die Geschichte von Dopa und Serotonina

Als mein Mann und ich uns schließlich sicher waren, daß Manuel tatsächlich – zusätzlich zu seinen anderen Problemen – an
einer speziellen Störung des Nervensystems litt, suchten wir
nach einer Möglichkeit, ihm auf möglichst kindgemäße Weise
zu erklären, was in seinem Körper eigentlich ablief. Glücklicherweise hatte ich mich gerade wegen einer kurz vorher bei
ihm festgestellten Wahrnehmungsstörung intensiv mit den phy-
siologischen Vorgängen in Gehirn und Nervensystem beschäftigt. So kam mir die Idee, meine Informationen in Form einer
lebendig erzählten Geschichte, die von den Botenstoffen Dopamin und Serotonin handelte, an unseren damals knapp neun-
jährigen Sohn weiter zu geben. Ich wollte ihm seine Sympto-

matik nicht als Zeichen einer Krankheit, sondern lediglich als Ausdruck einer Störung des Nervensystems erklären. Die Verwendung des Begriffs Krankheit vermied ich bewußt, um bei ihm keine Ängste und Assoziationen von »chronisch« und »unheilbar« auszulösen. Als die Geschichte von »Dopa und Serotonina« fertig war, heftete ich sie in eine Mappe und las sie ihm eines Abends ganz in Ruhe vor.

Manuel besaß schon immer sehr viel Phantasie und hatte eine Vorliebe für Zauberfeen und ähnliche Figuren. Er hat sich so über meine Erzählung gefreut, daß er mir nach dem Vorlesen erleichtert um den Hals fiel und rief: »Mama, Mama, jetzt weiß ich endlich, was mit mir los ist!« Danach setzte er sich hin und illustrierte den Text nach seiner Vorstellung mit lauter farbenfrohen Bildern. Dopa wurde ganz dunkel dargestellt und bekam Dutzende dunkler Männchen als Helfershelfer. Serotonina stellte er in zarten Pastelltönen dar, wie sie gerade gelbe und rosafarbene Zaubersternchen herabrieseln ließ. Wenn es danach abends im Bett wieder einmal sehr schlimm war mit seinen Zwängen, half es manchmal, wenn ich ihn aufforderte, die Augen zu schließen und sich Serotonina und ihre Helfershelfer beim Ruhe-Zaubern ganz genau vorzustellen.

Nachdem Manuel die Vorgänge in seinem Körper verstanden hatte, konnte er viel offener über seine Tics und seine Zwangssymptome sprechen. Die von mir erfundene Figur des Botenstoffs »Dopa« half ihm häufig dabei, uns seine neuesten »Errungenschaften« zu schildern: »Mama, der Dopa hat schon wieder ...!«. Auch wenn Manuel diese personifizierte Vorstellung seines »Dopas« als Oberbefehlshaber seiner Tics nicht sehr lange brauchte, hat sie ihm sehr geholfen, seine Tics und Zwänge zu verstehen und besser mit ihnen fertig zu werden.

Ich würde mich sehr freuen, wenn die Geschichte auch anderen Eltern helfen könnte, ihren Kindern das Tourette-Syndrom verständlich zu machen.

Die Geschichte von Dopa und Serotonina

Jeder Mensch besteht aus Körper, Seele und Geist. Im Körper befinden sich alle Organe, die wir zum Leben brauchen: das Herz, das unser Blut durch die Adern pumpt, die Lunge, die für uns den Sauerstoff aus der Luft holt, die Leber, die die Giftstoffe aus dem Blut herausfiltert, und so weiter. Wir haben eine Wirbelsäule und Knochen, um aufrecht stehen zu können. Außerdem haben wir unsere Knochen und Muskeln, damit wir uns bewegen können.

Unser Gehirn ist die Schaltstelle und Kommandozentrale für alle körperlichen, seelischen und geistigen Vorgänge. Hier wird gesteuert, wie wir uns bewegen, wie wir uns fühlen, was wir denken.

Im Gehirn befinden sich sehr viele Nervenzellen, die alle miteinander verbunden sind, verkabelt sozusagen.

Dieses Kabelnetz ist im Gehirn besonders dicht, geht aber von da aus durch den Rücken und weiter in alle Körperteile bis hin zu den Fingerspitzen und Zehen und in die Haut. Die Kabel benötigt das Gehirn für zwei wichtige Dinge: Erstens kommen durch diese Kabelstränge immer Meldungen von deinen sämtlichen Sinnesorganen im Gehirn an. So erhält das Gehirn Informationen über alles, was du siehst, fühlst, hörst, riechst oder schmeckst.

Wenn du zum Beispiel auf dem Tisch eine Zeitschrift mit einem tollen Bild von deiner Lieblingspopgruppe siehst, so wird durch die Kabel folgende Meldung in dein Gehirn gesendet: »Achtung interessantes Bild, aufstehen, Schere holen, ausschneiden!« – und schon schneidest du das Bild aus und klebst es an deine Zimmertür.

Bei Gefahr reagiert dein Gehirn blitzschnell, ohne nachzudenken. Wenn du zum Beispiel aus Versehen mit der Hand an eine heiße Herdplatte kommst, geht sofort im Gehirn die automatische Alarmanlage an: »Au, heiß, schnell die Hand wegziehen!« – und schon ist der Befehl an die Muskeln des Arms und der Hand weitergeleitet worden, und deine Hand ist in Sicherheit.

Ohne dieses Kabelnetz ginge also gar nichts. Damit deine Nervenbahnen (so nennt man die Kabel) auch funktionieren können, rasen viele winzig kleine Nerven-Postboten durch sie hindurch.

Sie machen dabei so eine Art Staffellauf. Am Ende jeder Nervenbahn (an den Synapsen) geben sie die Nachricht oder den Befehl an andere Boten weiter, die einen Riesensprung zur nächsten Nervenzelle machen und dort den Stab an die nächsten Boten weitergeben. Die tragen ihn wieder bis zum Ende der Nervenbahn, geben ihn an die nächsten Boten weiter, die machen einen Satz zur nächsten Nervenzelle, und so weiter.

Von diesen Boten gibt es viele verschiedene Arten, aber ich kenne sie nicht alle mit Namen. Zwei von ihnen sind jedoch für dich ganz besonders wichtig, und diese möchte ich dir vorstellen: Der erste heißt *Dopamin* – aber wir nennen ihn einfach *Dopa*, weil das kürzer ist.

Dieser Dopa ist ein sehr wichtiger Bote in deinem Körper; denn ohne ihn könnte dein Gehirn kaum erreichen, daß deine Muskeln sich zusammenziehen und du dich bewegst.

Dopa ist also für Bewegung und Anspannung zuständig. Dopa ist der Chef von allen Dopa-Boten, die beim Staffellauf von einer Nervenzelle zur nächsten springen.

Der andere wichtige Gehirn-Bote heißt *Serotonin* – laß ihn uns freundschaftlich *Serotonina* nennen. Serotonina ist die Chefin von allen Sero-Boten, die ebenfalls zwischen den Nervenzellen hin- und herspringen.

Serotonina brauchen wir, wenn wir uns wohlfühlen und entspannen möchten. Serotonina ist also zuständig für Ruhe und Entspannung, Ausgeglichenheit und Zufriedenheit.

Dopa und Serotonina haben eine Menge miteinander zu tun, sie sind wie Bruder und Schwester; sie verstehen sich mal ganz gut, aber sie streiten sich auch, wie das Geschwister eben so machen. Deshalb ist es wichtig, daß jeder von uns, das heißt du und ich genauso wie Oma und Opa, deine Lehrerin, deine Freunde, der Briefträger, der Nachbar oder wer dir sonst noch einfällt, immer ein bißchen darauf acht gibt, daß weder Bruder Dopa noch seine Schwester Serotonina die Oberhand gewinnt.

Nun ist es so, daß sich bei den meisten Menschen Dopa und Serotonina ganz gut verstehen. Das liegt daran, daß sie etwa gleich stark sind und sich gegenseitig respektieren.

Diese Menschen bewegen sich immer genau dahin, wohin sie wollen, und nur so lange, wie die Bewegung für sie nützlich ist.

Sie reden nur, wenn sie wirklich etwas Bestimmtes mitteilen möchten, und sie sagen auch nur Wörter, die einen Sinn ergeben. Sie denken auch nur über Dinge nach, über die sie gern nachdenken möchten.

Es gibt aber einige Menschen, bei denen ist Dopa wilder, stärker und übermütiger als bei den übrigen. Bei diesen Menschen spielt Dopa manchmal etwas verrückt und meint, er müsse ein bißchen Unordnung anrichten.

Und wenn Dopa verrückt spielt und sich mal wieder austoben muß, dann wird es manchmal unangenehm. So geht es dir und auch einigen anderen Kindern und Erwachsenen.

Wenn Dopa mal wieder seine dollen fünf Minuten kriegt, dann trommelt er alle seine Helfer und Helfershelfer zusammen, setzt sein hämischstes Grinsen auf und ruft:

»Los, Action, alles durcheinanderwirbeln!

Kommando: Bewegen, auch wenn es sinnlos ist! Heute nehmt ihr euch mal die Augen und den Kopf vor. Also: sorgt dafür, daß . . . zwinkert und zwinkert und zwinkert.

Und den Kopf soll er rucken und rucken! Los, los! Egal ob er will oder nicht!«

Und dann springen alle Dopa-Boten wie die Irren von Nervenzelle zu Nervenzelle und geben den Befehl weiter:

»Zwinkern, Kopfrucken, weitersagen!« Und in Nullkommagarnichts zwinkerst du wie wild mit den Augen und wirfst den Kopf immer wieder zur Seite, ohne es zu wollen. Und selbst wenn du dir darüber klar wirst, daß du wieder zwinkerst und mit dem Kopf ruckst und bewußt damit aufhören willst, dann wirst du feststellen, daß das sehr schwierig ist und auch nicht immer geht.

Genauso geht es, wenn die Dopa-Boten einen anderen Befehl kriegen, etwa: »Kommando Froschlippe.« Kaum haben sie den

Befehl gehört, rasen sie los und schreien sich bei ihrem Staffellauf zu: »Kommando Froschlippe, weitersagen, aber dalli!«

Und ehe du dich versiehst, machen deine Muskeln am Mund
die Froschlippe, obwohl dein bewußter Wille dagegen ist.

Aber damit nicht genug: Der wilde Dopa mit seinen Helfers-
helfern reißt manchmal auch die Gewalt über deine Sprache und
dein Denken an sich, ohne dich zu fragen.

Auch hier kann er, wenn er sich mal wieder ordentlich dane-
benbenimmt, einiges anrichten. Denk nur an »grunzen«, das
Wort mit »F« oder die anderen, nicht so schönen Wörter.

Dein etwas zu stark und übermütig geratener Dopa ist aber
nicht nur blöd – manchmal hilft er dir auch, besonders lustige
Spielideen zu haben. Er trägt auch durchaus dazu bei, daß du
keine »Schlaftablette« bist, träge und faul, sondern daß du meistens fröhlich, quirlig und aktiv bist.

Dein kleiner Super-Dopa sollte allerdings lernen – und daran
geht kein Weg vorbei –, sich in bestimmten Situationen zu beherrschen. Dulde deshalb nicht, daß er allzuviel Unfug macht,
zuviel Unordnung in deinem Körper, deiner Sprache und deinem Denken anrichtet! Das ist keine leichte Aufgabe für dich.
Aber trotzdem solltest du versuchen, alle deine Kräfte zusam-
menzunehmen, um deinen wilden Dopa, so gut es geht, in seine
Schranken zu weisen. Denn schließlich muß auch er lernen, sich
dir und anderen gegenüber rücksichtsvoll zu verhalten.

Und nun willst du sicher wissen, wie du das machen sollst?
Sagst vielleicht, du hättest schon versucht, diesem Dopa-Ko-
bold Manieren beizubringen, aber das sei nicht so einfach, wo-
mit du sicher recht hast. Aber weißt du eigentlich, daß du eine
heimliche Verbündete gegen den wilden Dopa hast?

Das ist nämlich Serotonina, deine Entspannungs-Zauberfee.
Wenn du sie förderst und unterstützt, hegst und pflegst, dann
kann sie dir immer wieder helfen, dem großen dicken Dopa
mutig entgegenzutreten und ihn mit ihrem Zauber der Entspannung auf eine gesunde Größe und Stärke zurechtzustutzen.

Und weißt du, wie du deine Serotonina am besten pflegen
kannst? Da gibt es zum Glück viele, viele Möglichkeiten.

Jede körperliche Betätigung zum Beispiel, die dir Spaß macht,

sorgt dafür, daß es Serotonina gutgeht. Tanzen, Turnen, Trampo-
lin-Springen, Wandern, Radfahren, Gymnastik, Schwimmen –
all das mag Serotonina sehr, sehr gern. Auch Spielen, Singen,
Malen oder Basteln gefallen ihr meistens gut.

Vielfach mag sie aber auch ruhige Musik, Entspannungsübungen oder Massage. Das Beste ist einfach, wenn du das
selbst mal ausprobierst, denn jede Serotonina ist ein bißchen
anders.

Allerdings kann ich dir gleich sagen, daß sie jede Art von
Aufregung, Chaos oder Unordnung gar nicht besonders mag.
Überflüssigen Streß jeglicher Art haßt sie sogar wie die Pest.
Dann flüchtet sie in die hintersten Ecken deines Körpers und
macht sich ganz klein und beinahe unsichtbar. Und ihre Helfer
und Helfershelfer sind kaum noch auffindbar.

Aber immer, wenn du etwas für Serotonina tust, wird sie ein
bißchen stärker und erhält neue Zauberkräfte. Damit kann sie
sich viele Sero-Helfer und -Helfershelfer herbeizaubern. Und
je mehr Helfer sie hat, desto mehr von den allzu frechen Dopa-
Boten kann sie unschädlich machen.

Und weißt du, wie sie das macht?

Erst lockt sie die Dopa-Helfer mit verstellter, rauher Stimme
aus ihren Verstecken, wo sie sich immer für den Ober-Dopa
bereithalten, falls der mal wieder seine dollen fünf Minuten
kriegt. Sie tut so, als sei sie der Ober-Dopa persönlich und ruft:
»Hey, raus mit euch faulen Dopa-Helfern, wir machen Action
und Randale. Wir lassen mal den . . . ein bißchen rucken und
zucken, hicken und ticen. Los, Action!«

Sobald die Dopa-Helfer jedoch vor ihr erscheinen, hypnoti-
siert sie sie: Sie läßt überall gelbe und rosafarbene Zaubersternchen herabrieseln und betört die Dopianer mit ihrer süßesten
Zauberstimme. Sie sagt ihren besten Entspannungs-Zauber-
spruch auf, denn der wirkt sogar bei Dopa-Boten: »Du bist
ruhig, ganz ruhig und entspannt!«

So schläfert sie die Dopa-Helfer der Reihe nach ein und sorgt
dafür, daß sie die verrückten Befehle des Ober-Dopa eine Zeitlang nicht mehr ausführen können.

Und dich macht sie dadurch auch ruhiger und entspannter und läßt dich weniger rucken und zucken und hicken und ticen.

Deshalb solltest du so oft wie möglich versuchen, deine liebe nette Serotonina zu verwöhnen. Sie wird dir helfen, gegenüber deinem dollen Dopa, so gut es geht, die Oberhand zu behalten.

Sicher, es wird immer mal wieder Stunden oder Tage geben, an denen du dich zwar sehr bemühst, dieser wilde Geselle dir aber trotzdem auf dem Kopf herumtanzt.

In solchen Situationen kann es dir vielleicht helfen, dich für eine Weile in dein Zimmer zurückzuziehen. Hier brauchst du nicht zu befürchten, andere durch deine Tics zu stören, und kannst mal Dopa ganz Dopa sein lassen. Gleichzeitig aber schöpfst du und natürlich auch deine Serotonina neue Kraft und Energie, um diesem verrückten Kerl zu zeigen, wer hier letztendlich der Chef ist!

Und wenn er, dein Dopa, dich nur ab und zu mal ein bißchen ärgert, dann solltest du auch mal »ein Auge zu drücken« können und dich nicht entmutigen lassen.

Denn irgendwie kann man ihn, so witzig und spritzig wie er ist, ja auch ein klein wenig gern haben, nicht wahr?

Wie Symptome wechseln können

Manuel gehört zu den Kindern, die ein sehr breites, immer wieder wechselndes Spektrum von Tics und Zwängen durchmachen. Um zu veranschaulichen, welche und wie viele verschiedene Tics er im Lauf der Zeit gezeigt hat, werde ich diese vollzählig auflisten.

Alle beschriebenen Verhaltensweisen kamen in der Regel in Serie vor, und auch die Serien wiederholten sich oft mehrmals am Tag und meist über einen längeren Zeitraum. Häufig gab es regelrechte, eine Zeitlang immer wiederkehrende Tic-Abfolgen. Insgesamt war zu beobachten, daß immer mehrere Tics »aktuell« waren. Wenn neue hinzukamen, blieben jedoch nicht alle anderen bestehen, sondern es fand ein steter Wechsel der Symptome statt.

Im übrigen war zu beobachten, daß Manuels Tics sich in bestimmten Situationen verstärkten: nach der Schule, zu Hause, in den Ferien, wenn er sich besonders freute und aufgeregt war (Kinobesuch, Kindergeburtstag, Vorfreude auf einen Einkaufsbummel), unter Streß (unbegleitete Besuche bei seiner leiblichen Mutter, Gespräche über aufregende Themen), beim Fernsehen und beim Hören seiner Lieblingsmusik.

Des weiteren zeigte Manuel – vor allem während seiner Grundschulzeit und in den ersten Klassen der Realschule – viele andere auffällige Verhaltensweisen, die mein Mann und ich damals nicht mit dem Tourette-Syndrom in Verbindung brachten, sondern eher als Folge seiner schwierigen Lebensumstände ansahen. Manche dieser Auffälligkeiten könnte man jedoch als Zeichen für das Vorliegen einer ADHS deuten, obwohl eine solche Störung damals nicht diagnostiziert wurde. Bei Manuel wurde mit neun Jahren lediglich eine Wahrnehmungsstörung festgestellt, die sich insbesondere auf seine motorische Entwicklung und sein mathematisches Auffassungsvermögen auswirkte. Diese wurde damals etwa ein Jahr lang ergotherapeutisch behandelt.

Motorische Tics

- Zwinkern mit den Augen
- unentwegtes Gähnen (z. B. beim Vorlesen oder bei den Hausaufgaben)
- Nase und Mund gleichzeitig verziehen
- Schultern-Rucken
- Recken des Oberkörpers
- Grimassen schneiden und dabei das Kinn vorrecken und merkwürdige Laute ausstoßen (wir nannten diese Kombination und andere Auffälligkeiten immer spielerisch »den Heiopei machen« oder »heiopei-artiges Verhalten«)
- mit zwei Fingern die Lippen verdrehen

- »Froschlippe«: Ober- und Unterlippe gleichzeitig ganz breit ziehen (begann, als Manuel eine Aphte auf der Innenseite der Oberlippe hatte, blieb danach wochenlang erhalten)
- mehrmals hintereinander mit dem Kopf rucken und dabei den Unterkiefer immer nach unten bewegen
- ein Auge fest zudrücken und gleichzeitig mit dem Kopf nicken
- Oberkörper abknicken
- »betende Hände«: mit gespreizten Fingern die Hände falten und immer wieder gegeneinander bewegen
- Mund aufreißen und Zunge rausstrecken

Vokale Tics

- andauerndes Nasehochziehen
- Dauerräuspern
- Dauerhüsteln
- häufiges Wiederholen von ulkigen Wörtern oder merkwürdig betonten Wörtern aus der Alltagssprache
- Nase verdrehen und dabei extrem ruckartig und lautstark hochziehen (begann im Zusammenhang mit einem Schnupfen)
- Grimassen schneiden, dabei das Kinn vorrecken und merkwürdige Laute ausstoßen
- betontes Aussprechen der R-Laute in Wörtern (z. B. Toblerrrrone, Zirrrrkus)
- Einschieben von R-Lauten in Wörter, die kein R enthalten (z. B. Mathe-Aufgarrrrben, Mamar, Opar ...)
- »Rückwärts-Sprechen« (beim Sprechen die Luft einsaugen)
- der normalen Sprache einen eigentümlichen Akzent geben
- beim Lesen, Sprechen oder Zuhören einzelnen Wörter in ihre Buchstaben zerlegen
- während des normalen Sprechens, beim Spielen immer wieder gerrrr, hmmm, errrr, ürrrr, irrr, ch ch einschieben (mehrmals mitten im Satz)
- Qieken und Fiepsen wie ein Meerschweinchen

40

- beim Vokabeln-Üben Wörter in Buchstaben zerlegen
- beim Fernsehen leise gurren wie eine Taube: schschsch, chchch oder schrrr, schrr

Übergang Tic/Zwang

- »Nasenstüber« (mit zwei Fingern schnell in die Nasenlöcher tippen und wieder raus)
- Schnüffeln an den Händen
- mit zwei Fingern über die oberen Schneidezähne kratzen
- Pulloverrand am Halsausschnitt hochziehen und ablutschen
- Pulloverärmel ablutschen
- »Loch ins Knie« beißen
- Wörter mit dem Finger in die Luft schreiben
- beim Wandern die Knie immer aneinander reiben
- beim Wandern die Hände oder einen Wanderstock zwischen die Knie stecken
- T-Shirt hochziehen und mit dem Finger oder mit gerade in der Hand befindlichen Gegenständen in den Bauchnabel tippen
- mit dem Finger oder irgendwelchen Gegenständen unter das Kinn tippen
- alles unter die Oberlippe schieben: Finger, Saftglas, Brot, Löffel, Popcorn ...
- Nase mit dem Zeigefingergelenk antippen
- mehrfaches Wiederholen eigener Worte (Palilalie, z. B.: »Ach, ich spiel nicht mehr«), sinnloser (»Gerrrr«) oder irgendwo aufgeschnappter Lautkombinationen (Echolalie, z. B.: Rrrrratzeku« – stammt aus einer Comic-Sprechblase)
- Abwandeln von Wörtern oder Namen, damit sie sich ulkig anhören (z. B. Rrrrothaariges Mäddell), dauernde Wiederholung dieser selbsterfundenen Wörter
- wider Willen und mitten im Spiel immer und immer wieder ein obszönes Wort sagen (Koprolalie)
- das Ende eines Satzes/Wortes noch einmal sagen (wie sein eigenes Echo)

- jemanden ohne äußeren Anlaß wüst beschimpfen
- beim Englisch-Üben besonders schöne Wörter mehrfach ganz laut wiederholen
- beim Fernsehen immer »DS, DDS« vor sich hin sagen (sollte einen Liedanfang von seinem Lieblingssänger darstellen)

Zwanghafte Verhaltensweisen und Zwangsgedanken

- nach dem Schließen einer Tür die Tür immer wieder fest mit dem Rücken zudrücken
- vor dem Schreiben die Füllerspitze mit dem Zeigefinger berühren
- vor dem Schneiden die scharfe Messerspitze anfassen
- vor dem Schreiben, beim Vokabeln-Üben, beim Lesen: immer in einer bestimmten Abfolge die »Ritze« des Heftes mit Handrücken, Fingerkuppen und Fingerspitzen abtippen
- Finger dranghaft in die Türritzen stecken
- mit beiden Händen gleichzeitig erst an den Bauch, dann an die Tischkante, den Schrank, die Wand, eine neben ihm befindliche Person o. ä. tippen; dabei mußten manchmal auch noch an beiden Händen Zeigefinger und Mittelfinger miteinander verschränkt werden
- vor dem Trinken das Glas mehrmals antippen
- vor dem Trinken das Glas einmal rumdrehen
- mit den Fingerspitzen immer und immer wieder auf die Tischplatte tippen (beim Essen)
- mit dem Bleistift immer wieder Kurven auf das Papier kratzen
- tausend Pünktchen in die Schreibtischunterlage hämmern (bei den Hausaufgaben)
- Waschbecken und Spiegel systematisch zuckend mit Hilfe der auf der Zahnbürste befindlichen Zahnpaste »verzieren«
- beim Wandern zurückbleiben und Steine vom Weg aufsammeln, die er gar nicht brauchen konnte
- Dinge an sich nehmen müssen, die er gar nicht haben wollte

- immer wieder an eine »Lady L.« denken müssen, von der er mal eine gruselige Kassette gehört hatte (Einschlafprobleme)
- wenn er etwas Interessantes lesen wollte, statt dessen einen anderen Text lesen, der ihn überhaupt nicht interessierte
- wenn er etwas Interessantes lesen wollte, statt dessen etwas anderes, Sinnloses tun
- im Zimmer eine bestimmte Schrittfolge im Quadrat abgehen, dabei Töne erzeugen wie ein Computerspiel
- in seinem Zimmer alles geraderücken: Bücher, Kassetten, Playmobil-Figuren
- rhythmisch zwischen Dingen hin und her tippen, die genau zweimal da waren
- hinter jede Tür gucken, ob da einer steht
- in jeden Spiegel gucken
- mehrmals mit festem Druck prüfen, ob die Kühlschranktür auch wirklich zu ist
- immer und immer wieder die Spülung der Toilette drücken
- kontrollieren, ob der Toilettendeckel geschlossen war
- nach dem Zubettgehen immer wieder zur Toilette gehen, obwohl es gar nicht nötig war
- nach dem Gutenachtsagen immer wieder hochschnellen, die Zipfel der Bettdecke fest in die Ecken stopfen, immer wieder kontrollieren, ob sie noch fest waren
- das Licht immer an und ausmachen
- bei Spielen mit Karten die Karten immer in einer bestimmten Weise auf dem Tisch anordnen
- sich beim Radfahren dauernd umdrehen und nach hinten gucken
- beim Radfahren den Lenker loslassen, obwohl er nicht freihändig fahren konnte und wollte
- nach einer anstrengenden Bergtour streckenweise mit geschlossenen Augen laufen
- eine Handlung nicht beginnen können, obwohl er es wollte
- mit dem Kopf vor den Heizungsboiler stoßen
- dafür sorgen, daß von einem bestimmten Gegenstand nur eine bestimmte Anzahl vorhanden war

- den Kassettenrecorder plötzlich ganz laut und wieder leise stellen
- beim Hören einer Kassette Stoptaste drücken, zurückspulen lassen, weiterhören
- bei Kleinigkeiten, die ihn selbst betrafen, immer gleich die schlimmsten Katastrophen befürchten
- immer wieder an schlimme Dinge denken müssen (daß die Eltern sterben könnten, Aids, Krebs . . .)
- beim Essen im Lokal unbedingt das Besteck mit der neben ihm sitzenden Person vertauschen müssen
- beim Nachhauseweg von der Schule auf eine ganz bestimmte Art an vorübergehenden Fußgängern vorbeigehen müssen (ganz nah am Straßenrand)
- nicht ertragen können, wenn sich jemand (besonders in Essenssituationen) die Finger ableckte
- nicht ertragen können, wenn jemand nach einem Kontakt zu einem Haustier sich nicht die Hände wusch (oft bezogen auf seine Schwester und ihr Meerschweinchen)

Auffälligkeiten, die auf eine ADHS hindeuten

- ausgeprägte allgemeine motorische Unruhe, ständiges Hampeln, Wackeln, Zappeln, Herumrennen
- nicht sitzen können, ohne auf dem Stuhl herumzurutschen
- sehr starkes Mitteilungsbedürfnis, häufig kaum zu unterbrechender Rededrang
- so hohe Sprechgeschwindigkeit, daß Zuhörer kaum folgen können
- ständig und immer mitreden müssen, oft ohne zu wissen, worum es eigentlich geht
- andere unterbrechen, nicht warten können
- hohe Ablenkbarkeit durch äußere Reize (z. B. während des Anziehens anfangen zu lesen, weil ein Comic-Heft gerade in der Nähe liegt)
- Konzentrationsschwierigkeiten, besonders im Unterricht oder bei den Hausaufgaben

- geringe Fähigkeit, Arbeiten, die eigentlich beherrscht werden, selbständig zu strukturieren und von Anfang bis Ende zu erledigen
- Vergeßlichkeit (z. B. in bezug auf Hausaufgaben, kleine Aufträge oder Pflichten), teilweise bedingt durch schlechtes Zuhören und Unaufmerksamkeit
- Unfähigkeit, Mehrfachaufträge zu erledigen
- sehr impulsives Verhalten (z. B. aus Wut Gegenstände zerstören, die ihm wichtig sind)
- provokatives Verhalten, häufig mir als Mutter gegenüber, auch ohne vorangegangene Konfliktsituationen
- grundloses zänkisches Verhalten (z. B. auf seiner Schwester »herumhacken«, kein gutes Haar an ihr lassen, obwohl sie ihm gar keinen Anlaß dazu bietet)
- geringe Frustrationstoleranz (z. B. bei Verboten oder Einschränkungen)

Auffälligkeiten im grobmotorischen Bereich

- trotz allgemein eher übermäßigen Bewegungsdrangs große Zurückhaltung beim Ausprobieren neuer Bewegungsarten (z. B. beim Klettern, Balancieren, Rutschen, Schaukeln eher übervorsichtig)
- Rechtshänder, aber Linksfüßler

Auffälligkeiten im feinmotorischen Bereich

- Stifte beim Malen und Schreiben nicht richtig festhalten
- kein alterstypisches Malen, Schwierigkeiten beim genauen Ausmalen oder Ausschneiden
- Schwierigkeiten beim Bauen mit konstruktivem Material oder beim Zusammenbauen von Puzzleteilen
- feinmotorische Probleme beim Erlernen des Flötespielens (Finger verkrampfen sich, statt sich locker über die Löcher zu legen)
- Schwierigkeiten beim Erlernen des Schleife-Bindens

- Probleme beim Essen mit Messer und Gabel
- Herumkleckern bei den Mahlzeiten, so daß mehr Krümel auf dem Tisch liegen als auf dem Teller
- bis heute krakeliges und schlecht lesbares Schriftbild

Auffälligkeiten im sprachlichen und schulischen Bereich

- Sprachentwicklung vom Verständnis und Ausdrucksvermögen her eher überdurchschnittlich
- mit gut vier Jahren erfolgreiche Sprachtherapie wegen unsauberen Aussprechens aller Zischlaute
- mit neun Jahren myofunktionelle Therapie wegen Zungenfehlhaltung und falschen Schluckens
- bis heute trotz guter allgemeiner Intelligenz und regelmäßiger Hilfe außerordentliche Schwierigkeiten in Mathematik (Rechenschwäche)

Mal amüsant, mal beängstigend: Tics und Zwänge im Alltag einer »fast normalen« Familie

Meine Tagebuchaufzeichnungen umfassen natürlich nicht nur die komplette Auflistung aller im Lauf der Zeit aufgetretenen Tics und Zwänge, sondern auch verschiedene, manchmal eher lustige, manchmal auch besorgniserregende Episoden aus unserem Familienalltag. Einige dieser Ereignisse möchte ich an dieser Stelle wiedergeben, um einmal einen Blick hinter die – wie in unserem Fall – nach außen hin oft recht unauffällig wirkenden Kulissen einer Tourette-Familie zu ermöglichen.

Die Jahres- und Monatsangaben beziehen sich auf Manuels Alter.

- 8 Jahre, 9 Monate
Manuel kommt von einer Geburtstagsfeier bei seinen Cousinen. Ich leere abends seine Hosentaschen aus, um die Hose in den

Wäschekorb zu legen, und finde zwei Paar Barbiepuppenschuhe, die ihm nicht gehören. Ich sage zu ihm: »Die hast du sicher aus Versehen eingesteckt, die müssen wir nächstes Mal zurückbringen, ja?« Manuel ist merkwürdig erleichtert, daß ich die Schuhe gefunden habe, und erzählt mir folgendes: »Ich wollte sie gar nicht nehmen. Meine Hand hat immer so gezuckt. Wenn ich welche hätte haben wollen, dann höchstens die weißen oder die roten. *Diese* wollte ich gar nicht. Ich weiß, daß man anderen nichts wegnehmen darf, ohne zu fragen. Ich weiß auch, wie ich mich fühlen würde, wenn mir jemand was klaut. Ich hab' mich wie ein Verbrecher gefühlt, aber meine Hand hat so lange gezuckt, bis ich die Schuhe in der Tasche hatte. Ich bin so froh, daß du sie gefunden hast und ich dir alles erzählen konnte.« Als ich ihn beruhigen will und sage, daß das noch nicht so schlimm sei, erwidert er: »Mama, am besten ist, du kontrollierst jetzt immer meine Taschen. Wer weiß, ob so was nicht noch öfter vorkommt – nachher wollen die nichts mehr mit mir zu tun haben!«

Ein anderes Mal erzählt er mir von der Schule: »Weißt du, Mama, in der Schule habe ich auch oft diese ›Gerrrrrs‹ im Hals. Dann konzentriere ich mich ganz doll darauf, daß die mir bloß nicht im Unterricht rausrutschen. Das drückt dann immer so im Hals. Aber wenn ich das geschafft habe, dann muß ich in der Pause ganz schnell rausstürzen und ganz viele ›Gerrrrrs‹ rauslassen. Das tut dann schon richtig weh, wenn die alle rauskommen.«

Diese Äußerung machte mich damals sehr hellhörig. Ich befürchtete, Manuel könne in der Schule – egal ob im Unterricht oder in den Pausen – auffallen und womöglich gehänselt werden. Ich wollte ihn jedoch nicht unnötig verunsichern und fragte nicht genau nach, wie denn seine Klassenkameraden darauf reagierten. Da er auf keinen Fall wollte, daß ich seine Klassenlehrerin über seine Ticstörung informierte, konnte ich diese auch nicht danach fragen.

Ich vermutete allerdings, daß er seine Muskelzuckungen und die Vokalisationen ganz gut in seinen allgemeinen Kaspereien verstecken konnte. Er besuchte ohnehin eine eher unruhige und laute Klasse, in der er glücklicherweise durch seine Eigenarten nicht ganz so auffiel. Die Lehrerin war zumindest über die Probleme informiert, die er durch sein Leben als Pflegekind hatte. Von daher hatte sie viel Verständnis für seine Unruhe und seine Konzentrationsschwierigkeiten und war durchaus – ähnlich wie wir auch – bereit, sich einige seiner »Marotten« damit zu erklären und sie zu tolerieren.

• 8 Jahre, 10 Monate
Beim nachmittäglichen Kaffeetrinken berichten meine Kinder, daß es gerade mal wieder mitten im schönsten gemeinsamen Spiel Ärger gegeben hat. Manuel hat wohl ganz viele, sehr laute »Gerrrrs« rausgelassen und immer wieder sein monotones »Ach, ich spiel nicht mehr, ach, ich spiel nicht mehr« vor sich hin gesagt (obwohl er noch weiterspielen will). Daraufhin ist seine Schwester Annabella wütend geworden, hat ihn erst laut angeschnauzt und danach feste geboxt. Nun ist sie sauer und will nicht mehr mit ihm spielen. Manuel berichtet, daß er manchmal mit diesen Lautäußerungen aufhören kann, wenn Annabella ihn ganz laut anschreit. »Boxen soll sie mich lieber nicht, das gibt immer so dicke blaue Flecken!«
Ich erkläre daraufhin seiner Schwester noch einmal genau, warum Manuel manchmal solche Sachen macht und daß er das nicht einfach lassen kann. Manuel fordere ich auf, in solchen Fällen kurz in sein Zimmer zu gehen und bei geschlossener Tür alle Töne rauszulassen, die in ihm hochsteigen. Dann solle er herauskommen und die Tür ganz schnell zumachen, damit alle »Gerrrs« und »Ach, ich spiel nicht mehr« im Zimmer bleiben und keiner sich dadurch gestört fühlen muß. Beide Kinder akzeptieren diesen Lösungsvorschlag, gehen in Annabellas Zimmer und spielen noch zweieinhalb Stunden friedlich miteinander.

• 8 Jahre, 11 Monate
Mir fällt auf, daß Manuel immer so merkwürdig fiept. Als ich ihn frage, ob dieses Geräusch sein neuester Tic sei, erzählt er mir ganz bedrückt: »Seit ein paar Tagen kommt immer so ein Wort hoch, so eins von denen, die ich überhaupt nicht mag. Das versuche ich immer wieder runterzudrücken.« (Vermutlich

hickst er deswegen so.) Er berichtet, daß dieses Wort zum ersten Mal am Nachmittag des Tages in ihm aufstieg, an dem er vormittags während einer mehrstündigen Untersuchung und Beratung bei einem Psychologen in der Kinder- und Jugendpsychiatrie seine Tics meisterlich unterdrückt hatte. Mir war an dem Tag nur aufgefallen, daß er, als wir endlich das Untersuchungszimmer verlassen hatten, begonnen hatte, wie wild mit den Schultern zu zucken.

Er schämt sich sehr und will mir gar nicht sagen, um welches Wort es sich handelt; ich muß solange raten, bis ich es selbst herausgefunden habe – es ist das Wort »ficken«. Er hat furchtbare Angst, daß ihm dieser Ausdruck in der Schule herausrutschen könnte, vor allen Dingen bei einer besonders strengen Lehrerin, die solche Wörter überhaupt nicht duldet. Er fängt an zu weinen und ist sehr niedergeschlagen. Ich nehme ihn fest in den Arm und versuche ihn zu trösten.

Als er sich ein wenig beruhigt hat, erlaube ich ihm offiziell, dieses auch von mir wenig geliebte Wort zu Hause so oft wie nötig zu gebrauchen, am besten in seinem Zimmer, damit er es »loswerden« kann. Ich schlage ihm vor, das Wort schnell umzuändern in »Vierzig«, falls er frühzeitig spürt, daß es in der Schule oder beim Spielen mit anderen Kindern doch einmal hochkommt. Ein paar Tage später kommt er weinend zu mir und erzählt, daß er vor lauter aus ihm herausbrechenden »ficken, ficken« überhaupt nicht mehr weiterspielen könne. Er tut mir so leid!

Ein anderes Mal hat er furchtbare Angst, daß ihm das Wort während einer Busfahrt mit seiner Oma herausrutschen und er diese damit in eine peinliche Situation bringen könnte. Meine Mutter weiß zum Glück von seinen Schwierigkeiten und versichert ihm, daß *sie* damit sicher keine Probleme hätte. Sie schlägt ihm vor, sich während der Fahrt bei ihr anzulehnen und das Wort notfalls in ihr Ohr zu sagen. Durch ihre Reaktion ist er sehr erleichtert und muß es gar nicht erst aussprechen.

Zwei Monate später fällt mir auf, daß er immer mal wieder die Luft an einer Seite des Mundes so merkwürdig einsaugt (es klingt wie ein langgezogenes »Pffffff«). Er erklärt mir, daß er

durch meinen Vorschlag darauf gekommen ist, den Tic so umzuändern – denken würde er das Wort dabei immer, es komme
nur nicht mehr heraus.

• 9 Jahre

Manuel ist so aufgeregt, daß er am Heiligen Abend vor lauter
Tics kaum seine Geschenke auspacken kann. Zusätzlich
schnalzt er mit der Zunge, schmatzt und stößt etliche Male das
Wort »ficken« aus. Auch unsere Pflegetochter, die – bedingt
durch die Folgen ihrer Wahrnehmungsstörung – immer noch
auf jede Art von Reizüberflutung mit Rückzug und Abkapselung oder offenen Aggressionen reagiert, leidet unter der ge-
samten Situation so sehr, daß sie einen ihrer gefürchteten Tob-
suchtsanfälle bekommt. Trotzdem gelingt es uns wie durch ein
Wunder, den Heiligen Abend noch zu einem angenehmen Er-
eignis werden zu lassen. An einem der darauffolgenden Tag sagt
Manuel zu mir: »Mama, das war das schönste mißratene Weih-
nachtsfest, das wir je hatten!«

• 9 Jahre, 5 Monate

Ich fahre für vier Wochen zur Kur in den Schwarzwald. Ich
erhole mich recht gut während dieser Kur, die ich wegen meines
allgemeinen Erschöpfungszustands und immer wiederkehren-
der depressiver Verstimmungen dringend nötig hatte. Allerdings habe ich regelrechte Angst vor der Heimfahrt, da ich ahne,
welche Belastungen mich zu Hause erwarten. Und so ist es denn
auch: Manuel empfängt mich gleich bei der Ankunft mit
starkem Zwinkern, andauerndem Fiepen und beidhändigem
Bauchticen.

Bei einem Einkaufsbummel ein paar Tage später ruft er völlig ohne Anlaß mitten auf der Straße ganz laut »Mama, du
Arsch!« Das hat er, auch wenn er sauer auf mich war, so noch
nie gesagt. Er erschreckt sich deutlich sichtbar vor sich selbst
und entschuldigt sich sofort bei mir. »Das wollte ich gar nicht
sagen, Mama, das mußt du mir glauben!« Ich weiß glücklicherweise, daß solche Erscheinungen zum Tourette-Syndrom gehören können, und übergehe die ganze Situation. Als wir es uns

ein paar Tage später abends zu zweit gemütlich machen, erzählt er mir die ganze Bandbreite seiner Zwangsstörungen, die er während meiner Abwesenheit hatte. Von all dem hatte mein Mann so gut wie nichts mitbekommen, weil sie meistens auftraten, wenn Manuel allein in seinem Zimmer spielte.

Während des Spielens (z. B. mit seiner Ritterburg) muß er Wörter, die er gerade gesagt hat, immer wieder buchstabieren, so daß der Spielfluß unterbrochen wird. Das gleiche passiert auch manchmal, wenn er etwas lesen möchte. Mir war ein ähnliches Verhalten schon früher beim gemeinsamen Lesen der Gutenachtgeschichte aufgefallen – manchmal beruhigte es ihn, wenn ich ihn beim Vorlesen auf den Schoß nahm und ihm sachte den Rücken streichelte.

Wenn er in seinem Zimmer etwas findet, das nicht gerade steht, muß er es geraderücken. Wenn etwas nicht am richtigen Platz steht, muß er es wegräumen. Er kann es kaum noch ertragen, wenn jemand mit seinen Sachen spielt und sie dadurch in Unordnung geraten. Schon während des Spiels fängt er an, die Sachen wieder an den richtigen Platz zu räumen, was die anderen Kinder natürlich irritiert.

Er hat ein riesiges Poster von Whoopi Goldberg in seinem Zimmer hängen, auf dem in großen Buchstaben das Wort »WHOOPI« steht. Wenn das Poster in sein Blickfeld gerät, muß er mit dem Finger von einem O zum anderen, dann wieder zurück und in die Mitte tippen, dabei gibt er rhythmische Töne (ähnlich wie bei einem Computerspiel) von sich. Das gleiche macht er auch bei anderen Dingen, von denen er genau zwei vor sich sieht. Manchmal muß er in seinem Zimmer sogar von Wand zu Wand laufen und die Wände im selben Rhythmus antippen, oder er tippt mit den Zehenspitzen ein rhythmisches Muster auf den Teppich, auch mit »Musikbegleitung«. Auch in unserer Diele muß er manchmal in einer bestimmten Schrittfolge eine Art Quadrat abgehen und dabei Töne erzeugen.

Wenn er etwas Bestimmtes vorhat, beispielsweise einen Gegenstand aus einem anderen Zimmer holen will, muß er häufig erst einmal woanders hinlaufen. Einmal, als ich ihn zum Zähneputzen ins Bad schicke, beobachte ich, wie er sechsmal zwischen Küche, unserem Garderobenspiegel und dem Badezimmer hin- und herläuft. Als ich ihn anspreche und ihn auffordere, sich jetzt endlich die Zähne zu putzen, kann er mit seiner Wanderung aufhören.

Alle diese Zwänge stören ihn natürlich sehr beim Spielen und bei seinen sonstigen Tätigkeiten. In der Schule treten sie glücklicherweise nicht auf. Um Manuel Mut zu machen, erzähle ich ihm von dem Chirurgen Dr. Doran, den Oliver Sacks beschrieben hat. Ich möchte, daß er fest daran glaubt, daß diese für ihn sehr beeinträchtigenden Zwänge in der Schule gar nicht auftreten müssen, weil er sich dort – genau wie Dr. Doran im Operationssaal – konzentrieren muß. Im übrigen »ermuntere« ich ihn, zu Hause so viel zu ticen wie nötig, am besten, wenn es ganz schlimm wird, in seinem eigenen Zimmer, damit er uns andere nicht allzu nervös macht. Ich erkläre ihm, daß es ihm helfen kann, seine Tics in der Schule und bei Freunden zu unterdrücken, wenn er sie zu Hause hemmungslos rausläßt. Davon bin ich selbst überzeugt, und ich möchte auch ihm das Gefühl geben, daß er auf diese Weise einen Einfluß darauf hat, wie es »draußen« läuft.

In diesem Zusammenhang weist Manuel darauf hin, daß er den Ausdruck »Tic« gar nicht mag: »Das Wort mag ich nicht, das klingt, als ob ich verrückt wär'.« Dann stellt er fest: »Mama – jeder Mensch hat doch so einen Dopa, oder?« Ich bestätige das. Daraufhin sagt er: »Nur mein Dopa, der ist ein bißchen behindert!«

Während wir über alle diese Dinge sprechen, überschlägt er sich geradezu vor lauter Tics und ist dadurch sehr verunsichert. Ich erkläre ihm, daß ich in einem Buch (Rothenberger 1991) gelesen habe, daß die Tics häufig schlimmer werden, wenn man darüber spricht. Diese Auskunft beruhigt ihn.

• 9 Jahre, 7 Monate (Sommerurlaub)
Bei einem Spiel, bei dem mit vielen runden Zahlen-Karten gespielt wird, von denen immer vier auf einem Ständer in der Mitte abgelegt werden müssen, entwickelt Manuel so viele mit Zwängen vermischte Tics, daß wir fast nicht zu Ende spielen können:

Er tippt sich mit der Karte unters Kinn, er ordnet die vier auf dem Ständer befindlichen Karten immer so an, daß alle Zahlen in eine Richtung zeigen, er tippt mit den Karten mehrmals hintereinander an die Tischkante oder den Bauchnabel, wobei er das T-Shirt vorher hochzieht, und das alles immer abwechselnd bei jedem Spielzug und so lange, bis er regelrecht »austict«.

Wir machen einen Ausflug zu einem Seefest. Die Kinder dürfen sich eine Tüte Popcorn kaufen. Manuel steckt sich jedes Krümelchen, das er essen möchte, vorher unter die Oberlippe und schiebt diese damit fast bis zur Nasenspitze hoch, was wirklich unglaublich häßlich aussieht. Ich bitte ihn inständig, dies doch jetzt mal zu lassen, wo wir uns auf einem Fest mit so vielen Menschen befinden, denn es sei mir ein wenig peinlich. Daraufhin entgegnet er ganz kleinlaut: »Mama, sag' nicht so was, dann muß ich nämlich wieder *so* machen.« Er führt mir mehrmals sehr eindringlich vor, welchen Tic er meint und verdreht ganz heftig Lippen und Nase gleichzeitig, was ich von früher kenne und mindestens genauso häßlich finde. Daraufhin lenke ich ihn schnell ab, lasse ihn weiterhin sein Popcorn unter die Oberlippe schieben und versuche, nicht hinzuschauen.

Als wir uns einmal ein Eis im Hörnchen gekauft haben, führt er seinen Zwangs-Tic »T-Shirt hochziehen und an den Bauch tippen« aus. Dabei hat er sein Eis in der Hand und tippt sich mit dem Eis an den Bauch, worüber wir dann alle zusammen herzlich lachen müssen.

Bei einer Fahrradtour, die teilweise über stark befahrene Straßen führt, nimmt er immer wieder beide Hände vom Lenker oder dreht seinen Kopf während der Fahrt nach hinten. Ich schimpfe heftig mit ihm und mache ihm deutlich, wie gefährlich dieses Verhalten ist, obwohl ich weiß, daß er nichts dafür kann. Ich hoffe, daß er dann damit aufhören kann. Aus Erfahrung weiß ich, daß das manchmal für eine gewisse Zeit funktioniert. Er kann es tatsächlich für die Dauer dieser Radtour sein lassen, klagt aber abends über starke Schmerzen in den Armen.

Wir machen eine anstrengende Bergtour, bei der die Kinder sogar ein wenig klettern müssen. Als der sehr schmale Weg gegen Ende der Wanderung ein wenig sanfter und ungefährlicher verläuft, schließt Manuel beim Laufen beide Augen. Zum Glück bemerke ich es frühzeitig. Da er es nicht ohne weiteres lassen kann, nehme ich ihn, wo es geht, an die Hand und passe besonders gut auf ihn auf. Auf einer anderen Bergwanderung steckt er immer wieder seine Hände zwischen die Knie. Als er sich einen Wanderstock gesucht hat, nimmt er diesen ganz häufig zwischen die Beine, so daß er insgesamt mehr stolpert als wandert.

Im übrigen gurrt er den ganzen Urlaub lang wie eine Taube (»irrr, errr, ürrr«), zerlegt ständig Wörter in Buchstaben, wiederholt von vielen Wörtern die letzten Buchstaben, schiebt häufig in seine Sätze »hm, hm, üh, üh« oder ein im Rachen gebildetes »ch, ch« ein. In manchen Wörtern fügt er ein »r« ein, wo keines hingehört (»Mamar, Opar, Orpa, . . .«). Auf einer Wanderung erzählt er seiner Schwester, die keine Lust zum Laufen hat, eine ganz spannende, selbst erfundene Geschichte, die sich jedoch unglaublich merkwürdig anhört, weil er alle seine derzeit üblichen Vokaltics in sie einbaut.

• 9 Jahre, 8 Monate
Bei einem Einkaufsbummel trägt Manuel seine Sonnenbrille an einer Kordel um den Hals. Das Band ist so lang, daß die Brille beim Gehen ab und zu gegen seine Brust stößt. Plötzlich beobachte ich aus dem Augenwinkel, wie mein Sohn seinen Oberkörper mehrmals ruckartig nach vorn und zurück beugt. Ich führe diesen neuen, sehr auffälligen Tic auf den mechanischen Reiz durch das Baumeln der Sonnenbrille zurück und nehme ihm sofort die Brille ab. Wie durch ein Wunder hört das Oberkörper-Abknicken auf der Stelle wieder auf und tritt auch später nie wieder auf.

Offensichtlich lassen sich manche neu auftretenden Tics durch die »richtigen Maßnahmen« im Keim ersticken!

• 9 Jahre, 10 Monate
Manuel hat sein Frühstück beendet und will aufstehen, kann aber nicht. Ich frage ihn, was denn los sei, warum er nicht aufstehe. »Da ist manchmal so was, Mama, das zieht mich nach

hinten, dann kann ich das nicht machen, was ich machen will. Jetzt ist das auch so. Auch morgens im Bett ist das oft so, dann kann ich nicht aufstehen, der läßt mich einfach nicht, der Dopa!« Ich antworte: »Komm, dem zeigen wir jetzt mal, wer hier der Stärkere ist, der soll sich nur nichts einbilden, dein doller Dopa! Der Stärkere, das bist nämlich immer noch du!« Nach dieser Ermutigung steht er mit einem Ruck auf.

Zwei Minuten später kommt er aus dem Bad gerannt und drückt sich einen kalten Waschlappen an den Kopf. »Ich hab' mich am Heizungsboiler gestoßen, das kommt auch davon, das ist oft so, wenn ich auf dem Klo sitze. Das ist wie so ein Sog, das zieht mich mit dem Kopf gegen den Boiler, grade war das auch so. Au, tut das weh! Manchmal komme ich auch ins Badezimmer, und dann soll ich mit dem Kopf gegen den Heizkörper stoßen – aber nicht zu feste, Mama, keine Angst, da könnte ich mich ja richtig verletzen. Und das will der Dopa auch nicht, das würde ja dann auch für ihn gefährlich, das weiß der doch genau!«

Und dann fällt ihm dazu noch folgendes ein: »Manchmal, wenn ich an einem See entlanggehe, dann sagt der (Dopa) auch, ich soll da reinspringen. Ab und zu hat er auch schon von mir verlangt, ich solle länger untertauchen als meine Luft reicht. Aber *das* mache ich natürlich nicht, da kannst du dich drauf verlassen, Mama!« Dann berichtet er, daß alle diese Dinge in letzter Zeit schlimmer geworden seien, die anderen Tics seien dafür weniger geworden.

Etwas später kommt ein weiterer gefährlicher Zwang hinzu: Manuel muß immer die Finger in die Türritzen stecken, auch in der Schule. Hoffentlich quetscht er sich nicht irgendwann dabei die Finger ein!

• 9 Jahre, 11 Monate
Manuel hat von seinem Großvater einen Satz Dinosaurier-Postkarten geschenkt bekommen, da er sich sehr für diese Tiere interessiert. Kurz darauf kommt er weinend aus seinem Zimmer. »Mama, ich habe zwei von den Karten zerrissen – der Dopa hat gesagt, es dürfen nur zehn sein!«

• 10 Jahre

Wenn Manuel eine Zimmertür schließt, muß er diese neuerdings danach immer noch mehrmals ganz fest mit dem Rücken zudrücken. Noch bevor mir dieser neue Zwang als Gefahrenquelle bewußt wird, passiert auch schon ein Unfall: Er stößt die Kinderzimmertür, die einen Glaseinsatz hat, so fest mit dem Rücken zu, daß diese kaputtgeht. Obwohl das Glas sternförmig herausbricht, passiert ihm nichts, außer daß er sich fürchterlich erschreckt. Glücklicherweise kann mein Vater kommen und mir beim Ausbau der Tür und der Beseitigung der Scherben helfen, denn an diesem Abend ist mein Nervenkostüm so angekratzt, daß ich nicht nur tatkräftige Hilfe, sondern auch einen väterlichen Arm zum Anlehnen und Ausweinen brauche. Mein Mann ist aus beruflichen Gründen die ganze Woche nicht zu Hause.

Manuel erzählt mir eines Tages, daß der Dopa[2] ihm manchmal drohe: Wenn er nicht tue, was sein Dopa verlangt, würden wir Eltern ganz schrecklich krank werden oder sterben. Ich bekomme einen Schrecken und frage mich, ob ich mit der Figur des Dopa ein Wesen geschaffen habe, das sich nun langsam verselbständigt und anfängt, als ein bedrohlicher Fremdkörper in Manuels Kopf herumzuspuken.

Ich spreche über dieses Problem mit der Ärztin für Kinder- und Jugendpsychiatrie, die uns seit einiger Zeit betreut und der ich die Geschichte von Dopa und Serotonina gezeigt hatte. Sie sagt, die Geschichte sei als Erklärungshilfe für Manuel sicher sehr wichtig gewesen, aber ich solle die Figur des »Dopa« nicht zu häufig einsetzen und nicht zu sehr als unabhängig in Manuel existierende »Person« behandeln, damit sich diese »Stimme in ihm« nicht zu sehr verselbständige. Wir sollten Manuel immer wieder klar machen, daß *er* es sei, der handele, und daß nicht

---

2 Bei den hier angesprochenen Zwangsphänomenen spielt eher ein Serotoninmangel als ein Dopaminüberschuß eine Rolle. Allerdings können bei einer medikamentösen Behandlung von Zwangsstörungen die durch Serotonin-Wiederaufnahme-Hemmer gebesserten Zwänge mittels Dopaminblockern noch weiter gelindert werden. (A. Rothenberger)

56

ein in ihm wohnendes, von ihm und seiner Person unabhängiges Wesen seine Handlungen bestimme. Auch wenn er solche schlimmen Zwangsgedanken oder Ängste habe, so sei *er* es, der so denke oder empfinde, und niemand anderes.

Genauso habe ich es Manuel bei einer passenden Gelegenheit auch erklärt. Er hat es gut verstanden, und wir haben uns darauf geeinigt, daß er nur noch von »Dopa« spricht, wenn er dies braucht, um besser über seine Tics und Zwänge sprechen zu können.

• 10 Jahre, 1 Monat
Am Abend vor dem anstehenden Besuch eines Konzerts seiner Lieblingspopgruppe tickt Manuel regelrecht aus. Bei meinem Versuch, ihn zu beruhigen, nehme ich ihn wie gewohnt auf den Schoß und streichele und massiere ausgiebig seinen Rücken. Als er schon ein wenig entspannter ist, erzählt er mir von der Entwicklung der vergangenen Monate. Er berichtet, daß er ganz viele neue Tics habe, und das Schlimme sei, die alten seien trotzdem nicht weg! Ich bin sehr besorgt, denn früher gab es eher einen stetigen Wechsel, auch wenn er fast immer mehrere Tics gleichzeitig hatte. Er weint und druckst lange herum, bis er mir endlich erzählen kann, um was für neue Tics es sich denn handelt.

Manchmal habe er so viele Tics oder Zwangssymptome, daß er gar nichts mehr von dem machen könne, was er sich vorgenommen habe. So könne es vorkommen, daß er eine Kassette hören wolle und dabei den Kassettenrecorder immer und immer wieder anhalten und die Kassette zurückspulen müsse. Beim Umherlaufen in der Wohnung könne er an keinem Spiegel vorbeilaufen, ohne hineinzusehen, und an keiner Tür, ohne dahinter zu schauen. Ständig müsse er an Sachen denken, an die er gar nicht denken wolle. Das seien dann auch noch häufig ganz traurige Sachen, beispielsweise, daß wir Eltern an Krebs oder Aids sterben könnten, daß er so viele Spielsachen habe und andere Leute so schrecklich arm seien und so weiter. Ganz oft müsse er solche Dinge immer und immer wieder denken, selbst dann, wenn er sich gerade mit einem von uns über ein ganz anderes

Thema unterhalte. Dann sei er vom eigentlichen Gespräch sehr abgelenkt und könne gar nicht mehr richtig zuhören. Einen Teil seiner Gedanken oder das Wort »Aids« beispielsweise müsse er häufig sogar aussprechen, auch wenn das gar nicht zum Gesprächsthema passe.

Auch habe er ganz große Angst vor dem Erwachsenwerden, er mache sich immer solche Sorgen, ob er einmal einen guten Beruf finde und daß er irgendwann mal von uns weg müsse. Er erzählt, daß er sich manchmal ganz feste auf den Kopf schlage, wenn er solche schlimmen Gedanken habe, und daß er dem Dopa dann immer sage, er solle doch mal andere Kinder ärgern und nicht immer nur ihn.

- 10 Jahre, 2 Monate bis 10 Jahre, 7 Monate
Manuel hat in diesen Monaten so gut wie gar keine Tics: Er zwinkert lediglich mit den Augen und hat ein paar kleine, unauffällige motorische Tics. Die Zwangsstörungen sind ganz zurückgegangen. Es geht ihm so gut, daß ich sogar einen Termin bei unserer Ärztin absagen kann. Mein Mann und ich können uns diesen plötzlichen Rückgang der Symptomatik überhaupt nicht erklären, denn im Sommer steht der Schulwechsel zur Realschule bevor, was Manuel insgesamt ziemlich aufregt. Außerdem muß er in dieser Zeit einige sehr schwierige Situationen mit seiner leiblichen Mutter durchstehen, da er vor dem Wechsel in die neue Klasse unbedingt die Änderung seines Namens in unseren Familiennamen erreichen will, was ohne die Zustimmung seiner leiblichen Mutter nicht möglich wäre.

Wir alle freuen uns in dieser Zeit sehr über diese unverhofft aufgetretene »Erholungspause«, zumal wir uns innerlich eher auf eine Verschlimmerung vorbereitet hatten.

- 10 Jahre, 8 Monate
Manuel fällt seit langem zum ersten Mal wieder eher durch sein schwieriges Gesamtverhalten als durch seine Tics auf. Er reagiert ablehnend auf Anforderungen jeglicher Art, ist insgesamt höchst unausgeglichen und kann überhaupt keine Kritik vertragen. Besonders mir gegenüber reagiert er häufig mit regelrecht

aufsässigem Verhalten, läßt sich nichts sagen und versucht über die kleinsten Alltagsanforderungen zu diskutieren, was mich manchmal fast bis zur Weißglut reizt. Mein Mann und ich gehen davon aus, daß er – zum wiederholten Mal – eine Phase durchlebt, in der er durch sein renitentes Benehmen testet, ob wir wirklich zu ihm stehen. Möglicherweise hängt die Heftigkeit seiner Reaktionen mit der Verunsicherung über den bestehenden Schulwechsel zusammen.

• 10 Jahre, 8 Monate bis 10 Jahre, 10 Monate
Ich habe mittlerweile gelernt, auf Manuels Endlosdiskussionen nicht mehr einzugehen, und setze klare Grenzen wie bei einem Dreijährigen. Wenn ich genügend Zeit habe, etwas für mein eigenes Wohlergehen zu tun, kann ich sogar sein aufsässiges Verhalten hinnehmen, ohne ständig dagegen anzugehen und in Schimpftiraden oder Wutausbrüche zu verfallen. Nach und nach normalisiert sich sein anstrengendes Verhalten wieder und wird – ungefähr um die Zeit der Oktoberferien herum – wieder durch stärkere Tics abgelöst. Er muß ständig und immer alle Dinge und Personen in seiner direkten Umgebung berühren, manchmal in bestimmten, wiederkehrenden Abfolgen regelrecht »abticen«. Hinzu kommt – beginnend mit einer aufkommenden Erkältung – ein fiependes Geräusch, das alle paar Sekunden auftritt und klingt wie das Quieken eines Meerschweinchens. Mit der Zeit verändert es sich etwas, wird auch lauter und auffälliger.

• 11 Jahre
Manuels Tics verstärken sich wieder – besonders im Zusammenhang mit Übernachtungsbesuchen bei seiner Mutter. Er muß weiterhin quieken und viele sehr häufige kleine Ticabfolgen ausführen. Manuel leidet zunehmend darunter – einerseits, weil er durch das dauernde Erzeugen der Geräusche Halsschmerzen bekommt, andererseits, weil ihn nun ab und zu Kinder, mit denen er zu tun hat, fragen, warum er immer so merkwürdige Töne macht. Wir überlegen gemeinsam, wie er anderen Kindern seine Störung am besten erklären kann. Das will er

aber nach wie vor vermeiden, antwortet auf Fragen mit »Das ist bloß so'ne dumme Angewohnheit.«

Auch den Vorschlag, nun endlich seine Klassenlehrerin über die Ursachen seiner Vokalisationen zu informieren, wehrt er vehement ab und berichtet, daß er die Töne in der Schule nach wie vor unterdrücken kann oder nur ganz leise macht, so daß sie in der allgemeinen Unruhe der Klasse untergehen.

Trotzdem denken mein Mann und ich erneut über eine medikamentöse Behandlung nach. Wir hatten in Absprache mit unserer Ärztin beschlossen, auf die Gabe von Medikamenten zu verzichten, solange Manuel weder unter den Tics selbst noch unter Schwierigkeiten im sozialen Bereich allzu sehr leidet. Wir hatten uns aber auch vorgenommen, eine neue Entscheidung zu treffen, falls sich die Situation für Manuel gravierend verändern würde. Allerdings sorgen wir zunächst dafür, daß er vorläufig keine Übernachtungsbesuche bei seiner Mutter mehr macht. Die Namensänderung hat pünktlich mit dem Schulwechsel geklappt – nun soll endlich Ruhe einkehren.

- 11 Jahre, 1 Monat bis 11 Jahre, 5 Monate
Manuel erlebt eine fast ticfreie Zeit, was uns natürlich allen sehr guttut. Trotzdem ist es wie die »Ruhe vor dem Sturm« – wir wissen, daß dies vermutlich nur eine der für das Tourette-Syndrom typischen Pausenphasen ist.[3]

- 11 Jahre, 6 Monate
Einige Tics sind wieder da, halten sich aber in erträglichen Grenzen. Das Fiepen (das nach der langen Pause erneut mit einer aufkeimenden Erkältung zusammen auftritt) kann Manuel neuerdings unterdrücken oder in ein kräftiges Nasehochziehen

---

3 Bisher ist wissenschaftlich nicht geklärt, wieso es zu solchen »Symptompausen« kommt. Ob hier beispielsweise Hirnreifungsfaktoren oder langfristige natürliche Pausen der »Tic-Serien« eine Rolle spielen, ist unbekannt. Zusammenhänge von Tic-Verschlechterung und Infektionen mit Streptokokken sind mittlerweile als wahrscheinlich anzusehen. (A. Rothenberger)

umlenken. Das gehört zwar meiner Ansicht nach in die Kategorie »ungehöriges Benehmen«, fällt aber in der Öffentlichkeit weniger auf als das Fiepen. Also wird es toleriert, nach dem Motto »lieber einen (scheinbar) ungezogenen Sohn als einen, der sonderbare Töne von sich gibt«!

• 11 Jahre, 10 Monate
Als wir gemeinsam Englisch-Vokabeln üben, passiert folgendes: Ich sage das deutsche Wort und Manuel das englische. Damit er nicht auch noch jedes Wort aufschreiben muß, lasse ich ihn stichprobenartig manche Wörter buchstabieren. Das scheint ein Anreiz für einen neuen Tic zu sein: Manuel kann gar nicht mehr aufhören, die Wörter in einzelne Buchstaben zu zerlegen. Er muß immer und immer wieder das gleiche Wort zerlegen, kann gar nicht mehr umschalten und neue Wörter üben. Darüber müssen wir beide lachen und vertagen das weitere Üben auf später. Dann lasse ich ihn die Vokabeln natürlich nicht mehr buchstabieren, sondern aufschreiben. Dabei gibt es keine Probleme mehr.

Ein anderes Mal kommt es vor, daß ihm ein besonderes Wort (z. B. »greengrocer«) so gut gefällt, daß er es andauernd wiederholen muß. Dabei wird er immer lauter und steigert sich richtig hinein, bis wir das Üben abbrechen und er sich wieder beruhigen kann.

• 11 Jahre, 11 Monate
Manche Tics oder Zwänge sind auch ganz nützlich: Manuel muß immer wieder kontrollieren, ob Türen richtig geschlossen sind. Einmal stößt er – wie so oft – mit dem Arm mehrmals gegen meine Kühlschranktür und stellt dabei fest, dáß diese tatsächlich versehentlich offensteht. Er grinst mich an und meint verschmitzt: »Siehst du, Mama, es hat auch Vorteile, wenn man so einen Tic hat, oder?«

• 12 Jahre, 2 Monate
Es gibt wieder einen neuen Tic beim Vokabeldiktat: Manuel entwickelt einen Zwang, das geschriebene Wort durchzustreichen, weil es zu unordentlich aussieht. Dieser Zwang könnte ja

recht »mutterfreundlich« sein, hält aber beim Üben sehr auf und ist auf die Dauer ausgesprochen störend, weil Manuel aufgrund seiner Wahrnehmungsstörung nun mal nicht ordentlich schreiben kann.

Hinzu kommt, daß er – egal ob in Übungssituationen, beim Essen oder bei sonstigen Gelegenheiten – in kurzen Abständen immer wieder auf seine Uhr schaut. Während eines wichtigen Gesprächs werde ich immer ärgerlicher, weil ich mehr und mehr das Gefühl bekomme, daß er mir überhaupt nicht zuhört. Daraufhin erklärt er mir seinen Zwang: »Mama, ich muß doch immer versuchen, die Zehnerzahlen bei den Sekunden mitzukriegen. Das ist für mich auch ganz schön lästig, ehrlich ...« Wie gut zu wissen, daß es einen solchen Zählzwang gibt – wer weiß, wie ungehalten und ungerecht ich sonst gewesen wäre!

Hier enden meine regelmäßigen Tagebuchaufzeichnungen. Es findet sich lediglich noch der Hinweis, daß Manuel in der folgenden Zeit wieder mehr durch sein Gesamtverhalten auffiel als durch Tics oder Zwänge.[4] Er schrie bei kleinsten Anlässen in einer kaum zu überbietenden Lautstärke herum, um seine Wünsche und Bedürfnisse durchzusetzen. Er drohte mit Hungerstreik, wenn er nicht bekam, was er wollte. Er war renitent und aufsässig, wenn es um die kleinste Anforderung ging – kurz, er durchlebte eine Vorpubertät, wie sie heftiger nicht ausfallen konnte. Vermutlich mußte er aufgrund seiner Vorgeschichte auch wieder besonders intensiv unser Durchhaltevermögen als Eltern testen.

Für meinen Mann und mich war diese Zeit genauso anstrengend wie die Phasen, in denen eher das Tourette-Syndrom im Vordergrund stand. Von uns als Eltern wurde in all den Jahren ohnehin ein hohes Maß an Fingerspitzengefühl verlangt: Waren Manuels Verhaltensweisen unserer Einschätzung nach auf das Tourette-Syndrom oder seine Vorgeschichte zurückzuführen, so

---

4 Hier scheinen Merkmale der ADHS (z. B. geringe Frustrationstoleranz, oppositionelles Verhalten, mangelnde Impulskontrolle) in den Vordergrund zu treten. (A. Rothenberger)

reagierten wir tendenziell eher mit Geduld und Nachsicht. Altersgemäßen Auseinandersetzungen und Machtkämpfen mußten wir natürlich anders begegnen – schließlich wollten wir nicht erreichen, daß unser Sohn irgendwann das Gefühl bekam, er könne uns nach Belieben »auf dem Kopf herumtanzen«. Insgesamt verlangten wir von Manuel in Situationen, wo uns dies möglich erschien, genauso viel Anpassung und Einsatz wie von unserer Tochter. Er mußte sich genau wie sie an gewisse Regeln und Absprachen halten, mußte Grenzen akzeptieren, die wir Eltern setzten.

Trotzdem waren wir sicherlich bei unserem erzieherischen Umgang mit Manuel im großen und ganzen etwas toleranter und ließen schon einmal »fünf grade sein«, um unnötigen Konflikten aus dem Weg zu gehen. Es war für meinen Mann und mich eben nicht immer möglich, eindeutig festzustellen, in welchen Situationen er seine Verhaltensweisen tatsächlich steuern und kontrollieren konnte und in welchen nicht.

Ähnlich verhielt es sich mit seinen Schulleistungen: Waren wir der Überzeugung, daß diese durch seine Tics oder die Wahrnehmungsstörung (die sich besonders in den Fächern Mathematik, Sport und Kunst auswirkte) beeinträchtigt waren, so reagierten wir eher mit Verständnis und trösteten ihn bei schlechten Noten. Zeigte er aber nicht genug Einsatz und bemühte sich nicht seinen Fähigkeiten entsprechend, bekam er von unserer Seite auch Kritik zu spüren. Er wurde zwar nicht an hohen Leistungsmaßstäben gemessen, sollte aber auch nicht meinen, daß es uns egal sei, ob er sich anstrengte oder nicht. Sein Bemühen haben wir immer anerkannt – unabhängig von den Noten, die dabei herauskamen.

Trotz aller Bemühungen, Manuel nicht für seine Tics zu bestrafen oder zu tadeln, reagierten wir manchmal aber auch weniger günstig. Die Tatsache, daß Manuel seine Tourette-Symptome fast ausschließlich zu Hause auslebte, war für uns alle viele Jahre lang sehr belastend. So kam es ab und an vor, daß einer von uns die Geduld verlor und unseren Sohn wegen irgendeiner Kleinigkeit ausschimpfte, einfach weil wir durch das ständige Miterleben der Tics sehr gereizt waren.

Mir konnte es an manchen Tagen passieren, daß ich vor lauter mich umgebenden Tics und Geräuschen selbst so nervös wurde, daß ich Wortfindungsstörungen bekam, anfing zu stottern, zu zittern oder mit den Zähnen zu klappern. Oder ich stieß ständig irgendwo an und ließ alles mögliche fallen. Es ist sogar einmal vorgekommen, daß ich meinem Sohn mit einem Schulbuch auf den Kopf geschlagen und einen Pantoffel nach ihm geworfen habe, weil er mich so lange gereizt hatte, bis ich tatsächlich die Beherrschung verlor. Diese Situationen habe ich natürlich im nachhinein sehr bedauert, konnte sie aber auch beim allerbesten Willen nicht verhindern – meine Geduld und Kraft wurden auf die Dauer einfach zu sehr strapaziert.

Ein paarmal mußte ich auch vor lauter Anspannung die Wohnung verlassen. So gab es einmal nach einem ohnehin anstrengenden Tag ein Abendessen, bei dem Manuel im ständigen Wechsel die Tapete, die offene Butterdose, sein geschmiertes Brot und mich antippte und zum krönenden Abschluß bei der Gutenachtgeschichte sämtliche Satzenden in Einzelbuchstaben zerlegte. Hier war ich dann endgültig mit meiner Selbstbeherrschung am Ende, ich sprang auf, zog mich an, stürzte hinaus, rannte um den Häuserblock und wimmerte, um nicht laut zu schreien, leise vor mich hin.

Natürlich haben wir versucht, solche Situationen durch gewisse Arrangements innerhalb unserer Familie möglichst zu vermeiden. Wir haben die Sitzordnung bei Tisch geändert, so daß ich Manuel und seinen Tics nicht auch noch beim Essen gegenübersaß. Insgesamt haben wir uns bemüht, für jeden von uns Freiräume zu schaffen, sozusagen ticfreie Zonen, in denen wir wieder neue Kräfte sammeln und auftanken konnten. Dies war im Zusammenleben mit einem »Tourettie« notwendig, fiel uns jedoch nicht besonders schwer, da wir die Pflege individueller Interessen und persönliche Freiräume ohnehin sehr wichtig finden. So hatte jedes Familienmitglied die Möglichkeit, Wochenenden oder kurze Urlaube ohne die anderen, allein oder mit Freunden zu verbringen. Unsere Tochter lernte diese Möglichkeit schätzen und genoß viele Jahre lang die Wochenendaufenthalte bei ihren Großeltern, ihren Cousinen oder einer ihrer Freundinnen.

Sicher haben diese Maßnahmen dazu beigetragen, daß wir Manuel trotz seiner vielfältigen Tics und Zwänge ermöglichen konnten, ohne Medikamente auszukommen. Uns selbst hat das zeitweilige Sich-aus-dem-Wege-Gehen immer wieder dabei geholfen, die gemeinsamen Zeiten nicht nur durchzustehen, sondern auch viel Schönes miteinander zu erleben und ein positives Zusammenleben als Familie zu pflegen und zu genießen.

Uns ging es stets darum, daß Manuel sein (Pflege-)Elternhaus trotz seiner diversen Beeinträchtigungen irgendwann als selbstbewußter junger Mann verlassen könnte, der sich zwar seiner Schwächen und Marotten, aber vor allem auch seiner vielen Stärken und Begabungen bewußt ist.

Und vor allen Dingen wünschten wir uns, daß er sich, so wie er war, zu jeder Zeit von uns geliebt und anerkannt fühlte.

Rückblick und Ausblick:
Mit Fünfzehn (fast) alles vorbei?

Heute ist Manuel fünfzehn Jahre alt. Obwohl er zwischen seinem siebten und zwölften Lebensjahr eine so beeindruckende Anzahl von Symptomen durchgemacht hat, gehört er allem Anschein nach zu der Gruppe von Betroffenen, bei denen das Tourette-Syndrom mit der einsetzenden Pubertät an Heftigkeit verliert: Seine Tics und Zwänge sind seit seinem dreizehnten Lebensjahr kontinuierlich weniger geworden. Geblieben sind lediglich ein leichtes Zwinkern, wenn er nervös oder aufgeregt ist, und der »Kühlschranktür-Tic«, den ich nach wie vor sehr praktisch finde. Der Zwang, sich die Hände zu waschen (vor dem Essen und nach dem Anfassen unseres Meerschweinchens), ist auch nicht weiter störend. Wenn wir nicht von seiner Krankheit wüßten, würden wir heute mit Sicherheit nicht auf die Idee kommen, er könnte ein Tourette-Syndrom haben.

Manuel besucht die neunten Klasse der Realschule und kommt dort so gut zurecht, daß er später das Abitur machen möchte. Er hat ein gutes Sprachgefühl, ist oft spritzig und schlagfertig und hat sehr viel Humor. In seiner Freizeit interessiert er sich neben Musik besonders für Filme und Filmgeschichte, hat bei dieser Thematik einen regelrechten Forscherdrang entwickelt, liest viel und beschäftigt sich intensiv damit. Mein Mann und ich müssen immer schmunzeln, wenn er mal wieder mit seinem Großvater, der dieses Hobby teilt, zusammenhockt und fachsimpelt.

Sein Einfühlungsvermögen ist eher überdurchschnittlich ausgeprägt, was uns Eltern sehr freut, einen ungezwungenen Kontakt mit Gleichaltrigen in seiner Klasse allerdings eher schwierig macht, da diese großen Wert auf einen rücksichtslosen und möglichst »coolen« Umgang miteinander legen. Glücklicherweise hat er in unserem Haus einen engen Freund, mit dem er sich seit vielen Jahren gut versteht.

Die Beziehung zu seiner eineinhalb Jahre jüngeren Schwester ist für zwei Heranwachsende in der Pubertät vollkommen normal: Sie wollen meistens möglichst wenig miteinander zu tun haben, da nun mal gibbelnde Mädchen und computerspielende Jungen nicht so sehr viel gemeinsam haben. Wenn es um den Austausch von Neuigkeiten aus der Musik- oder Filmszene geht, haben sie aber durchaus Berührungspunkte. Auch in Urlauben oder bei Familienunternehmungen kommen sie gut miteinander klar.

Sicher waren Manuels Tics in seinen schlimmsten Zeiten für unsere Tochter manchmal eine arge Belastung, zumal sie oft diejenige war, die von personenbezogenen Tic-Attacken wie Antippen besonders betroffen war, beispielsweise beim »Bäckchen-Kneifen«, wo Manuel ihr einen Finger so feste in die Wange bohrte oder hineinkniff, bis sie blaue Flecken bekam. Als die beiden noch jünger waren und intensiv miteinander spielten, störten manche Tics von Manuel auch häufig das gemeinsame Spiel. Dadurch wurden Annabellas Geduld und Toleranz oft überstrapaziert.

Trotzdem war die Geschwisterbeziehung bei beiden viele Jahre lang besonders eng und intensiv. Möglicherweise war es dabei sogar ganz hilfreich, daß Annabella in ihren ersten Lebensjahren auch viele auffällige und zunächst unerklärliche Verhaltensweisen zeigte, die sich später als Folge einer sensorischen Integrationsstörung herausstellten. Manuel ist mit ihren Schwierigkeiten immer sehr einfühlsam umgegangen, hat ihr sogar oft, wenn wir nicht mehr an sie herankamen, helfen können, aus ihrer Abkapselung, die sich durch Sprachverweigerung und totalen Rückzug äußerte, herauszukommen.

Heute würde ich rückblickend sagen: Beide Kinder und wir haben insgesamt nicht nur mit den jeweiligen Schwierigkeiten zu kämpfen gehabt – wir alle haben aus unseren schwierigsten Zeiten auch viel Positives mitgenommen. So haben beide Kinder ihre eigenen Erfahrungen mit gewissen Besonderheiten und Störungen gemacht, was dazu führte, daß sie dem anderen mit einer Art wissendem Verständnis und großer Toleranz begegnen konnten. Sie haben dadurch ein sehr ausgeprägtes Einfühlungsvermögen für andere – besonders für Schwächere – mitbekommen und gelernt, daß man nicht alle Menschen mit gleichen Maßstäben messen kann. Sie haben außerdem die Erfahrung gemacht, daß man als Familie zusammenhalten und zueinander stehen kann, auch wenn es manchmal äußerst schwierig ist und sehr viel Kraft kostet.

So bin ich davon überzeugt, daß unsere Kinder von ihren besonderen Erfahrungen für ihr weiteres Leben sogar profitieren können. Auch ich selbst habe durch die intensive Beschäftigung mit den verschiedensten Auffälligkeiten viel dazugelernt, konnte mein Wissen teilweise auch an andere Eltern weitergeben und so ein wenig dazu beitragen, bestimmte, wenig bekannte Verhaltensauffälligkeiten und Entwicklungsstörungen zu erklären und die betroffenen Kinder einer entsprechenden Behandlung näherzubringen.

Ich bin sicher, daß diese positive Entwicklung in unserer Familie nur möglich war, weil wir durch einen glücklichen Zufall früh genug von der Krankheit Tourette-Syndrom und all ihren teilweise bizarren Erscheinungsformen erfahren haben. Das Wissen um die verschiedensten möglichen Symptome hat uns sehr geholfen, mit Manuel angemessen umzugehen. So haben wir nie versucht, ihm seine Tics abzugewöhnen, und ihn nie deswegen bestraft oder ausgeschimpft. Im Gegenteil – wir haben ihn regelrecht aufgefordert, die Tics zu Hause auszuleben, damit er sie in der übrigen Zeit besser kontrollieren konnte.

Weil wir viele seiner Verhaltensweisen von anderen Betroffenen oder aus der Literatur kannten und eindeutig als Symptome einordnen konnten, versetzten sie uns nicht in Angst und Schrecken. So kamen wir glücklicherweise zu keinem Zeitpunkt auf die Idee, an Manuels psychischer oder geistiger Gesundheit zu zweifeln. Wir konnten uns ja die meisten seiner merkwürdigen Verhaltensweisen als Teil seiner Krankheit erklären. Der Rest – beispielsweise zeitweiliger Rückfall in kleinkindhafte Verhaltensweisen – ließ sich immer auf seine besondere Situation als Kind zwischen zwei Familien zurückführen. Besonders wichtig war es dabei für uns zu wissen, daß weder er noch wir für die Entstehung dieser Krankheit die Verantwortung trugen. Die Schuldfrage, die vielen Betroffenen zusätzlich das Leben schwer macht, stellte sich also für uns erst gar nicht.

Durch unseren frühzeitigen Kontakt zur TGD e. V. sind uns und Manuel viele unnötige Ängste, Verunsicherungen und Fehlinterpretationen erspart geblieben. Weil wir ihm seine Störung rechtzeitig und auf verständliche Weise erklären konnten, war Manuel in der Lage, sie als einen Teil seines Lebens und seiner Persönlichkeit anzunehmen. Er war der Meinung, es gebe weitaus Schlimmeres. Obwohl er in seinem Kinderleben vier teilweise langwierige Therapien hinter sich bringen mußte, hat er sich nie beklagt, daß er das Tourette-Syndrom nun auch noch hatte.

Doch auch die besten Informationen konnten nicht verhindern, daß wir als Eltern auch hin und wieder falsch oder ungünstig reagierten. Wie erwähnt, bin ich mehr als einmal »ausgerastet«, habe meinem Gefühlsstau auf unangemessene Weise Luft gemacht oder bin einfach weggelaufen. Die nervliche Anstrengung, einfach nur mit einem »Tourettie« zusammenzuleben und den Alltag mit ihm zu teilen, ist für Außenstehende kaum vorstellbar.

Die Berichte in diesem Buch sollen deshalb nicht nur dazu beitragen, einen möglichst umfassenden Einblick in die Bandbreite der möglichen Symptomatik zu geben. Es ist mir auch sehr wichtig, ein größeres Verständnis für die Angehörigen der Tourette-Kranken zu wecken. Jeder, der mit Tourette-Kindern oder -Jugendlichen zu tun hat – sei es als Arzt, Psychologe, Therapeut, Erzieher oder Lehrer –, sollte die Sorgen und Nöte der Eltern und ihre tagtägliche Beanspruchung durch das Miterleben der Tics und Zwänge kennen und ernst nehmen. Nicht nur die Betroffenen selbst, auch die Angehörigen brauchen dringend Verständnis und Unterstützung.

Erfahrungsberichte von Eltern und Betroffenen

Wenn die ersten Tics schon im Vorschulalter auftreten

Aus den folgenden Schilderungen geht hervor, wie hilfreich und förderlich gerade für Kinder mit Tourette-Syndrom eine verständnisvolle und wohlwollende Haltung der Eltern ist. Zu dieser Einstellung zu kommen und sie beizubehalten ist jedoch ein enormer Kraftakt, der nur auf der Grundlage einer möglichst frühzeitig gestellten Diagnose und fundierter Informationen zu leisten ist. Außerdem ist es – wie aus den Schilderungen von Frau Nolte hervorgeht – für die Eltern sehr wichtig, daß sie Kontakte zu Menschen haben und suchen, die Verständnis für die Schwierigkeiten im Zusammenleben mit einem Tourette-Kind aufbringen. Dabei sind sowohl Kontakte zu anderen Betroffenen als auch zu guten Freunden oder den betreuenden Ärzten wichtig. Frau Nolte berichtet über ihren sechseinhalbjährigen Sohn Christian.

Zum ersten Mal hat sich das Tourette-Syndrom bei unserem Christian bemerkbar gemacht, als er viereinhalb Jahre alt war. Es fing an mit einem Schütteln des Kopfes, der Schultern, des Oberkörpers und der Arme. Mit der Zeit kamen motorische Tics hinzu: Berühren von Gegenständen und Personen, Zunge herausstrecken, Blinzeln, beim Gehen mit der Hand den Boden berühren, beim Gehen mit einem Knie den Boden berühren. Als vokale Tics traten auf: Ausstoßen von Wörtern wie »Scheiße«[5],

---

5 Die sogenannte Koprolalie (Ausstoßen obszöner Wörter) ist in ihrer Ursache noch nicht bekannt. Möglicherweise hängen Zufallsprozesse (wie bei den motorischen Tics) im Gehirn, Auslösefaktoren durch die Umgebung und mangelnde sprachliche, emotionale Hemmung damit zusammen. (A. Rothenberger)

»Arschloch«, »Huhn« (gemeint wie »dumme Kuh«), Räuspern, verschiedene Laute (klingt teilweise wie lautes Nach-Luft-Jap-sen). Zwangshandlungen und Zwangsgedanken sind auch schon aufgetreten, etwa der Zwang, andere zu schlagen, ande-ren gegenüber Schimpfwörter zu gebrauchen.

Eine ADHS ist bei unserem Sohn nicht festgestellt worden, obwohl er einige Verhaltensweisen hat, die darauf hindeuten könnten. Bereits als Kleinkind war er recht quirlig. Später konnte er nie lange bei einer Sache bleiben, ließ sich leicht ablenken, machte nichts bis zu Ende (beobachtbar ab etwa zweieinhalb Jahren). Zum Bauen mit Bauklötzen war er nicht fähig, konnte nicht malen und auch keine einfachen Puzzles zusammensetzen.

Als die Diagnose Tourette-Syndrom gestellt wurde, wurde gleichzeitig eine Verzögerung in der motorischen Entwicklung festgestellt, die vor allem die Feinmotorik betraf. Er hatte bei bestimmten Tätigkeiten selten Erfolgserlebnisse – sobald er merkte, daß er etwas nicht schaffte, ließ er alles liegen.

Christians Tics treten zu Hause vermehrt auf, aber auch in Streßsituationen, etwa beim Besuch einer Kirche, weil er dort ruhig sitzen und still sein muß. Während einer Untersuchungs-situation beim Psychologen sind auch schon vermehrt Tics auf-getreten. Auch im Urlaub verstärken sich die Tics – er findet alles schön und toll, will überall dabei sein und überfordert sich so selbst. In dem Sommer, in dem Christian sechs Jahre alt wurde, machten wir eine Woche lang Urlaub auf einem Bau-ernhof im Allgäu. Christian hatte sehr viel Freude und Spaß daran. In dieser Zeit waren aber auch seine Tics sehr schlimm. Nach dem Urlaub dauerte es tagelang, bis sich die Tics wieder abschwächten. Wir alle hatten ja unsere Erwartungen an diesen Urlaub, und mein Mann und ich waren während dieser Zeit recht mutlos, da sich für uns alle so recht keine Erholung ein-stellen wollte.

Beim Malen und Basteln, wenn Christian sich ganz beson-dere Mühe gibt, treten manchmal auch verstärkt Tics auf. Selt-samerweise hat er aber in denselben Situationen manchmal überhaupt keine Tics.

Glücklicherweise haben wir etwa ein halbes Jahr, nachdem die ersten Tics auftraten, die Diagnose erhalten, und zwar durch die Leiterin der Kinder- und Jugendpsychiatrie unserer Kinderklinik. Die Diagnose wurde nach mehreren Tests und Untersuchungen relativ schnell gestellt. Trotzdem war für uns das lange Warten auf den ersten Termin in der Kinderklinik (etwa acht Wochen) sehr schwierig. Christians Tics waren in dieser Zeit sehr stark – mein Mann und ich waren völlig hilflos und konnten keine Erklärung dafür finden.

Bevor wir wußten, daß Christian an einer Störung des Nervensystems leidet, hatten wir viele Ängste. Zum Glück hatten wir nie das Empfinden, unser Sohn würde verrückt. Wir haben ihn auch nie gefühlsmäßig abgelehnt. Ja, ich war wütend, doch wütend auf mich, da ich ihm noch keine Hilfe war. Gegenüber meinem Sohn verspürte ich keine Wut, eher Mitleid. Ich fühlte, daß er sehr unter seinen Tics litt, und je mehr er versuchte, sie zu unterdrücken (und uns nicht zu enttäuschen), um so stärker wurden sie. Christian und wir lernten ja erst mit der Zeit, mit seinen verschiedenen Tics umzugehen.

Zuerst bemühte ich mich, das alles einfach zu ignorieren. Doch dadurch änderte sich nichts. Also versuchte ich, mit ihm zu reden, ob er die Tics nicht lassen könne. Natürlich gingen auch manchmal meine Nerven mit mir durch, und ich schimpfte mit Christian – wobei ich bereits insgeheim wußte, daß er nichts dafür konnte und »es« anscheinend auch nicht beeinflussen konnte. Gestraft wurde er nie wegen seiner Tics. Wir haben auch mal daran gedacht, daß er uns provozieren will, merkten aber schnell, daß das nicht der Fall war.

Ich zweifelte zeitweise auch an meinen erzieherischen Fähigkeiten und fürchtete, als Mutter versagt zu haben. Wir suchten die Gründe sogar im Verlauf seiner Geburt. Die Entbindung war sehr schwer, und ich entging nur knapp einem Kaiserschnitt. Er kam mit der Saugglocke zur Welt, und ich vermute einen Sauerstoffmangel, was natürlich später nicht zu beweisen ist. Ich glaube, daß seine Wahrnehmungsstörungen und die Verzögerung der Feinmotorik damit zusammenhängen.

Wie unser Kind sich – bevor wir die Diagnose bekamen –

selbst wahrnahm, kann ich eigentlich gar nicht sagen. Mein Mann und ich haben früher mit Christian fast gar nicht über seine Krankheit gesprochen, denn wir konnten es ja selbst nicht verstehen und waren sehr verunsichert. Wir glaubten, oder besser gesagt hofften, daß »es« nur vorübergehend war.

Glücklicherweise hat Christian sich wegen seiner Tics nie zurückgezogen oder Kontakte gemieden. Er war eigentlich immer nur auf sich selbst wütend. Seine Versuche, die Tics zu unterdrücken, glückten selten, und er sah sich dann als Versager. Er hatte dadurch viele Aggressionen, die er nicht richtig ausleben konnte. Ich verstand zu diesem Zeitpunkt die Zusammenhänge noch nicht und versuchte, seine Wutanfälle und Aggressionen zu unterbinden. Heute kann ich dafür Verständnis aufbringen und lasse ihn einfach alles »ausleben«.

Als dann die Diagnose TS gestellt wurde, waren wir teils erleichtert (»es« hatte endlich einen Namen) und teils sehr traurig (unheilbar und wenig erforscht). Ich versuchte, mich zunächst noch genauer über die Krankheit zu informieren. Nachdem wir selbst mehr darüber erfahren hatten, klärte ich unsere Verwandtschaft, Nachbarn, Freunde und den Kindergarten über das TS auf. Ich gab einigen auch das Buch »... sonst bin ich ganz normal – Leben mit dem Tourette-Syndrom« von Sven Hartung, was sehr zum Verständnis beitrug. *Alle* Menschen (bis auf meinen Schwiegervater) waren sehr verständnisvoll. Unsere Nachbarn klärten in groben Zügen ihre eigenen Kinder auf, so daß beim Spielen weniger Konflikte auftraten.

Es gab allerdings auch ein paar negative Situationen, beispielsweise Weihnachten in der Kindermette der Kirche. Christian hatte damals vokale Tics; er sagte immer »Arschloch«. Er bemühte sich zwar, das Wort wenigstens leise zu sagen, doch es war natürlich in der Stille zu hören. Eine ältere Frau vor uns drehte sich um und sah uns sehr verärgert an. Erst war es mir peinlich, doch dann stand ich einfach dazu. Christian selbst war die Situation glücklicherweise überhaupt nicht bewußt.

Einmal gingen wir auf der Straße, und Christian streckte ständig die Zunge heraus. Eine Frau kam uns entgegen und fühlte sich angesprochen. Sie fragte Christian, warum er ihr die

Zunge rausstrecke. Ich erklärte ihr kurz die Situation und man sah, daß es *ihr* sichtlich peinlich war, gefragt zu haben.[6]

Ich finde es wichtig, daß alle, die mit unserem Kind zu tun haben, über die Krankheit informiert sind. Damit haben wir eigentlich nur positive Erfahrungen gemacht. Seit die wichtigsten Kontaktpersonen informiert sind, treten weniger Mißverständnisse auf, und Christian fühlt sich nicht ungerecht behandelt.

Insgesamt leidet unser Sohn am meisten unter seinen »Schütteltics« (dabei schüttelt es seinen ganzen Oberkörper) und an Vokaltics jeglicher Art (z. B. »Scheiße« und »Arschloch«). Wenn andere Kinder ihn wegen seiner Tics ansprechen oder gar hänseln, leidet er ebenfalls.

Ich selbst empfinde auch seine Schütteltics und die Vokaltics in Form der Koprolalie als am meisten beeinträchtigend. Je schlimmer seine Tics (Häufigkeit am Tag), desto schlimmer für uns alle.

Wenn Christian sehr heftige Tics hat, ist er nur schwer in der Lage zu malen, zu spielen oder sich zu entspannen. Diese Tage kosten ihn sehr viel Kraft und Energie. Am Abend kann er sich dann ebenfalls nicht entspannen und schläft nur sehr schwer und spät ein, was natürlich immer zu Schlafmangel führt. Ich sehe, wie seine Krankheit ihn buchstäblich beutelt, und kann nur bedingt helfen. Darunter leide ich sehr.

Im ersten Jahr von Christians Krankheit war unser zweiter Sohn Michael zwischen zweieinhalb und dreieinhalb Jahren alt. Michael imitierte Christians Tics öfter. Das war für Christian, als hielte man ihm einen Spiegel vor. Mittlerweile hat sich dieses Problem jedoch gelöst, da Michael älter und verständiger wurde. Wenn Christian Aggressionen hat, versuche ich, die Kinder getrennt spielen zu lassen.

Rat und Hilfe finde ich am ehesten innerhalb unserer Familie. Der Halt in der eigenen Familie gibt uns allen Kraft. Aber

---

6 Der sachlich-informierende Umgang gegenüber Nicht-Betroffenen hat sich allgemein als sehr förderlich und hilfreich erwiesen. Die Benutzung einer Informations-Visitenkarte der TGD e. V. erspart in schwierigen Situationen manches heikle Gespräch. (A. Rothenberger)

auch bei meinen Freundinnen und bei anderen Eltern mit Tourette-Kindern finde ich Zuspruch. Ich habe in Zeitschriften inseriert, um Kontakt zu anderen Eltern zu bekommen, und stehe mit einigen davon brieflich in Verbindung. Auch bei meiner Hausärztin (praktische Ärztin) und bei Christians Kinderpsychologin, mit der wir uns halbjährlich treffen, fühle ich mich gut aufgehoben.

Am meisten hat uns geholfen, immer wieder zu versuchen, die Krankheit nicht in den Vordergrund zu rücken. Man braucht einfach Zeit, viel Zeit, um vieles hinzuzulernen, und zwar über die Krankheit und über das eigene Kind.

Christian hat es sehr geholfen, daß er von einem »normalen« Kindergarten in eine schulvorbereitende Einrichtung (Sprachheilkindergarten) wechseln konnte. Die Gruppe besteht nur aus zehn Kindern – die Förderung der Kinder ist viel intensiver. Christian bekommt dort zweimal wöchentlich Ergotherapie (Einzeltherapie). Dadurch wird die Feinmotorik und die Wahrnehmung gefördert, und dies stärkt seine Selbstsicherheit.

Wenn seine Tics stärker sind, hilft es ihm, seine Energie in viel Bewegung – am besten an frischer Luft – abzuleiten. Ich wüßte nicht, daß Christian es schon einmal geschafft hat, seine Tics bewußt zu unterdrücken – ich glaube eher, daß er sie manchmal unbewußt im Herumbalgen und spielerischen Raufen versteckt.

Solange es ohne Medikamente geht, wird Christian keine nehmen, denn Medikamente bedeuten auch Nebenwirkungen. Bis jetzt bewältigen wir es noch ganz gut ohne Medikamente. Allerdings geht Christian auch noch nicht zur Schule, und die Anforderungen an ihn sind noch nicht zu hoch.

Für uns war es besonders schwierig, daß Christian seine Tics sehr jung (im Alter von viereinhalb Jahren) bekam. Er konnte seine Gefühle, Wut und Aggressionen lange nicht verstehen oder beschreiben – das ist auch heute noch manchmal so. Ich glaube, es wäre sehr hilfreich, wenn der Betroffene seine Krankheit, die Auswirkungen und somit auch sich selbst besser verstehen und akzeptieren könnte. Doch bis dahin ist es ein weiter Weg.

Wir als Eltern wünschen uns am allermeisten eine Unterstützung in Form von Aufklärung der Bevölkerung durch die Medien und durch die Presse. Außerdem halten wir staatliche Zuschüsse für die Forschung und die Aufklärung von Betroffenen für sehr wichtig. Wir selbst sind froh über jede Art von weiterführender Information, beispielsweise in Form von Vorträgen durch Fachleute und Betroffene. Für unser Kind wünschen wir uns Verständnis und die gleichen Chancen im Leben (Schule, Beruf etc.) wie bei gesunden Kindern.

Wenn ich Eltern, die gerade erfahren haben, daß ihr Kind ein Tourette-Syndrom hat, einen Rat erteilen sollte, dann diesen:

- sich ausgiebig zu informieren
- sich zu organisieren (z. B. in der Tourette-Gesellschaft Deutschland e. V.)
- den Erfahrungsaustausch mit anderen Eltern zu suchen
- zu versuchen, sich in die Lage des Kindes zu versetzen
- das Selbstwertgefühl ihres Kindes zu stärken
- die Krankheit nicht in den Vordergrund zu stellen
- gezielt ausgewählte Kontaktpersonen des Kindes zu informieren (Freunde, Nachbarn, Lehrer, Mitschüler usw.).

Wenn Mutter und Sohn betroffen sind

Der folgende Beitrag gibt einen Einblick in eine Familie, in der zwei Familienmitglieder am Tourette-Syndrom erkrankt sind. Es wird deutlich, daß dies zu besonderen Belastungen führt, aber in gewisser Weise auch hilfreich sein kann. Frau Schulte berichtet:

Im Alter von sieben Jahren und neun Monaten erkrankte mein Sohn Sven an einer schweren Virusinfektion. Es bestand der Verdacht auf eine Hirnhautentzündung, und es mußte Nervenwasser untersucht werden. Zum Glück war es keine Hirnhautentzündung, sondern lediglich eine Reizung durch das Virus. Wir waren damals eine Woche lang in der Kinderklinik. Sven hatte ein schweres Krankheitsbild (schlimme Gliederschmerzen, völlige Appetitlosigkeit, starke Kopfschmerzen, Fieber).

Etwa zwei bis drei Wochen später nahm ich bei meinem Sohn erste Zuckungen des Kopfes wahr. Ich glaube, daß die Viruserkrankung die Tics ausgelöst hat. Er war aber vorher auch schon kein einfaches Kind gewesen – vielleicht war das bereits ein Hinweis auf die bevorstehende Tourette-Erkrankung. Zu den ersten Kopfzuckungen kamen bald Augenblinzeln, Augenverdrehen, Um-den-Tisch-Herumlaufen und Einschlafprobleme hinzu.

Im Lauf der Zeit traten noch verschiedene andere motorische Tics auf: Kopf zur Seite neigen und den Halsmuskel stark aufpusten (sieht erschreckend gefährlich aus!), Schulter hochziehen (einzeln oder beide), leichte Verdrehung des Oberkörpers, starke Gesichtsgrimassen, Wippen der Beine. An vokalen Tics kamen hinzu: Räuspern, verschiedene Laute (besonders direkt nach dem Aufwachen oder abends, wenn er nicht einschlafen kann), zum Beispiel »pio«, »pschio«, »schsch«, . . . Die motorischen Tics standen jedoch bisher im Vordergrund.

Da ich selbst am Tourette-Syndrom erkrankt bin, war mir schon nach kurzer Zeit klar, daß mein Sohn das gleiche Schicksal zu tragen hat. Ungefähr ein Jahr nach dem Auftreten der ersten Tics brachten wir ihn zur Untersuchung bei einem Fachspezialisten in eine Klinik für Kinder- und Jugendpsychiatrie, wo dann nach drei Tagen die Diagnose Tourette-Syndrom gestellt wurde. Eine ADHS ist bei Sven nicht festgestellt worden – es waren auch keine Anzeichen dafür erkennbar.

In der Zeit, die seit dem Auftreten der ersten Tics vergangen ist, gab es, was Svens Tics betrifft, starke Schwankungen. Dennoch haben wir nie an der Tatsache gezweifelt, daß es sich um ein Tourette-Syndrom handelt. Es gab Monate, in denen die Tics täglich und stündlich zu beobachten waren. In diesen Zeiten wirkte Sven dann insgesamt sehr unruhig. Er war ständig in Bewegung und reagierte emotional stärker, sei es mit Wut, Resignation – oder, was leider auch oft der Fall war – mit Traurigkeit.

Dann gab es zum Glück auch Monate, in denen die Tics so schwach waren, daß man die Erkrankung eigentlich gar nicht bemerkte. Allerdings haben die Tics im letzten halben Jahr zugenommen, und es gab in dieser Zeit auch keine Tage oder Wochen mehr, in denen man kaum etwas bemerkt hätte. Auch treten seit dieser Zeit mehrere Tics gleichzeitig auf, derzeit kann man bis zu sechs Tics gleichzeitig beobachten. Fremde und unangenehme Situationen wirken dabei verstärkend. Aber auch durch Müdigkeit werden die Tics heftiger, das kann ich jeden Abend beobachten. Am stärksten sind die Tics jedoch beim Fernsehen.[7]

Vielleicht ist die Verschlechterung darauf zurückzuführen, daß für Sven bald der Wechsel zur weiterführenden Schule ansteht. Er ist durchaus ehrgeizig und möchte gern zum Gymnasium. Mein Mann und ich sind uns aber nicht ganz sicher, ob er durch den Besuch eines Gymnasiums nicht überfordert wäre. Wer weiß, ob Sven mit all seinen Beeinträchtigungen durch die Tics den Anforderungen dort gerecht werden kann.

Bisher hat er keine Medikamente genommen, aber in letzter Zeit haben wir angefangen zu überlegen, ob wir ihn doch noch einmal einem Facharzt vorstellen und ihn – bereits vor dem Schulwechsel – auf entsprechende Medikamente einstellen lassen.

Sven war schon vor Ausbruch der Tics »schwierig«. Er ist sensibel, leicht zu entmutigen, stellt aber an sich selbst sehr hohe Ansprüche. Sehr belastend war zeitweise seine Traurigkeit. So schrieb er bereits mit sieben Jahren in sein Heft: »Das Leben ist Scheiße, ich will nicht mehr leben.« Mittlerweile ist es mir durch viele, viele Gespräche gelungen, ihm ein besseres Selbstwertgefühl zu geben. Er ist so viel selbstsicherer geworden, auch durch seine guten schulischen Leistungen, durch den Sport und durch seine Freunde. Ich habe es nie versäumt, ihm

---

7 Die Tics treten am ehesten dann auf, wenn die willentliche/automatische Eigenkontrolle nachläßt; beispielsweise nach der Schule oder im vertrauten Familienkreis, denn Eigenkontrolle über die Tics ist nur zeitlich begrenzt (Minuten bis Stunden) möglich. – In erster Linie sind es die eng mit dem Kind zusammenlebenden und verbundenen Mütter, denen die Tics auffallen und die sich dadurch vor »Schuldfragen« gestellt sehen. Sie suchen daher sofort nach fachlichem Rat, ehe die Schwierigkeiten dem Kind selber (bzw. den anderen Familienmitgliedern) als belastend erscheinen. (A. Rothenberger)

meine Liebe zu zeigen und ihn spüren zu lassen, daß ich ihn liebe, wie er ist, und immer für ihn da sein werde.

Zwischen Sven und seinem vier Jahre jüngeren Bruder gibt es natürlich, wie in jeder anderen Familie auch, gelegentlich Streit. Die geschwisterlichen Streitereien haben meiner Meinung nach aber weniger mit Svens TS zu tun, auch wenn sie teilweise sehr heftig sind. Mein kleiner Sohn empfindet die Gesichtsgrimassen seines großen Bruders allerdings öfter als störend. Manchmal äfft er ihn auch nach oder sagt, er solle »mit den Fratzen aufhören«.

Leider will mein Sohn mit uns nicht über seine Erkrankung reden. Dadurch erfahre ich bedauerlicherweise viel zu wenig darüber, wie er damit umgeht. Ich bin mir nicht sicher, ob es ihn wirklich so wenig stört, wie er behauptet. Sven sagt, seine Gesichtstics würden ihn nicht stören. Aber das Schulterzucken empfindet er als unangenehm und lästig. Ich selbst finde seine Gesichtsgrimassen am auffälligsten.

Ich glaube, weil er noch keine negativen Erfahrungen in der Schule, im Freundeskreis oder beim Sport machen mußte, kann er selbst ganz gut mit seinen Tics leben. Bisher hat er jedenfalls in bezug auf das TS keine Mutlosigkeit entwickelt. Ich kann mir aber vorstellen, daß sich das ändert, falls er vermehrt durch seine Umwelt auf seine Tics aufmerksam gemacht oder sogar ausgelacht oder gehänselt werden sollte. Er möchte einfach nicht krank sein.

Sven möchte auf gar keinen Fall, daß ich seine Umgebung (Schule, Nachbarn, Freunde etc.) über seine Erkrankung informiere. Trotzdem habe ich – ohne sein Wissen – seinen Klassenlehrer informiert. Dieser scheint jedoch völlig desinteressiert. Er ist bisher jedem Gespräch darüber aus dem Weg gegangen.

Da ich weiß, daß mein Sohn ein TS hat, weil ich es ihm vererbt habe, empfinde ich die Tatsache, daß er krank ist, als sehr belastend. Ich habe deshalb Schuldgefühle. Für mich ist es sehr schwer, damit fertig zu werden – ich fühle mich oft mutlos und habe Angst vor der Zukunft. Ich mußte lernen, zu mir selbst zu finden, ruhiger zu werden, Prioritäten zu setzen, die Dinge so zu akzeptieren, wie sie sind, nicht zu verzweifeln. Ich selbst bin in den letzten Jahren innerlich sehr gewachsen. Aber schmerzlich ist und bleibt die Erkrankung meines Sohns trotzdem für mich.

Geholfen hat mir sehr der Kontakt mit anderen betroffenen Müttern. Anhand der Telefonliste der TGD e. V. konnte ich einige telefonische Kontakte knüpfen. Das tat gut! Auch bei meinen Freundinnen kann ich mich aussprechen.

Offenbar hat meinem Sohn bisher am meisten die Tatsache geholfen, daß nicht nur er die Krankheit hat, sondern daß auch seine Mutter betroffen ist. Er sieht ja, daß man damit leben kann. Allerdings bin ich derzeit nur noch »leicht« betroffen, wirke also nicht »abschreckend«. Ein bestimmtes Verhalten hat mir immer sehr geholfen und hilft jetzt wohl auch meinem Sohn: Bei starker Unruhe alles stehen und liegen lassen, sich ruhig hinsetzen, vielleicht die Augen schließen und sich selbst Ruhe »einreden« und gönnen, etwa: »Ich bin jetzt ganz ruhig«, »Ich habe jetzt viel Zeit«, »Ich rege mich jetzt nicht auf« – wie beim Autogenen Training. Das verstärkt auf Dauer die Selbstkontrolle. Meinen Sohn nehme ich dann in die Arme, halte ihn ganz fest, streichle ihm übers Haar, sage ihm leise: »Werde ganz ruhig«. Dann sitzen wir beide so minutenlang, und meistens ist er danach wieder ruhiger und gelassener.

Ich weiß aus eigener Erfahrung, daß es möglich ist, Tics bewußt zu unterdrücken, und habe versucht, es meinem Sohn nahezubringen. Er hat es leider bisher nicht geschafft, allerdings nimmt er, wenn er sich beobachtet fühlt, die Hand vors Gesicht, damit man die Grimassen nicht sehen kann. Oder er versteckt sich beim Fernsehen unter einer Decke und tict dann.

Mir selbst ist es nach jahrelangem Training gelungen, einige Gesichtstics so in meine Sprachgestik »einzuarbeiten«, daß man nicht ein TS vermutet, sondern eine mehr oder weniger lebhafte Mimik. Mein Sohn lacht sich halbtot, wenn ich ihm vormache, welche Gesichtstics ich früher hatte. Ich glaube, in diesem Moment fühlt er sich selbst am »normalsten« und nicht allein mit seiner Krankheit. Ich gebe dem Ganzen dann aber auch bewußt eine gewisse Komik, um ihm zu zeigen: Sicher hat es mich früher belastet, aber heute kann ich auch wieder lachen.

Mein Sohn war wegen seiner TS-Erkrankung bisher nicht in

psychologischer Behandlung. Ich selbst habe allerdings vor dreizehn Jahren eine zweijährige Psychotherapie bei einem niedergelassenen Psychologen gemacht. Es ging mir zu dieser Zeit sehr schlecht. Geholfen hat mir diese Therapie sehr, allerdings nicht in bezug auf mein TS – das hat der Psychologe nicht erkannt und noch nicht einmal *ge*kannt. Aber meine seelische Verfassung hat sich seither sehr stabilisiert, und das kommt letztendlich auch dem Umgang mit der TS-Erkrankung zugute.

Das Tourette-Syndrom darf nicht weiter eine völlig unbekannte Erkrankung bleiben, die Betroffenen dürfen nicht mehr verkannt und verlacht werden. Ich wünsche mir, daß die Öffentlichkeit besser über das TS informiert wird, damit immer mehr Menschen wissen, was für eine Erkrankung das TS ist und was es für die Betroffenen bedeutet. Besonders Fernsehberichte würden helfen. Selbst Ärzte, Lehrer und Erzieher wissen nichts über das TS. Das muß sich ändern; und da ist besonders die Tourette-Gesellschaft Deutschland e. V. gefordert.

Eltern, deren Kind am TS leidet, würde ich raten, nur Ärzte und Kliniken aufzusuchen, die sich mit dem TS auskennen, und keine Experimente mit niedergelassenen Ärzten zu machen, die vielleicht helfen wollen, aber nicht können. Mir gegenüber hat ein Kinderpsychologe behauptet, Tics entstünden durch das soziale Umfeld! Durch solche »Fachleute« kann weder Eltern noch Kindern geholfen werden.

Wenn Zwänge das Leben bestimmen

Manche Tourette-Patienten leiden zeitweilig außer unter motorischen und vokalen Tics auch unter zwanghaften Verhaltensweisen oder Zwangsgedanken. Es ist eher selten, daß die Zwangssymptome sehr stark im Vordergrund stehen und den Alltag viel stärker beherrschen als die verschiedenen Tics. Dies ist jedoch bei dem im folgenden beschriebenen 13jährigen Sebastian Becker der Fall.

Sebastian war acht Jahre alt, als die ersten Symptome auftraten. Es begann mit einem bestimmten Schlafritual, einige Dinge mußten immer in einer bestimmten Reihenfolge am gleichen Platz stehen. Später kam ein Waschzwang hinzu, besonders nach der Schule, motorische Unruhe, ein Zwang beim Gehen (drei Schritte vor und zwei zurück), Armzucken mit gleichzeitigem Ausstoßen von Lauten, Spucken, Augenzwinkern, Kopfrucken, wiederholtes Berühren von Gegenständen und Personen (Antippen). Sebastian fügte sich selbst kleinere Verletzungen zu (zog z. B. das Armband seiner Uhr über mehrere Tage ganz fest zu, ohne es zu lösen), zeigte merkwürdig anmutende Verhaltensweisen (zog sich für längere Zeit in sein Zimmer zurück und schloß die Rolläden). Er benutzte obszöne Worte, wobei er sich gleich anschließend dafür entschuldigte.

Während in der Anfangszeit die motorischen und vokalen Tics überwogen, stehen heute die Zwangssymptome im Vordergrund, besonders der Waschzwang, aber auch häufiges Zähneputzen, ja sogar regelrechtes Zähneschrubben, das immer vorher mehrfach angekündigt wird.

Überwiegend treten die Zwänge zu Hause, bei den Hausaufgaben, aber auch im Straßenverkehr auf. Bei Verwandtschaftsbesuchen versucht Sebastian die Tics und Zwänge zu unterdrücken, wobei es dann anschließend zu heftigen »Schüben« kommt. Bei Arztbesuchen zeigt er sich anfangs sehr distanziert, spricht kaum mit dem Arzt, nimmt eine sture Haltung ein.

Fast drei Jahre nach Auftreten der ersten Tics haben wir – nach langem Aufenthalt in zwei verschiedenen Kliniken – endlich erfahren, daß unser Sohn ein Tourette-Syndrom hat. Die Zeit, in der wir noch nicht wußten, was mit Sebastian los ist, war für uns alle sehr schwer. Für ihn selbst war es natürlich am schwersten, er hat kaum noch gegessen und geschlafen, war dadurch mit der Zeit regelrecht ausgezehrt. Er ließ oft keinen mehr an sich heran, blockte alles ab.

Solange die Ärzte, die das TS nicht kannten, keinen Rat wußten, waren wir als Eltern natürlich auch überfordert. Manchmal waren wir wegen der Tics schon etwas verärgert, meistens hatten wir aber Mitleid mit Sebastian, konnten kaum mit ansehen, wie er sich quälte. Allerdings war uns von Anfang an klar, daß Sebastian all dies nicht mit Absicht tat. Er war im übrigen ein sehr liebes und ruhiges Kind. Bestraft haben wir ihn niemals wegen seiner motorischen Tics, aber wir haben ihn aufgefordert, keine obszönen Worte auszusprechen. Zwänge konnte man ihm nicht abgewöhnen, dann wurde er aggressiv und benutzte Schimpfwörter. Wir haben dann versucht, ihn abzulenken, um ihn zu beruhigen.

Insgesamt hat Sebastians Selbstwertgefühl sehr gelitten, er äußerte hin und wieder sogar Selbsttötungsabsichten. Wenn er zum Beispiel nicht duschen darf, spricht er davon, nicht mehr leben zu wollen.

Er war bestimmt selbst durch sein eigenes Verhalten verunsichert. Bereits im Kindergarten nahm er keine Kontakte auf, ebenso war es in der Schule mit seinen Mitschülern. Er saß quasi in einer Art »Glashaus« und schaute nur ab und zu mal heraus. Nach der Schule reagierte er häufig uns Eltern und sich selbst gegenüber aggressiv, schimpfte teilweise sogar mit sich selbst. Hin und wieder bekommt er überraschend Wutanfälle, hauptsächlich, wenn irgendetwas beim Spielen, Waschen oder Anziehen nicht sofort funktioniert.

Auch wenn wir jetzt wissen, was er hat, möchte er nicht, daß wir andere über seine Erkrankung informieren. Er hat Angst, abgelehnt zu werden.

Sebastian selbst leidet am meisten unter seinen Zwangshandlungen und -gedanken. Der Waschzwang engt Sebastian im Alltag sehr ein. Er hat zwanghafte Angst, durch äußere Einflüsse (Regen, Verschmutzen der Kleidung bei Spaziergängen, Überanstrengungen, Schwitzen) nicht mehr, wie er meint, keimfrei zu sein.[8] Alle täglichen Handlungen bringt er mit seinem Waschzwang in Verbindung, spricht manchmal ausschließlich nur darüber, kann auch nicht verstehen, wenn man sich mit den Händen durch die Haare geht oder am Finger leckt. Geringfügig

---

8 Hier kommt man in den Grenzbereich zu wahnhaften Vorstellungen, der beim Tourette-Syndrom aber nur selten begangen wird. Man sieht aber, daß in solchen Fällen der Einsatz von Neuroleptika einen doppelten Vorteil hat (Besserung von Tics und Zwangsgedanken). (A. Rothenberger)

verunreinigte Kleidung oder Körperteile kann er nicht ertragen. Termine wie Arztbesuche, Schulunterricht und Besuche benötigen so häufig einen außergewöhnlich hohen zeitlichen Aufwand. Wenn man ihm sein Waschritual nimmt oder ihn auffordert, es einzuschränken, gerät er in Panik.

Außerdem muß er hin und wieder bestimmte Körperteile seiner Mutter berühren, dies wiederholt er derzeit häufig, dabei benutzt er sexuell bezogene Wörter. Wir als Eltern haben am meisten Probleme damit, wenn er seinen Genitalbereich zur Schau stellt (zum Glück nur gegenüber uns Eltern, besonders der Mutter) oder wenn er versucht, seine Mutter mit seinem Geschlechtsteil zu berühren. Eher belustigend finden wir, wenn er sein Geschlechtsteil als Gitarre benutzt und dazu singt. Sebastians 17jähriger Bruder hänselt ihn hin und wieder wegen seines Waschzwangs.

Außerhalb der Wohnung kann Sebastian seine Tics besser unter Kontrolle halten, teilweise sogar ganz unterdrücken, wobei er diesen bei der Rückkehr in die Wohnung dann wieder freien Lauf läßt. Er sagt selbst, daß er sich bei anderen schämt und deshalb versucht, das Ticen zu unterdrücken, wobei, wie gesagt, die motorischen und vokalen Tics derzeit nicht im Vordergrund stehen.

Rat und Hilfe fanden wir bisher bei Psychologen und Therapeuten, aber auch innerhalb der Familie. Besonders hilfreich beim Umgang mit der Krankheit waren Gespräche mit dem Kinderpsychologen und eine Ergotherapie. Auch die gemeinsame Freizeitgestaltung tut uns allen gut. Manchmal hilft es auch, Sebastian bei auftretenden Tics oder Zwangsvorstellungen gar nicht auf das TS aufmerksam zu machen. Es ist oft besser, ihn in Streßsituationen abzulenken, wenn möglich zu beschäftigen (obwohl letzteres äußerst schwierig ist).

Sebastian hat auch einer der Klinikaufenthalte sehr geholfen. Dort wurde er auf verschiedene Medikamente eingestellt (Clomipramin und Tiaprid). Damit haben wir sehr gute Erfahrungen gemacht. Sebastian findet mehr Ruhe und innere Ausgeglichenheit im Alltag und schläft abends besser ein. Unangenehme Nebenwirkungen sind bisher nicht aufgetreten. Sebastians Tourette-Syndrom wurde beim Landesversorgungsamt als Schwerbehinderung (50 %, Merkzeichen G und B) anerkannt.

Anderen Eltern, die gerade erfahren haben, daß ihr Kind am TS erkrankt ist, würden wir raten, kleine Schritte in allen Belangen zu machen, das Kind keinesfalls zu überfordern, keinen Druck auszuüben, aber auch Grenzen zu setzen, das Kind zu behandeln wie jedes andere auch. Und den Mut nicht verlieren!

Wir hoffen sehr, daß irgendwann mehr Erkenntnisse darüber gewonnen werden, wie und warum das TS zum Ausbruch kommt, damit der Weg zu besseren Heilungsmöglichkeiten für alle Betroffenen geebnet wird.

Glaube kann Berge versetzen

Gerade bei einer so facettenreichen Erkrankung wie dem Tourette-Syndrom kann es keine oder nur wenige allgemeinverbindliche Ratschläge und »Rezepte« geben, wie der Betroffene im Einzelfall am besten lernen kann, mit den Belastungen im Alltag umzugehen. Jeder Betroffene und jede Familie muß für sich selbst herausfinden, welche konkreten Verhaltensweisen hilfreich sind und welche möglicherweise ungewollt dazu beitragen, Tics oder Zwangshandlungen zu verstärken.

Aus dem folgenden Beitrag geht hervor, wie wichtig es für Eltern sein kann, mit ihren Kindern das Gespräch über die Tics und ihre Auslöser zu suchen. In dem von Frau Handke beschriebenen Fall konnte der Auslöser eines drei Jahre andauernden Tics durch Zufall herausgefunden werden. Doch das allein hat den Tic nicht beseitigen können. Erst eine gute Portion Phantasie und der Mut, auch einmal ungewöhnliche Vorgehensweisen auszuprobieren, haben im Endeffekt den Erfolg gebracht. Frau Handke berichtet über ihren 13jährigen Sohn Sascha.

Ich erlebe Sascha als lebhaftes, nervöses, lautes, egoistisches, aber auch sensibles, weichherziges und sehr intelligentes Kind.

Er war von Geburt an sehr empfindlich. Laute Geräusche konnte er als kleiner Junge nur schlecht ertragen. Dazu kamen Neurodermitis und einige Allergien. Da er sich besonders als Säugling sehr oft erschreckte, weinte und schlecht schlief, habe ich ihn entsprechend oft getragen und gewiegt. Er war also als kleiner Junge ein echter »Tragling«. Eventuell habe ich ihn zu dieser Zeit etwas verwöhnt (sagen die Omas).

Ungefähr mit sechs Jahren fing sein Ticverhalten an. Das äußerte sich beispielsweise in ständigem Räuspern oder Spukken, Zwinkern, Augenverdrehen und so weiter. Die Tics kamen und gingen, wechselten sich gegenseitig ab. Da ich dieses Ticverhalten bereits von meinem Bruder und von meinem Neffen kannte, maß ich dem Ganzen wenig Bedeutung zu, denn bei den beiden haben sich die Tics »verwachsen«.

Ungefähr mit neun Jahren fing Sascha dann an zu nicken. Das heißt, Sascha nickte pro Minute etwa zehnmal heftig mit dem Kopf. Dieser Tic war auffälliger und beständiger als die anderen und wurde teilweise noch von anderen Tics (ständiges Räuspern) begleitet.

Sascha wurde oft von anderen Kindern und Erwachsenen angesprochen und wohl teilweise auch gehänselt. Allerdings hatten wir zu dieser Zeit einen guten Kontakt zu seiner Klassenlehrerin, die das Problem in der Klasse besprochen hat. Sie erklärte den Kindern, daß Sascha sein Nicken genauso wenig unterdrücken kann, wie man einen Schluckauf abstellen kann. Die Mitschüler sahen das ein, und Sascha hatte in der Klasse fortan keine großen Probleme. Auch die schulischen Leistungen waren immer in Ordnung.

Im nachhinein denke ich, daß Sascha nicht so sehr unter seinem Tic litt, wie ich vielleicht angenommen hatte. Er hat nie mehr über seinen Tic gesprochen, seit er vergangen ist.

Um das Ticverhalten zu unterdrücken, probierte ich verschiedene Maßnahmen aus: Fernseh- und Computerverbot, Autogenes Training beim Kinderpsychologen, Kuraufenthalt mit medizinischen Bädern, feuchte warme Wickel in den Nacken – allesamt ohne den geringsten Erfolg!

Als Sascha zwölf Jahre alt war, wurden die Nickbewegungen ausholender und heftiger. Eine befreundete Krankengymnastin riet mir, Sascha doch etwas zu massieren, da sein Nacken durch das ständige Nicken sehr verspannt sei. Sascha wehrte jedoch die Massage im Nacken vehement ab und sagte: »Mama, paß auf, dort ist eine ganz gefährliche Stelle!« Er erklärte, daß dort der Kopf auf dem Rücken säße und daß – wenn man nicht aufpasse – der Kopf vom Rückgrat rutschen könne und man sofort tot sei.

Das hätte seine Lehrerin im vierten Schuljahr den Kindern anhand eines Skeletts erläutert. Sie hätte gezeigt, an welcher Stelle der Kopf auf dem Rücken sitze. Und als das Skelett aus der Klasse gerollt wurde und nur ein ganz klein wenig wackelte, sei ihm tatsächlich der Kopf heruntergefallen. Sascha erklärte mir, daß er seitdem meinte aufpassen zu müssen, daß sein Kopf nicht vom Rücken falle, und zur Probe, ob noch alles in Ordnung ist, nicke er immer kurz mit dem Kopf. Er war der Meinung, alle Menschen würden aufpassen, daß sie ihren Kopf nicht verlören, und sah darum keine Veranlassung, seine Angst mit irgendjemandem zu besprechen. Seine Lehrerin sagte später dazu, sie hätte den Kindern damals nur deutlich machen wollen, wie gefährlich es sei, sich ausschließlich am Kopf hochheben zu lassen!

Ziemlich verblüfft über die Ursache von Saschas Kopfnicken erklärte ich ihm, daß er keine Angst um seinen Kopf haben müsse, da der liebe Gott einige Sicherungen eingebaut habe (Muskeln, Sehnen . . .), damit uns nichts passieren könne. Auch sagte ich ihm, daß ich mir noch nie Sorgen darum gemacht habe und auch keinen Menschen kenne, der – abgesehen von einem schlimmen Unfall – an einer solchen Sache gestorben sei. Sascha glaubte mir zwar meine Erklärungen, hörte aber nicht auf zu nicken.

Nun griff ich zu einer List!

Ich kaufte ganz einfache Baldrian-Tabletten und gab Sascha davon morgens jeweils eine. Von da an wiesen mein Mann und ich Sascha ab und zu darauf hin, daß er schon wesentlich ruhiger geworden sei und die Tabletten doch ganz toll helfen würden (obwohl das zu Beginn der »Baldrian-Kur« nicht so war).

Nach etwa zehn Tagen nickte Sascha nicht mehr und hat bis heute auch nicht wieder damit angefangen.

Er ist zwar weiterhin nervös und hat auch ab und zu mal einen kleinen Tic (Zwinkern, Räuspern . . .). Ich reagiere auf diese Tics aber nicht mehr so verständnisvoll wie früher, sondern sage ihm ganz konsequent, daß mich das stört. Manchmal imitiere ich sein Verhalten, mit der Begründung, daß es mich »ansteckt«, wenn jemand sich immerzu räuspert. Das stört dann Sascha, und er kann auf einmal, wie durch ein Wunder, damit aufhören.

Die von Frau Handke beschriebene erfolgreiche »Behandlung« des Kopfnickens finde ich wirklich beeindruckend. Hier wird deutlich, wie sehr manchmal – gerade bei Kindern – der feste Glaube an das Bewältigen eines lästigen Tics Berge versetzen kann. Dies kann natürlich nur funktionieren, wenn auch die Eltern fest an den Erfolg glauben und dem Kind dies durch ihre Haltung vermitteln.

Die Tablettengabe erreichte einen sogenannten Placebo-Effekt, das heißt, ein Scheinmedikament hilft dem Betroffenen, soviel Eigenkräfte zu mobilisieren, daß er dadurch zumindest für gewisse Zeit seine Erkrankung lindern kann. Der Einsatz des Placebos kam hier zu einem günstigen Zeitpunkt. Zum einen wächst die Eigensteuerungsfähigkeit durch die zentralnervöse Reifung um das zwölfte/dreizehnte Lebensjahr deutlich. Zum anderen steigt ab dann die Chance für eine Linderung der Tics im natürlichen Verlauf des Tourette-Syndroms. (A. Rothenberger)

Frau Handke berichtete auch, daß sie und ihr Mann zu der Zeit, als Sascha noch unter dem heftigen Kopfnicken litt, weder im Freundeskreis noch mit Ärzten über ihre Probleme reden konnten. Wie gut, daß sie auch ohne Unterstützung von außen eine Idee hatte, wie sie ihrem Kind helfen konnte! Als ich die Berichte für dieses Buch zusammenstellte, bezeichnete sie ihren Sohn erleichtert als »geheilten Fall«.

Die leichteren Tics, die ihm erhalten geblieben sind, haben für sie und ihre Familie offensichtlich so gut wie keine Bedeutung. Wahrscheinlich geht sie – bedingt durch die positiven Erfahrungen ihres Neffen und ihres Bruders – davon aus, daß diese irgendwann von selbst verschwinden.[9] Außerdem berichtet sie, daß sich die leichteren Tics durch das Imitieren positiv beeinflussen lassen.

Das halte ich allerdings für einen besonderen Glücksfall. Wir haben Manuel auch manchmal nachgemacht, mehr aus Spaß, um gemeinsam über die Tics zu lachen. Das hat bei ihm aber immer zu einer Verstärkung der Tics geführt (zum Glück nur in der speziellen Situation, nicht auf Dauer), so daß wir dieses Nachäffen schnell wieder unterließen. Wenn uns

---

9 Bei Sascha liegt eine erbliche Neigung zur Tic-Störung vor, die zum üblichen Zeitpunkt (6 Jahre) sichtbar geworden ist. Aufgrund des günstigen Verlaufs bei seinen Verwandten darf auch er auf einen guten Verlauf hoffen. (A. Rothenberger)

später mal versehentlich solch ein Verhalten »rausrutschte«, weil wir vor lauter uns umgebenden Tics und Geräuschen unter großer Anspannung standen, wurde er manchmal richtig aggressiv und verbat sich lautstark, imitiert zu werden.

Zehn Jahre lang Tics und keine Diagnose: Ein Alptraum für Kind und Familie

Im folgenden berichtet Frau Preusser von den teilweise massiven Schwierigkeiten, die ihr Sohn aufgrund seiner Eigenarten mit seinen Mitschülern und Lehrern bekam.

Tobias hatte es sicherlich besonders schwer, weil er sowohl von der Aufmerksamkeitsdefizit-Hyperaktivitätsstörung (ADHS) als auch vom Tourette-Syndrom betroffen ist. Erst zehn Jahre nach Auftreten der ersten Tics erfuhr die Familie, was mit ihrem Sohn los war. Ich bin überzeugt davon, daß Tobias' Geschichte einen anderen Verlauf genommen hätte, wenn er nicht erst mit sechzehn Jahren erfahren hätte, daß er am Tourette-Syndrom leidet.

Glücklicherweise hat er in all den Jahren immer wieder erfahren können, daß seine Familie (Eltern, Bruder und ein Großelternpaar) und einige wenige Freunde ihn so akzeptierten und mochten, wie er war. Dies hat schließlich dazu geführt, daß er sich trotz aller Steine, die man ihm in den Weg gelegt hat, zu einem sehr sympathischen, selbstbewußten jungen Mann entwickeln konnte. Als ich ihn kennenlernte – er war zu dem Zeitpunkt neunzehn Jahre alt und machte eine Ausbildung zum Kfz-Mechaniker – hatte ich den Eindruck, daß er für sich einen Weg gefunden hat, sein Leben mit dem Tourette-Syndrom zu meistern.

Tobias entwickelt sich von Anfang an anders als gleichaltrige Kinder. Er ist unruhig, verweigert oft seine Nahrung, schläft keine Nacht durch und tagsüber auch mal höchstens eine Stunde, weint sehr viel. Ständig krabbelt (später läuft) er herum, kann keine Sekunde stillsitzen, faßt alles an, verschüttet viel und ist nicht in der Lage, sich allein zu beschäftigen. Wir sind am Ende unserer Kraft, wollten nichts lieber als ein Kind, aber doch nicht »so eins«. Meine Eltern nehmen ihn ab und zu ein paar Tage zu sich, damit wir mal zur Ruhe kommen. Sie sind es auch, die sich bis heute mit sehr viel Liebe, Geduld, Verständnis und Zeit um ihr ältestes Enkelkind kümmern und sorgen.

Im Kindergarten bemühen sich die Erzieherinnen sehr, Tobias in die Gemeinschaft einzugliedern. Dies scheitert. »Die soziale Entwicklung ist gefährdet«, sagt man uns – und wir merken es auch selbst. Nachbarn und Freunde ziehen sich zurück. Selbstvorwürfe sind an der Tagesordnung, wir fühlen uns unfähig, ein Kind zu erziehen.

Kurz vor der Einschulung bemerken wir dann den ersten Tic. Gelegentliches Blinzeln mit den Augen und Hochziehen der Augenbrauen. Schon nach etwa sechs Wochen meldet sich die Klassenlehrerin (eine sehr liebe, verständnisvolle Frau) telefonisch bei uns und schildert uns das seltsame Verhalten von Tobias in der Klasse: Er kann nicht stillsitzen, ruft ungefragt in die Klasse, steht unvermittelt auf und läuft um die Bänke herum, spielt den Klassenkasper. Auch in der Schule fällt das Augenblinzeln auf. Die Lehrerin macht sich Sorgen, bietet Hilfe an.

Noch im ersten Schulhalbjahr kommt der erste vokale Tic dazu: »Edda!« Eine Bekannte heißt so, und heute wissen wir, daß dieser Name für Tobias wahrscheinlich so wohlklingend war, daß er ständig gesagt werden *mußte*.

Jetzt kommt Tobias auch öfter weinend aus der Schule, er wird von anderen Kindern nachgeäfft. Unsere Aufforderungen, mit den Tics aufzuhören, werden ignoriert. Auch Schimpfen und Bestrafung nützen nichts. Manchmal weint Tobias, will wissen, warum er so anders ist als andere Kinder. Ich bin ratlos und weine mit.

Zum wiederholten Mal spreche ich den Kinderarzt an. Nun wird Tobias getestet. Das Ergebnis ist für uns niederschmetternd und erleichternd zugleich: minimale zerebrale Dysfunktion (MCD)[10], auch als hyperkinetisches Syndrom bekannt; laut

---

10 Der Begriff MCD zeugt davon, daß man damals zwar eine Hirnfunktionsstörung bei diesen Kindern annahm, aber noch nichts Genaueres darüber sagen konnte. Mittlerweile sind uns durch die Forschung die Orte und Regelsysteme im Gehirn besser bekannt, die bei ADHS eine »Schwäche« aufweisen, z. B. Stirnhirn, Basalganglien und motorische Hirnrinde. (A. Rothenberger)

Aussage des Arztes »Eine Stoffwechselstörung im Gehirn, das kann man behandeln, und es wächst sich meistens in der Pubertät aus«. Unser Kind war also krank, nicht psychisch gestört oder schlecht erzogen.

Etwa zur gleichen Zeit erfahren wir, daß sich unser Wunsch nach einem zweiten Kind erfüllen wird. Ich bin schwanger. Wir freuen uns sehr, auch Tobias.

Die kommende Zeit ist sehr ereignisreich. Tobias bekommt die ersten Medikamente (Methylphenidat und Amphetamin), wir beginnen eine Spieltherapie. Ich lese unzählige Bücher, informiere mich sehr genau über MCD und die Nebenwirkungen der Medikamente, stelle unsere Ernährung auf phosphatreduzierte Kost um und trete dem MCD-Elternverein bei. Hier bin ich nicht allein, es gibt noch mehr Eltern mit anstrengenden Kindern. Insgesamt eine recht schöne Zeit, ich fühle mich gut, Tobias ist etwas pflegeleichter geworden und entwickelt sich zu einem guten Schüler. Das Lernen fällt ihm leicht, die Lehrerin beurteilt seine Leistungen als gut. Die Tics sind erträglich, wir haben uns daran gewöhnt; in der Schule ignoriert man sie weitgehend.

Anfang 1985 wird Martin geboren, von Anfang an ein liebes, ruhiges, zufriedenes Kind. Tobias ist ein liebevoller großer Bruder. Leider ist nun unsere Wohnung zu klein, wir ziehen um. Das bringt auch einen Schulwechsel für Tobias mit sich. Um ihn nicht allzu sehr zu belasten, findet der Umzug am Ende des ersten Schuljahrs während der Sommerferien statt. Auch an der neuen Schule haben wir es mit einer sehr sympathischen, hilfsbereiten Lehrerin zu tun. Trotz ihrer Bemühungen und trotz häufiger Gespräche meinerseits mit den Klassenkameraden oder deren Eltern ist und bleibt Tobias in der neuen Klasse ein Außenseiter. Außer der Klassenlehrerin will auch hier niemand etwas von MCD wissen. Kommentar des Schulleiters: »MCD, Legasthenie, Dyskalkulie – bin gespannt, was sich die Ärzte noch alles einfallen lassen!«

Sehr bald fangen auch wieder verbale und körperliche Attacken gegenüber Tobias an. Er wird beschimpft, man versteckt seine Hefte und Bücher (z. T. bekommt er sie zerknittert und bemalt wieder), schüttet Saft in seinen Schulranzen, während des Sportunterrichts verschwinden seine Kleider aus der Umkleidekabine, er wird geschlagen und getreten.

Tobias wehrt sich nicht, weint sehr viel, kann nicht einschlafen, hat morgens Bauchschmerzen und will nicht mehr in die Schule gehen. Intensive Gespräche mit den Mitschülern bringen nur kurzzeitige Erfolge. Wir bemerken, daß die Tics wieder stärker werden. Anfang des dritten Schuljahrs kommen neue Tics hinzu: Arme verdrehen und schütteln, Kopf ruckartig in den Nacken werfen. In der Schule will niemand mehr neben ihm sitzen. Er redet sich das schön, indem er behauptet, allein habe man sowieso mehr Platz.

Kurz vor der Erstkommunion verschlimmern sich die Tics. »Edda« wird jetzt lauter gesprochen, und es kommt ein Räuspertic hinzu. Ein Gespräch mit dem Pfarrer scheint mir wichtig. Hier erfahre ich dann, daß er schon von anderen Eltern informiert wurde, welch *unmögliches* Kind in die christliche Gemeinschaft aufgenommen werden will. Auch die Pfadfinder möchten Tobias nicht so gern dabei haben. Eine Frau (rutscht fast täglich auf den Knien zum Gotteshaus) verbietet Tobias, durch die Straße zu gehen, in der sie wohnt. (Jahre später möchte Tobias gern bei der Katholische Jugend mitmachen. Mit den Worten: »Wir brauchen hier zwar Mitglieder, aber *dich* nicht« wird ihm dies verleidet.) Absolut mutlos will er auch erst gar nicht Meßdiener werden. Ebenso besuchen wir auch so selten wie möglich die Messe, weil sich einige Christen in ihrer Andacht gestört fühlen durch die »ständigen Geräusche, die der von sich gibt«. Wir erfahren es »hinten herum«. Was versteht man ausgerechnet hier unter Nächstenliebe?

Derweil erhöht der Arzt die Dosierung der Medikamente, ohne Erfolg. Die Therapeutin weiß nicht mehr weiter, wir brechen die Therapie ab. Die Stimmung zu Hause ist schlecht, es gibt immer häufiger heftige Auseinandersetzungen. Der einzige Lichtblick ist Martin, er ist trotz allem ein fröhliches, gesundes Kind und beweist uns, daß es viele schöne Seiten hat, Kinder zu haben.

Ich will nicht ungerecht sein, auch mit Tobias gibt es schöne Erlebnisse. Er ist sehr liebebedürftig, anhänglich, liebt Pflanzen und Tiere über alles, ist absolut zuverlässig und grundehrlich. Für sein Verhalten kann er ja nichts, sein Stoffwechsel ist schuld, glauben wir dem Arzt.

Im MCD-Verein lerne ich einen neuen Therapeuten kennen. Herr Sch. ist Diplom-Pädagoge mit eigener Praxis, seine ruhige Art und das Therapie-Konzept, das er an einem Elternabend vorstellt, gefallen mir. Wir bekommen einen Termin. Tobias geht gern zur Beschäftigungstherapie, wir haben in Herrn Sch. einen Ansprechpartner gefunden, der sich sehr um Tobias bemüht und uns als Eltern in die Therapie mit einbezieht.

Tobias' Leistungen in der Schule lassen unterdessen zu wünschen übrig, er bekommt am Ende des vierten Schuljahres keine Empfehlung für eine weiterführende Schule. Ich empfinde das nicht als Katastrophe, Tobias' Verhalten in den Griff zu bekommen erscheint mir wichtiger als gute Noten. Tobias sieht das ganz anders. Er will auf jeden Fall eine höhere Schule besuchen, ist fest davon überzeugt, daß er das schafft, will einen Neuanfang.

Schweren Herzens stimme ich einer Aufnahmeprüfung zu, da ich weiß, wie wenige Schüler diese Prüfung bestehen. Ich bin stolz auf Tobias – er schafft die Prüfung mit gutem Ergebnis und besucht ab der fünften Klasse die Realschule in der 12 km entfernten Großstadt. Ich sehe dieser Zeit mit gemischten Gefühlen entgegen, habe ich ihn dann doch nicht mehr ständig »im Visier«.

Was Tobias dann in den nächsten Jahren an dieser Schule erleben muß, ist kaum zu ertragen. Innerhalb kürzester Zeit ist er zum Klassensündenbock abgestempelt, wird von Klassenkameraden massiv bedroht und mißhandelt (geschlagen, angespuckt, Kaugummi in die Haare geschmiert). Verbale Attacken wie »Laß dich nachmittags bloß nicht draußen blicken, wir wissen, wo du wohnst« machen ihm Angst. Hier heißt er auch nicht mehr Tobias, wird umgetauft in »Edda« oder »Arschloch«.

Bei einem der unzähligen Gespräche mit dem Klassenlehrer verschlägt es mir dann doch fast die Sprache. Erfahre ich doch, daß Tobias an der »ganzen Misere« selbst Schuld hat, da er die anderen ständig »provoziert«. Auch der eine oder andere Pädagoge findet es witzig, Tobias den Schulalltag schwer zu machen. So soll er einmal eine Sonderhausaufgabe (eine von unzähligen Sonderaufgaben) anfertigen mit dem Thema: »Warum bin ich so nervös?«

Bei einigen Lehrern verbringt er mehr als die Hälfte der Unterrichtsstunde vor der Tür. Ein Lehrer verursacht einen besonderen Lacherfolg bei folgender Begebenheit: Tobias bekommt von einem Klassenkameraden das Klassenbuch mehrmals auf den Kopf geschlagen. Kommentar des Lehrers: »Hau dem doch nicht immer das Buch auf den Kopf, der hat doch schon einen Dachschaden!«

Tobias ist total verzweifelt, spricht nach diesem Vorfall zum ersten Mal von Selbstmord. Ich weine stundenlang, rufe den Klassenlehrer an und drohe mit Konsequenzen. Eine halbherzige Entschuldigung bei Tobias erfolgt zwei Tage später.

Dann ein neuer Tic: Spucken! Tobias findet es selbst peinlich, kann aber nichts dagegen tun. Der Klassenelternsprecher ruft mich an. Einige Eltern haben sich beschwert, wollen, daß Tobias aus der Klasse verschwindet. Der Schulleiter zitiert mich zu einer Klassenkonferenz. Herr Sch. bietet an, mich zu begleiten. Ich bin froh, daß ich nicht allein in die »Höhle des Löwen« muß. Hier erfahren wir dann, daß Tobias in eine Parallelklasse versetzt werden soll. Zum ersten Mal fällt das Wort »Sonderschule«. Schulleiter und Lehrer sind überzeugt, daß Tobias in einer Sonderschule für verhaltensgestörte Kinder besser aufgehoben ist. Und das trotz befriedigender bis guter Leistungen!

Bei einem Elternabend finde ich kaum Verständnis. Die meisten Eltern sind der Meinung, daß ihre Kinder durch Tobias' Tics massiv gestört werden und nicht konzentriert lernen können. Bezüglich des Spucktics meint der Klassenlehrer, Tobias habe beim Wandertag im Zoo die Lamas zu genau beobachtet. Ein Vater nuschelt vor sich hin: »Vielleicht ist der ein Lama!« Ich höre es, stehe auf und gehe. Inzwischen wird Tobias derart massiv bedroht, daß er auf Umwegen in die Schule schleicht. Manches Mal klettert er über einen etwa vier Meter hohen Zaun, unmittelbar neben den dort verlaufenden Bahngleisen. Ich sehe das zufällig, fahre ihn so oft es geht zur Schule und hole ihn auch wieder ab. Die Klassenkameraden bleiben erfindungsreich, so drohen sie ihm einmal sogar, ihn aus dem Fenster zu werfen. Zur Demonstration fliegt dann sein Schulranzen mitsamt Inhalt aus dem dritten Stock auf den Schulhof. Nicht der Täter, nein, Tobias wird von seinem Lehrer aufgefordert, die Sachen wieder einzusammeln.

Durch Zufall bekomme ich ein Telefongespräch mit, in dem Tobias seinem Gesprächspartner sagt, daß er seiner Mutter noch lange nicht alles erzählt, was passiert, »weil die sonst ausflippt«. Ich kann das kaum ertragen, das, was ich weiß, ist eigentlich schon mehr, als ich aushalten kann. Immer mehr merke ich, wie sehr ich die Menschen verachte, die meinem Kind das alles antun.

Ein einziges Mal wehrt sich Tobias, als ein Klassenkamerad ihn dermaßen attackiert, daß er sich nur noch zu helfen weiß, indem er diesem Jungen in den Arm beißt. Empört ruft mich dessen Mutter an, will gegen Tobias Anzeige erstatten.

In dieser Zeit wird mein Mann arbeitslos. Ich steige wieder halbtags in den Beruf ein. Es tut mir gut, lenkt mich etwas ab.

Martin, der, so scheint es, nebenbei aufgewachsen ist, wird eingeschult. Gleichzeitig treten bei ihm die ersten Anzeichen einer Neurodermitis auf. Im Frühjahr darauf Heuschnupfen und allergisches Asthma. Er läßt sich nicht hängen, bleibt weiter ausgeglichen. Die schulischen Leistungen sind mittelmäßig. Ich mache mir keine Sorgen, ist er doch ein fröhliches Kind, vielseitig interessiert, kocht und backt gern und ist, was technische Dinge betrifft, ein ausgesprochenes Naturtalent.

Tobias ist weiterhin in der Therapie bei Herrn Sch. Er ist der erste, der die MCD-Diagnose in Frage stellt. Da er kein Mediziner ist, macht er uns auf eine Tagesklinik für Kinder- und Jugendpsychiatrie in der Nähe unseres Wohnortes aufmerksam. Wir nehmen Kontakt zu dieser Klinik auf und bekommen einen Termin. Etwa sechs Monate lang wird Tobias dort ambulant (einmal pro Monat ein Gesprächstermin) behandelt, dann ist ein Platz frei für einen stationären, tagesklinischen Aufenthalt. Das ist vier Monate vor Beendigung des achten Schuljahrs.

Tobias hat Angst, will auf keinen Fall in die Klinik. Inzwischen sind aber sein aggressives Verhalten (sicherlich bedingt durch die Erfahrungen, die er schon machen mußte) und die

Stärke der Tics dermaßen schlimm geworden, daß es für uns der einzige Weg bleibt. Schon nach ein paar Tagen gefällt es ihm dort doch ganz gut. Er ist in einer Gruppe von acht Kindern zusammen mit zwei Betreuern und einer Ärztin untergebracht. Das Zusammenleben verläuft dort nach festen Regeln, die konsequent einzuhalten sind. Es wird zusammen gefrühstückt, aufgeräumt, dann folgen entweder Unterrichts- oder Therapiestunden. Danach gemeinsames Mittagessen und nachmittags dann Spiele, Bastelarbeiten, Schwimmbadbesuch oder ähnliches.

Die Ärzte verordnen neue Medikamente. Nachdem eine Behandlung mit Pipamperon erfolglos verläuft, bekommt Tobias Pimozid. Die Nebenwirkungen sind schlimm. Ständiges Unwohlsein, Schlaf- und Appetitlosigkeit und besonders schlimme, schmerzhafte Muskelkrämpfe. Daraufhin wird Pimozid abgesetzt. Tobias bekommt Tiaprid. Mit diesem Medikament sind wir alle zufrieden. Tobias, weil die Tics erträglich sind und er kaum Nebenwirkungen verspürt, und ich, weil die Dosierung weit geringer ist, als im Beipackzettel beschrieben ist.

Es finden viele Gespräche statt, man beantwortet geduldig all unsere Fragen, kann oder will uns aber auch hier nicht sagen, was mit unserem Kind los ist.

Tobias wird merklich ruhiger, der enorme Druck durch die ständige Bedrohung in der Schule ist weg. Mit einer günstigen Zukunftsprognose wird er nach viereinhalb Monaten aus der Klinik entlassen. Allerdings rät man uns dringend zu einem Schulwechsel. Eine Privatschule in B. wird uns empfohlen. Ich rufe den Schulleiter an, schildere ihm Tobias' Probleme. Er lädt uns zu einem Gespräch ein. Wir sind von Herrn B. positiv beeindruckt. Tobias' erste Reaktion nach einem langen Gespräch: »Hier stimmt etwas nicht, das ist niemals ein Lehrer, dafür ist der viel zu freundlich.«

Wir melden Tobias an, obwohl der Besuch einer Privatschule inklusive Monatsfahrkarte der Bahn uns finanziell total überfordert. Ich beantrage bei der Sozialbehörde einen Zuschuß. Was nun passiert, hätte ich nicht für möglich gehalten. Das Sozialamt lehnt eine Kostenbeteiligung ab, da die Schule in einem anderen Bundesland liegt. Gleichzeitig wird unser »Fall«

dem Schulamt der Bezirksregierung gemeldet. Von dort werden wir aufgefordert, Tobias auf Sonderschulbedürftigkeit testen zu lassen. Dies lehnen wir strikt ab, verweisen darauf, daß Tobias inzwischen eine Privatschule besucht. Daraufhin meldet sich ein Beamter des Schulamts telefonisch bei uns und behauptet, wir als Eltern hätten keine Möglichkeit, gegen einen Test Einspruch zu erheben, erzählt mir eine ganze Menge über Gesetze und Paragraphen. Im Lauf des auf beiden Seiten immer hitziger werdenden Gesprächs sagt er, daß in dem Schreiben des Sozialamts schließlich auf die »enorme soziale Auffälligkeit« von Tobias hingewiesen wird. Ich drohe an, daß ich ebenfalls sozial auffällig werde, falls man uns nicht in Ruhe läßt, und beende das Gespräch, indem ich auflege.

Tagelange Bauchschmerzen sind die Folge. Im Traum sehe ich Polizisten, die mein Kind zum Test abholen wollen. Umsonst geträumt, wir hören nie wieder etwas von dieser Behörde. Inzwischen hat sich Tobias in der neuen Schule gut eingelebt. Die Klasse hat dreizehn Schüler, von denen auch hier zwei bis drei Tobias zum Teil massiv zusetzen, die anderen aber versuchen, ihm zu helfen, oder lassen ihn zumindest in Ruhe.

Herr B. hat Tobias im Auge. Er und sein Lehrerkollegium wollen ihm helfen, ihm einen guten Schulabschluß ermöglichen. Tobias macht es ihnen oft sehr schwer. Sein Verhalten erreicht und überschreitet zuweilen die Grenze des Zumutbaren.

Ich empfinde es oft als Gratwanderung, einerseits den Lehrern gerecht zu werden (ich kenne ja Tobias), andererseits aber auch die Interessen meines Kindes zu vertreten.

Tobias ist älter geworden, grübelt viel. Er ist verzweifelt über die Art, wie die Menschen durch Umweltverschmutzung, Egoismus und Korruption sich selbst und die Erde vernichten. Selbstmorddrohungen werden wieder häufiger geäußert: »Ich will in einer Welt, in der die Menschen alles kaputtmachen, nicht mehr leben!« Es folgen stundenlange Gespräche. Panik ergreift mich, wenn er mal nicht pünktlich zu Hause ist.

In der Klinik (wir fahren einmal pro Monat zur ambulanten Nachbehandlung hin) beruhigt man mich: »Dazu ist Tobias nicht der Typ«, sagt der Arzt. Ich mache mir trotzdem sehr große Sorgen.

Dann der Tag, den ich nie vergessen werde. Die Sekretärin der Schule schreibt uns an. Sie schickt uns eine Kopie des Berichts im Deutschen Ärzteblatt zum Tourette-Syndrom zu. Beim Durchlesen dieses Berichtes bin ich einem Herzstillstand näher als allem anderen. *Hier ist Tobias' Geschichte beschrieben!* Total aufgewühlt fahre ich noch am gleichen Tag in die Klinik. Der Arzt reagiert seltsam: »Ja, das ist es dann wohl!« Ich rufe Herrn Sch. an und heule mich aus. Er hat immer Zeit, obwohl Tobias nicht mehr bei ihm in Therapie ist. Tobias' Reaktion ist gemischt. Einerseits ist er geschockt, andererseits froh, daß er jetzt weiß, was mit ihm los ist.

Wir beginnen, Informationen zu sammeln. Herr Sch. macht uns auf einen Zeitschriftenbericht aufmerksam. Meine Freundin nimmt für uns die Fernsehsendung auf, in der über Tourette gesprochen wird. Wir nehmen Kontakt mit der Tourette-Gesellschaft auf, fahren nach Mannheim zur Tagung.

Derweil zieht sich Tobias immer mehr zurück, hat so gut wie keine Kontakte mehr mit Gleichaltrigen, wird immer mehr zum Hobby-Botaniker. Herr Sch. sagt dazu, daß Tobias von den Menschen und ihren Machenschaften die Nase gestrichen voll hat und sich den Pflanzen und Tieren zuwendet. Manchmal denke ich, man sollte es ihm gleich tun.

Dann hat Tobias zum ersten Mal einen richtigen Freund. Marvin wohnt im Nachbarort, seine Eltern haben dort einen Gartenbaubetrieb. Er ist wegen seines Übergewichts auch eine Art Außenseiter und Einzelgänger. Tobias' Tics stören ihn nicht, die beiden sind ständig zusammen. Andere Jugendliche im Ort nennen sie »Dick und Doof«.

Ich nehme ein zufällig zustande kommendes Gespräch mit dem hiesigen Jugendpfleger zum Anlaß, auf die Probleme der beiden Jungs aufmerksam zu machen. Seine Reaktion: »Mich um Einzelfälle zu kümmern habe ich keine Zeit.«

In der Zwischenzeit laufen in der Schule schon die Vorbereitungen zur Prüfung für die mittlere Reife. Da es sich um eine Privatschule handelt, muß die Prüfung vor einem externen Ausschuß abgelegt werden, um anerkannt zu werden. Tobias hat leistungsmäßig keine Probleme, aber die Anforderungen sind enorm hoch. Sechs Wochen vor der Prüfung gehen ihm die Nerven durch, er will alles hinschmeißen. Ich gebe Durchhalteparolen aus, kümmere mich ausschließlich um ihn, vernachlässige alles andere.

Tobias schafft die Prüfung mit gutem Ergebnis, die Fachoberschulreife wird ihm zuerkannt. Er ist sehr stolz, will aber nicht weiter zur Schule gehen. Eine Lehre als Kfz-Mechaniker ist sein Wunsch.

Zu dieser Zeit besucht mich ein Freund aus Kinder- und Jugendzeiten. Wir haben uns fünfzehn Jahre nicht gesehen und nichts voneinander gehört. Er bemerkt, was ich eigentlich gar nicht wahrhaben will: »Du hast dich total verändert, du lachst ja gar nicht mehr. Was ist passiert?« Ich frage ihn, ob er zwei Jahre Zeit hat zuzuhören.

In der folgenden Zeit denke ich viel nach. Kopf- und Bauchschmerzen, Unwohlsein, Konzentrationsschwierigkeiten, Nervosität, unzählige schlaflose Nächte und Herzrhythmusstörungen kann ich nicht mehr ignorieren. Mein Bedürfnis nach Ruhe ist ungewöhnlich stark. Ich hole zu einem großen »Rundumschlag« aus: Trenne mich von meinem Mann, durchforste sehr genau unseren Freundeskreis und verabschiede mich von einigen »Pseudofreunden«, verbitte mir energisch jede Einmischung von besserwissenden Verwandten, die mich seit Jahren kritisieren, aber nie konkrete Hilfe angeboten haben.

Martin leidet still, Tobias randaliert. Massive Selbstmorddrohungen, totale Verzweiflung und Mutlosigkeit sind seine Reaktion. Es tut mir unglaublich weh, ich bin aber nicht mehr in der Lage, unsere Situation zu ändern. Mein Mann will die Trennung auf keinen Fall. Ich soll an die Kinder denken und daran, daß ich versprochen habe, mein Leben mit ihm zu teilen, bis der Tod uns scheidet. Meine filmreife Antwort darauf: »Ich bin tot!« Obwohl von allen Seiten bedrängt, bleibe ich bei meinem Entschluß.

Ich bin sehr bemüht, diese Zeit so ruhig wie möglich und ohne große Auseinandersetzungen zu gestalten. Wir verbringen viel Zeit miteinander, führen viele Gespräche und fahren sogar zu einem gemeinsamen Urlaub auf »unsere Insel« Föhr. Hier verbringen wir seit Jahren immer schöne und erholsame Ferien. Es tut uns allen gut, die Kinder haben Hoffnung, daß wir wieder eine richtige Familie werden.

Tobias überbrückt die Zeit bis zum Beginn der Lehre mit einer Aushilfstätigkeit in einem Gartenbaubetrieb. Er möchte sich hier das Geld für Fahrstunden und den Führerschein verdienen.

Im Sommer fängt seine Ausbildung zum Kfz-Mechaniker an. Trotz großen Lehrstellenmangels hat er diesen Ausbildungsplatz bekommen. Ich führe es auf sein gutes Abschlußzeugnis zurück. Ehrlicherweise hat er auch schon im Bewerbungsschreiben auf seine Erkrankung andeutungsweise hingewiesen. Nach einem langen Vorstellungsgespräch bekommt er sehr schnell eine Zusage. Im Rahmen einer Betriebsversammlung wird die Belegschaft über Tobias und seine Erkrankung informiert. Ich finde das vorbildlich, eine neue Erfahrung.

Es ist an der Zeit, auch innerhalb unserer Familie für klare Verhältnisse zu sorgen. Nach elfmonatiger Trennung wollen wir es noch mal versuchen. Wir beschließen einen Neuanfang. Bekannte sind skeptisch: »Das schafft ihr nie!« Freunde machen uns Mut: »Jede Krise ist die Chance zu einem Neuanfang.« Tobias wird merklich ruhiger. Er weiß wieder, wo er hingehört. Seine Arbeit macht ihm Spaß.

Auch Martin bekommt seine alte Fröhlichkeit wieder. Wir passen alle auf, daß sich die alten Fehler nicht wieder einschleichen. Tobias ist jetzt bald volljährig. Sein größter Wunsch ist es, den Führerschein zu machen. Mein Mann unterstützt ihn dabei. Ihr Argument: »Was ist ein Kfz-Mechaniker ohne Führerschein?« überzeugt mich, ich habe aber trotzdem Bedenken. Tobias' Tics zu diesem Zeitpunkt: vokale Tics, Augenblinzeln, gelegentliches Kopfschütteln, Stirnrunzeln, ruckartige Bewegungen beider Arme, ruckartiges Zusammenziehen der Arm-, Bein- und Bauchmuskulatur. Zu seinen Gunsten muß ich zugeben, daß er seit Jahren unfallfrei Moped fährt. Ich informiere mich bei den Ärzten in der Klinik, spreche Erkrankte an, die ich auf der Tagung der TGD e. V. in Mannheim kennengelernt habe, und setze mich mit einer Ärztin in Verbindung, die seit Jahren Tourette-Kinder und -Jugendliche in einer Klinik für Kinder- und Jugendpsychiatrie betreut.

Es bestehen generell keine Bedenken, mit der Ärztin vereinbare ich einen Termin, sie möchte Tobias persönlich kennenlernen und sich ein Bild von der Schwere der Tics machen. Auf der Fahrt zur Klinik gibt sich Tobias ungeduldig: »Solch eine lange Fahrt für ein Zehn-Minuten-Gespräch mit einem Arzt.« Ich mache ihm einen schönen Ausflug in die Altstadt schmackhaft. Die Ärztin macht uns einen Strich durch diese Rechnung. Fast sechs Stunden dauert an diesem Tag der Aufenthalt in der Klinik. Tobias unterzieht sich verschiedenen Tests und Untersuchungen, während ich ein langes Gespräch mit der Ärztin führe, und zum ersten Mal wirklich konkrete Antworten auf meine Fragen bekomme.

Auch Tobias hat die Möglichkeit, ohne Zeitdruck über seine Erkrankung, seine Ängste und die Erfahrungen, die er bisher gemacht hat, zu sprechen. Man bescheinigt ihm, daß keine Bedenken gegen den Erwerb des Führerscheins bestehen.

Tobias besteht die theoretische Prüfung auf Anhieb, die praktische Prüfung verläuft fehlerfrei. Der Fahrprüfer bestätigt Tobias, daß die Prüfung bestanden ist, verweigert ihm jedoch die Aushändigung des Führerscheins. Er sei im Vorfeld nicht über Tobias' Erkrankung informiert gewesen. Wir erfahren, daß der Fahrlehrer die Unbedenklichkeitsbescheinigung nicht an den Prüfer weitergeleitet hat. Dieser meldet den »Fall« der zuständigen Behörde. Tobias ist verzweifelt, spricht wieder von Selbstmord. Obwohl er jetzt volljährig ist, kann ich nicht von heute auf morgen aufhören, mich um »seine Angelegenheiten« zu kümmern. Gut gewappnet mit Argumenten mache ich mich auf den Weg zur Führerscheinstelle der Kreisverwaltung. Hier habe ich es mit drei Beamten zu tun, die es überhaupt nicht lustig finden, daß da jemand persönlich vorspricht.

Tobias muß sich einer MPU (medizinisch-psychologische Untersuchung) unterziehen, sagt man mir, der Termin werde uns mitgeteilt. Ich pokere hoch, sage entschieden, daß Tobias von niemandem mehr untersucht und begutachtet wird und weise darauf hin, daß die behandelnden Ärzte das Tourette-Syndrom besser begutachten können als ein Vertrauensarzt der Kreisverwaltung, der womöglich von Tourette noch nie etwas gehört hat. Ich argumentiere und diskutiere so lange, bis man mir zusagt, daß Tobias seinen Führerschein abholen kann.

Opa sponsert einen alten Kleinwagen. Genau vier Wochen später dann ein Unfall. Tobias mißachtet als Linksabbieger die Vorfahrt. Sein heißgeliebtes Auto ist schrottreif, wir sind heilfroh, daß niemand verletzt ist. Er hat einen schweren Schock, will nie wieder Auto fahren, findet sich selbst für alles zu blöde und spricht wieder von Selbstmord, da er uns nur Kummer und Sorgen macht. Seine Schilderung des Unfallhergangs beruhigt mich etwas. Er hat die Geschwindigkeit des anderen Fahrzeuges unterschätzt, ein typischer Anfängerfehler. Der Unfall hat nichts mit Tourette zu tun. Er ist jetzt ein Jahr her. Tobias fährt seither unfallfrei, besitzt einen Wagen, den er sich selbst vom Ersparten gekauft hat.

Leider kommt es in der Berufsschule dann doch zu Schwierigkeiten. Ich gebe dem zuständigen Lehrer die Videoaufnahme der erwähnten Fernsehsendung und das Buch von Sven Hartung. Der Lehrer informiert die Mitschüler mit Hilfe dieses Materials über Tobias' Erkrankung. Danach bleibt Tobias weitgehend von Attacken seiner Kollegen verschont. Er selbst geht aber auch anders (mit eigenen Worten: cooler) damit um, ist nicht mehr so verletzbar, hat sich ein »dickes Fell« zugelegt.

Auf eigene Initiative nimmt er seit einigen Wochen keine Medikamente mehr. Die Tics (momentan stehen vokale Tics im Vordergrund) sind erträglich, haben sich nicht verschlimmert. Tobias übernimmt mehr und mehr die Verantwortung für sich selbst. Er hat einen kleinen Freundeskreis und seit einigen Wochen auch eine Freundin. Sie geht ganz gelassen mit seiner Erkrankung um, die Tics stören sie nicht im geringsten. Meinen Rat: »Verschwende keine Zeit an Menschen, die dir weh tun, investiere diese Zeit lieber in Menschen, die es gut mit dir meinen«, beherzigt Tobias immer öfter.

Ich selbst bin ruhiger und gelassener geworden. So abgedroschen es klingen mag, aber positives Denken hilft über vieles hinweg.

Aus den Erfahrungen, die ich in den vergangenen Jahren mit meinem »außergewöhnlichen« Kind gemacht habe, kann ich anderen betroffenen Eltern nur raten: Stehen Sie zu Ihrem Kind, schämen Sie sich nicht, helfen Sie ihm.

Stoßen Sie nicht Ihr Kind vor den Kopf, sondern die unverschämten Menschen, die glauben, sich einmischen zu müssen. Vertreten Sie ruhig und sachlich, aber konsequent bei Ärzten, Lehrern und Behörden die Interessen Ihres Kindes.

Tobias wird vielleicht schon bald seine eigenen Wege gehen. Obwohl er vermutlich immer unser Sorgenkind bleibt, wünsche ich ihm sehr, daß er seine Stärken – Zuverlässigkeit, Ehrlichkeit und Hilfsbereitschaft – behält und trotz seiner Erkrankung ein glückliches, zufriedenes Leben hat.

So weit der Bericht der Mutter. Von Tobias selbst erfuhr ich in einem persönlichen Gespräch noch mehr:

Er erzählte mir, daß er sein Medikament (Tiaprid) vor einiger Zeit abgesetzt habe, weil er davon mittags immer so müde geworden sei. Auch habe er Sorge gehabt, daß es ihn bei der Bedienung von Maschinen oder beim Autofahren beeinträchtigen könne. Seitdem ginge es ihm recht gut, nur ein heftiges Augenzwinkern und Augenbrauenhochziehen sei hinzugekommen. Das störe ihn, sei ihm lästig, mehr als die Vokaltics (die ich im Gespräch als viel auffälliger empfand). Seine Eltern seien dagegen gewesen, daß er das Medikament absetzte, aber er habe sich durchgesetzt. Seitdem nehme er auf eigene Faust ein Johanniskrautpräparat, das ihm gut helfe, mit den durch das TS bedingten Stimmungstiefs fertig zu werden. Direkt gegen die Tics helfe es natürlich nicht, er habe aber insgesamt eine entspannende Wirkung festgestellt.[11]

Als ich ihn fragte, ob er in bestimmten Situationen vermehrt Tics habe, sagte er, daß ihn die bevorstehende Zwischenprüfung

---

11 Manche Johanniskrautpräparate sind ärztlicherseits als geprüfte Medikamente gegen Depressivität anerkannt. (A. Rothenberger)

zum Kfz-Mechaniker nervös mache und er deswegen verstärkt tice. Außerdem seien unvertraute Situationen (wie unser Treffen) für ihn immer ein Auslöser für stärkere Tics. Er habe aber auch einen recht nützlichen Tic, eher eine Art »Kontrollzwang«: Bevor er aus dem Haus gehe oder sein Auto verlasse, *müsse* er unbedingt überprüfen, ob alle Lichter ausgeschaltet, alle Türen abgeschlossen seien und so weiter. Das empfinde er überhaupt nicht als lästig, denn auf diese Weise könne es ihm nie passieren, daß ihm plötzlich bei der Arbeit einfalle, daß er die Kaffeemaschine nicht ausgestellt habe.

Manchmal, ganz ganz selten, habe sein Vater ihn mit seinen Tics aufgezogen. Aber daran sei er selbst auch nicht unbeteiligt gewesen: Er habe als Jugendlicher seinen Vater häufig sehr stark wegen seines Rauchens kritisiert, so lange und heftig, bis es deswegen Streit gegeben habe. Wenn sein Vater sich dann gar nicht mehr zu wehren wußte, habe er in seiner Not schon mal seine Tics nachgeäfft, um ihn endlich ruhig zu bekommen.

Ansonsten hätten ihm aber seine Eltern immer beigestanden und ihn unterstützt, wo sie nur konnten. Besonders wichtig für ihn seien auch seine Großeltern gewesen, bei denen er als Kind sehr viel Zeit verbracht habe. Mit ihnen hätte er über alles reden können, sie hätten ihn akzeptiert und geliebt, so wie er sei. Und sie hätten ihn – mit oder ohne Tics – überallhin mitgenommen, ohne darauf zu achten, »was wohl die Leute denken«.

Eine wichtige Entscheidung sei der Schulwechsel für ihn gewesen, weil danach einiges besser gelaufen sei als vorher in der Realschule. Auch die Zeit in der Klinik sei für ihn eine große Hilfe gewesen, weil er dort in einer Art Schonraum gelebt habe, ohne daß er immer etwas Besonderes war. Da hätten eben alle ihre Schwierigkeiten gehabt. Den Kontakt zu dem Klinikarzt habe er jedoch später abgebrochen, weil er zu diesem kein Vertrauen mehr gehabt habe.

Heute sei es für ihn sehr wichtig, daß er an den Samstagen immer noch nebenbei in dem Gärtnereibetrieb arbeiten könne. Der Besitzer sei für ihn ein richtiger Freund geworden, eine Art »Anlaufstelle« außerhalb von Familie und Freundeskreis. Die Arbeit mit den Pflanzen mache ihm viel Spaß, und das Geld könne er für die Finanzierung seines Autos auch gut gebrauchen. Im übrigen, so berichtet er voller Stolz, habe er nicht nur den Autoführerschein, sondern auch einen Motorradführerschein. Ein Motorrad besitze er auch – zusammen mit seinem Vater.

In einem persönlichen Gespräch mit Frau Preusser wurde noch einmal sehr deutlich, daß der Wechsel zu der Privatschule eine entscheidende Wendung in Tobias' Leben gebracht hat. Besonders der Schulleiter muß einen sehr positiven Einfluß auf Tobias und seine Mitschüler gehabt haben. Er setzte klare Grenzen und setzte diese auch mit teilweise ungewöhnlichen Mitteln durch, trat aber zugleich den Schülern mit viel Wärme und Anerkennung gegenüber. Tobias beobachtete er teilweise in den Pausen und stand ihm bei, wenn es Probleme mit den anderen Schülern gab. Nach Aussage von Frau Preusser hat er Tobias »das Leben gerettet«. Außerdem ist ja erst mit Hilfe der aufmerksamen Schulsekretärin der Weg zur Diagnose »Tourette-Syndrom« eröffnet worden.

Daß weder der Kinderarzt noch die Spieltherapeutin oder der Diplom-Pädagoge, die wegen der ADHS hinzugezogen wurden und Tobias behandelten, etwas vom Tourette-Syndrom *wußten*, beweist einmal mehr, wie notwendig eine umfassende Aufklärung über diese Erkrankung nicht nur in der Öffentlichkeit, sondern auch in der Fachwelt ist.

Was mir jedoch völlig unbegreiflich erscheint, ist das Verhalten des Arztes in der Klinik für Kinder- und Jugendpsychiatrie, in der Tobias für viereinhalb Monate aufgenommen wurde: Er behandelte Tobias von Anfang an mit Medikamenten wie Pimozid und Tiaprid. Also muß er doch *gewußt* haben, daß Tobias am Tourette-Syndrom leidet.

Warum hat der Arzt Tobias und seine Eltern nicht darüber aufgeklärt, was Tobias hat? *Warum* hat er ihnen nicht erklärt, was für eine Art von Erkrankung dies ist, und ihnen Hilfen an die Hand gegeben, um besser damit umgehen zu können? *Warum* hat der Arzt Tobias nicht geholfen, seine gravierende Ticstörung zu verstehen und damit – endlich – seinem sozialen Umfeld erklären zu können, was er hat?

Erst als die Eltern dem Arzt den Artikel aus dem Ärzteblatt zeigten und ihre Vermutung äußerten, Tobias leide am Tourette-Syndrom, antwortete er lapidar: »Ja, das ist es dann wohl.« Auch einer Kontaktaufnahme mit der Tourette-Gesellschaft Deutschland e. V. stand er sehr skeptisch gegenüber.

Frau Preusser empfand das Verhalten des Arztes als sehr unverständlich und in keiner Weise hilfreich. Sie erzählte mir, daß die Familie besonders in der Zeit, bevor sie wußte, daß Tobias am Tourette-Syndrom erkrankt war, oft verzweifelt und mutlos war. Wie hilfreich und entlastend wäre es für sie gewesen, frühzeitig mehr über die Krankheit zu erfahren! Hilfe beim Umgang mit dem TS kam erst durch die gründliche Beschäftigung mit verschiedenen Fachartikeln und die Aufklärung durch die Ärztin, die sie über den Kontakt zur TGD e. V. gefunden hatte.

Über die Zeit »vor der Diagnose« erzählte sie mir bei unserem Treffen noch folgendes:

Ja, ich habe Tobias oft abgelehnt, war wütend, verzweifelt, ungerecht ihm gegenüber. Ich wußte doch auch nicht, was mit ihm los war. Wir haben Tobias nie unterstellt, daß er uns mit den Tics provozieren will. Natürlich haben wir versucht, ihm das Ticen abzugewöhnen, durch Ablenkung oder mit der Aufforderung, mit den Tics aufzuhören oder sich selbst mal im Spiegel zu beobachten. Manches Mal habe ich auch den Raum verlassen, in dem wir uns gemeinsam aufhielten, weil ich das Ticen nicht mehr ertragen konnte.

Bestraft haben wir Tobias wegen der Tics nicht, wohl aber wegen seines aggressiven, hyperaktiven Verhaltens. Stubenarrest, Fernsehverbot (hätten wir uns sparen können, Fernsehkonsum hat Tobias noch nie interessiert und das ist bis heute so geblieben). Leider haben wir ihn auch des öfteren geschlagen. Ich werde mir das nie verzeihen! *Einmal* habe ich ihn in einer besonders schlimmen Situation dermaßen verprügelt, daß die Grenze zur Mißhandlung überschritten war. Ich habe dann heulend den Kinderarzt angerufen und ihm geschildert, was passiert war. Er zeigte Verständnis, ließ aber keinen Zweifel daran entstehen, daß so etwas nie wieder vorkommen dürfe. Es ist nie wieder vorgekommen, ist aber bis heute als eines der gravierendsten Ereignisse tief in meinem Gedächtnis geblieben.

Tobias selbst hat übrigens jede Art erzieherischer Grenzsetzung als Bestrafung empfunden und entsprechend dagegen rebelliert. Auch hat er sehr bewußt wahrgenommen, daß er anders als andere Kinder war, und hat oft gefragt, warum das so ist. In vertrauter Umgebung ist es mir nicht aufgefallen, daß er durch seine Tics verunsichert war, wohl aber in fremder Umgebung. Er hing dann ständig an meinem Rockzipfel oder suchte Blickkontakt. Schon als Kleinkind hatte er Kontaktprobleme. Gravierender wurden diese dann im Kindergarten und in der Schule. Sobald er Ablehnung spürte, zog er sich sofort zurück.

Sein Klassenlehrer sagte einmal, daß Tobias der beste Klassenkasper sei, den er je erlebt hat. Wer weiß, ob er nicht den einen oder anderen Tic in diesen Kaspereien versteckt hat. Sein »Anderssein« war für ihn oft Anlaß zu Niedergeschlagenheit mit vielen Tränen. Andererseits erlebten wir auch viele aggressive, wütende Trotzanfälle, bei denen sich seine verbalen Attacken gegen andere Personen, körperliche Angriffe aber gegen sich selbst richteten. So schlug er sich mit den Händen auf den Kopf oder trommelte mit den Fäusten gegen Wände, Türen oder Möbel.

Vor allem bevor wir wußten, daß Tobias am Tourette-Syndrom erkrankt ist, hatten wir sehr viele negative Erlebnisse. Es wurden haarsträubende Geschichten über uns erzählt. Am schlimmsten war die Zeit, die Tobias zwischen dem elften und vierzehnten Lebensjahr auf der Schule, die er damals besuchte, ertragen mußte. Diese Zeit war für uns alle wie ein Alptraum. Tobias selbst hat immer am meisten unter seinen vokalen Tics gelitten – aber noch viel mehr litt er unter den Reaktionen der Menschen, die meinten, »der hat sie ja nicht mehr alle«, oder die ihn nachäfften.

Jetzt, wo Tobias weiß, was er hat, möchte er unbedingt darüber sprechen. Er ist froh, daß er anderen jetzt endlich erklären kann, was mit ihm los ist. Damit haben wir sehr positive Erfahrungen gemacht. Die meisten haben Verständnis, wundern sich darüber, »was es alles für Sachen gibt«, oder versuchen uns mit der Bemerkung, es gebe Schlimmeres, zu trösten.

Heute stören uns die Tics nicht mehr. Sie gehören zu unserem Leben. Tobias' zwölfjähriger Bruder kann sich Tobias gar nicht anders vorstellen. Was andere Menschen über uns denken oder sagen, interessiert uns nicht mehr so sehr. Nach wie vor tut es mir aber sehr weh, wenn ich merke, daß Tobias getroffen ist. Auf meinen Sohn lasse ich nichts kommen, ich liebe und akzeptiere ihn so, wie er ist, und ich bin sehr stolz darauf, daß er seinen Weg findet.

Nachtrag: Als ich das letzte Mal mit Frau Preusser telefonierte, hatte Tobias seine Ausbildung zum Kfz-Mechaniker erfolgreich abgeschlossen. Danach war er eine Zeit lang arbeitslos gewesen, weil sein Ausbildungsbetrieb ihn nicht übernehmen konnte. Etwas später hat er jedoch durch eigenes intensives Bemühen eine Stelle in einer kleinen Firma mit einem guten Betriebsklima gefunden, in der er von allen Kollegen akzeptiert wird, obwohl er nach wie vor diverse Tics hat.

Erst mit der richtigen Diagnose fing das Leben an!

An dieser Stelle möchte ich auf einen Vortrag eingehen, den Berthold Grave, ein erwachsener Betroffener, am 23. November 1996 während der Tagung der Tourette-Gesellschaft Deutschland e. V. in Göttingen gehalten hat. Herr Grave, der sehr vielfältige Tics hat (die auch während seines Vortrags wahrnehmbar waren), schilderte seine Erfahrungen im Umgang mit der Krankheit.

Freundlicherweise stellte Berthold Grave mir den Originaltext seines Vortrags zur Veröffentlichung in diesem Buch zur Verfügung. Er bat mich, darauf hinzuweisen, daß Eltern seiner Meinung nach ihre Tourette-Kinder auf keinen Fall zu sehr in Watte packen und überbehüten sollen. Die Kinder müßten schließlich lernen, mit der Krankheit umzugehen und sich trotz und mit ihrem Tourette-Syndrom in der Welt zu behaupten.

Mein Name ist Berthold Grave, ich bin 39 Jahre alt, wohnhaft in Neuenkirchen (Südoldenburg) und von Beruf Sozialpädagoge. Ich arbeite im sonderpädagogischen Bereich mit geistig behinderten Kindern und Jugendlichen.

Seit meinem elften Lebensjahr lebe ich mit den Tics. Ich habe ein »Tourette-Syndrom-Vollbild«. Das heißt, daß ich motorische Tics habe, Körperzuckungen, Kopfschütteln, Grimassenschneiden; verbale Tics wie die Klatzomanie (lautes Herumschreien), Töne machen, Räuspern, Autoaggressionen; ich beschädige Gegenstände, zerbeiße dünne Gläser; ich habe die Echolalie, Echopraxie, Koprolalie, Kopropraxie, sowie in ausgeprägter Form das Touching.

Seit zwei Jahren bin ich auf das Neuroleptikum Pimozid eingestellt und mache damit gute Erfahrungen – im Gegensatz zu manchen anderen Mitbetroffenen. Meine Tics sind nicht mehr so schlimm. Ebenfalls hilft mir meine jetzige Lebenseinstellung dabei, daß ich mich besser fühle und es nicht mehr so unerträglich ist, wie es vor Jahren mal war.

Die Entwicklung meiner Tics ging langsam voran. Im elften Lebensjahr begann es mit leichtem Grimassieren und mit dem Schütteln der linken Hand. Später kamen Geräusche wie leichtes Piepen und Räuspern dazu. In den weiteren Jahren stellten sich immer neue Tics ein.

Bei einer Untersuchung im August dieses Jahres habe ich im Gespräch mit einem Arzt über die Entwicklung meiner Tics Resümee gezogen und dabei folgendes festgestellt: Vorrangig war es so, daß sich immer dann neue Tics eingestellt haben, wenn ich stark belastete Lebenszeiten oder Lebensabschnitte hatte, wie zum Beispiel die Wohnungswechsel, die Beendigung einer Beziehung (die wegen des Tourette-Syndroms auseinandergegangen ist), der Selbstmord eines Freundes, der Tod meines Vaters oder andere belastende Lebensumstände, die ich nicht gleich bewältigen konnte, für die ich einige Zeit brauchte, um die dadurch hervorgerufene Anspannung für mich aufzulösen. In solchen schweren Zeiten ist jedes Mal ein neuer Tic dazugekommen. Das hat sich dann summiert; alte Tics sind geblieben, aber etwas in den Hintergrund getreten, neue Tics sind dazugekommen. Und ich habe mich jedes Mal erschrocken und dachte »Oh nein, jetzt auch so was noch!« Und dann begann ich den Leuten den »Stinkefinger« zu zeigen, und dann kam das Spucken dazu, was mir sehr peinlich war und noch ist.

Begleitet wurden die ganzen Jahre durch eine ständige medizinische Betreuung, wobei sich jedoch nie ein Psychiater oder Psychologe gefunden hat, der auf die richtige Diagnose gekommen ist. Ich bin fünfundzwanzig Jahre lang auf ein hyperkinetisches Syndrom aufgrund einer gestörten Mutter-Kind-Beziehung mit neurotischer Fehlentwicklung behandelt worden.

Was Psychopharmaka und Neuroleptika anbelangt, habe ich so ziemlich alles in mich hineingeschluckt, was es auf dem Markt gibt. Geholfen hat es mir dahingehend, daß ich nachts gut geschlafen habe – und nebenbei in der Schule auch.

Zu der Diagnose »Tourette-Syndrom« bin ich selbst gekommen durch ein Zeitschriften-Interview von Oliver Sacks mit dem kanadischen Arzt und Chirurgen Morton Doran. Als ich diesen Artikel gelesen hatte, war ich mir hundertprozentig sicher, daß ich das Tourette-Syndrom habe.

Daraufhin habe ich diesen Arzt in Kanada besucht, der mir bestätigte, daß ich das Tourette-Syndrom habe. Das war für mich eine Erfahrung, die ich hier gar nicht beschreiben kann – was es für mich bedeutet hat zu wissen, daß es sich um eine Krankheit handelt. Es ist etwas, das du nicht allein hast – wie ich immer geglaubt hatte –, sondern es ist etwas, das mehrere Leute angeht, und du stehst nicht allein damit. Das war für mich eine sehr heilsame Erfahrung.

Ich lernte andere Betroffene kennen und war bei der konstituierenden Sitzung unserer Tourette-Selbsthilfegruppe Hannover dabei, in der ich auch Herrn Dr. K. erstmals traf. Ich wurde sofort stationär in eine Klinik in H. aufgenommen und auf das Tourette-Syndrom hin behandelt. Mein damaliger Tic-Zustand war äußerst virulent und lautstark. Durch die Behandlung und Aufklärung über die Krankheit habe ich eine große Hilfe zur Selbsthilfe bekommen. Dafür danke ich meinen damaligen Ärzten an dieser Stelle ganz herzlich.

Seit der Zeit ist bei mir so ziemlich die »Post abgegangen«, was das Leben- und Liebenlernen des Tourette-Syndroms angeht. Und das ist der Grund, warum ich hier diesen Vortrag halte: Ich möchte den Betroffenen ein Stück Hoffnung geben. Man muß am TS nicht nur leiden; man ist nicht nur ein komischer Paradiesvogel und Idiot, der durch die Gegend »kaspert«, sondern das TS hat auch seine Vorteile. Man ist ein vollwertiger, feinfühliger und sensibler Mensch, der wie jeder andere seine eigene Würde hat. An dieser Stelle möchte ich ganz deutlich sagen: »Ich *leide* nicht am Tourette-Syndrom.« Ich habe lange Jahre sehr stark darunter gelitten, weil ich nie verstanden habe, was mit mir passiert. Ständig machte ich Sachen, die mich immer auffallen ließen, die ich nicht machen wollte, aber aus einem inneren Druck heraus tun mußte. Ich fühlte mich ständig gegen meinen Willen selbst-vergewaltigt und war verzweifelt. Immer wieder habe ich mich gefragt, warum ich diese »Zappelei« hatte (so habe ich es genannt), und habe ständig mit meinem Schicksal gehadert – und ich war wütend, sauer und enttäuscht und habe mich selbst gehaßt. Häufig stand ich vor dem Spiegel und habe mich selbst aufs Übelste beschimpft. Ich hatte so starke Autoaggressionen, daß ich mich gebissen habe, so daß ich tagelang die Bißabdrücke an den Handgelenken trug. Mein TS war phasenweise so heftig ausgeprägt, daß ich mehrmals in meinem Leben suizidgefährdet war.

Ich habe mir oft Gedanken gemacht, warum man überhaupt am TS *leidet*? Eigentlich ist man doch ein Mensch wie jeder andere: Man hat die gleichen Gliedmaßen, man hat seine Intelligenz. Und trotzdem ist man anders. So anders, daß man in der Gesellschaft mit seinen Tics und Zwängen als »unmöglich« dasteht. Und das ist der Punkt. Das Leiden wird nur dadurch verursacht, daß man mit seinem Anderssein in und von der Gesellschaft abgelehnt wird, daß man mit seinen Tics nicht gemocht wird, daß man Eigenarten an sich hat, die andere Menschen schockieren, die als nicht normal bezeichnet werden. Das hat eben viele Erniedrigungen und Diskriminierungen zur Folge.

So ist es mir passiert, daß ich auf offener Straße vor einer Menschenmenge angeschrien wurde: »Was will der bekloppte Affe mit seinen nervösen Zuckungen denn schon wieder hier«, oder daß ich im Kino von einer ganzen Sitzreihe hinter mir nachgeahmt wurde. Das waren Erfahrungen, die mich damals unheimlich wütend gemacht haben. Diese Menschen habe ich nur noch gehaßt, weil ich mich in dem Moment nicht wehren konnte. Diese Wut habe ich dann gegen mich selbst gelenkt und hab' mich einfach nur verrückt gemacht damit. Und das ist genau das, was wir nicht tun dürfen, das ist vernichtend. So hat jeder von uns seine entwürdigenden Erfahrungen in der Gesellschaft gemacht, wo er belächelt, verlacht und verspottet wird.

Inzwischen habe ich aber schon einige Menschen getroffen, die mich auf meine Tics angesprochen haben, weil sie von TS aus den Medien erfahren haben. Das finde ich sehr schön, daß unsere Krankheit langsam bekannter wird. Und ich denke mir, in dieser Schiene sollten wir weiterfahren und uns noch bekannter machen, damit uns dieser Streß mehr und mehr erspart bleibt.

Mit den Reaktionen anderer Menschen richtig umgehen zu können, ist auch ein Lern- und Erfahrungsprozeß, den man machen muß. Es ist ein guter Weg, wenn man wirklich versucht, sich selbst und sein Tourette-Syndrom kennenzulernen, um sich besser verstehen, sich akzeptieren zu können.

Auf der anderen Seite sage ich von mir, daß Tics auch Spaß machen können. Ja, es gibt einige Tics, die machen Spaß, sie sind für die Umwelt nicht belastend, sie sind erlösend. Und diese Tics mache ich zu Hause gern und mit Leidenschaft, und meine Freundin freut sich manchmal auch mit mir. (Humor ist das wichtigste Medikament für uns.)

Es ist einfach wichtig, daß man zu sich selbst findet. Jahrelang war ich frustriert und unzufrieden mit mir selbst. Letztlich habe ich mich immer wieder verteufelt, und ich denke, das war der falsche Weg. Ich möchte als Empfehlung aussprechen, daß man irgendwann anfängt zu akzeptieren, daß das Tourette-Syndrom da ist. Man muß lernen, sich selbst anzunehmen, und sich lieben lernen. Vielleicht hört sich das klischeehaft an, aber wenn man im Stillen einmal darüber nachdenkt, ist ja vielleicht doch etwas daran. Man kommt einfach nicht weiter, wenn man sich selbst nicht leiden kann.

Und dann gibt es da noch die Sache, daß man diesen nicht aufgeklärten Menschen, die noch nichts vom Tourette-Syndrom wissen, ihre Ausrutscher verzeiht. Die Leute kennen unser Verhalten nicht, haben Angst vor dieser ungewöhnlichen Situation und grenzen sich davon ab. Seit einiger Zeit verfahre ich so, daß ich auf diese Leute zugehe und ihnen höflich kurz erkläre, was mit mir los ist. In den meisten Fällen wird darauf positiv reagiert, und man entschuldigt sich sogar.

Jetzt begebe ich mich etwas aufs Glatteis: Ich habe mich lange Zeit mit der Frage beschäftigt, warum ich TS habe. Ich bin heute der Meinung, daß der liebe Gott diese Krankheit nicht umsonst hat entstehen lassen. Ich bin der Meinung, daß wir mit unserer Krankheit eine gesellschaftliche Aufgabe haben. Mit unseren Tics und Eigenarten sprengen wir alle gesellschaftlichen Normen und Prinzipien: Stellt man mich auf einem Empfang neben den Bundeskanzler und seine Frau, so kann es passieren, daß ich der Frau auf die Brust und dem Bundeskanzler vielleicht an den »Penis« tice. Und das sind Sachen, die »man« absolut nicht tut. Das sind Sachen, die ein Mensch nicht hat, der »stolz« ist; ich denke hier jetzt an negativen Stolz. Mit meiner Krankheit bin ich ein Mensch, der diesen unnützen Stolz nicht aufbauen kann.

Und ich denke, daß es vielleicht meine Aufgabe ist – durch mein Leben mit dem Tourette-Syndrom –, anderen Menschen den Spiegel vorzuhalten, um zu zeigen, daß es noch etwas Wichtigeres gibt am Menschsein als perfekt angepaßt zu sein und nur perfekt zu funktionieren und ein »ordentliches«, strammes, steuerzahlendes Mitglied unserer Gesellschaft zu sein.

Von den Kindern lernen: Auf der Suche nach mehr Gelassenheit

In den folgenden Beiträgen wird deutlich, wie unterschiedlich Eltern und Kinder die Krankheit und deren Folgen für den Betroffenen einschätzen können. Frau Lüdecke berichtet von den Sorgen, die sie sich um ihre Tochter gemacht hat, und beschreibt, daß ihre eigenen Ängste und Befürchtungen für ihre Tochter zeitweilig vielleicht belastender waren als die Symptomatik selbst. Daher plädiert sie für einen weniger sorgenvollen Umgang mit der Krankheit.

Es fängt ganz harmlos an: Hier ein kleines Augenzwinkern, da ein Gähnen oder vielleicht eine ruckartige Bewegung. Die Tics werden stärker, sie wiederholen sich, wechseln, kommen immer öfter.

Sie sind nicht mehr harmlos! Sie hören nicht mehr auf, da hilft auch kein Nichtbeachten und kein Wegsehen mehr. Sie sind da. Sie stören, und manchmal sind sie uns auch ein bißchen peinlich. Jetzt geht die Ursachensuche los. Verwöhntes Einzelkind, Geschwisterrivalität, Erziehungsfehler, falsche Ernährung, berufstätige Mutter? Am Ende der Suche die Diagnose »Tourette«.

Man glaubt, eine Welt bricht zusammen, aber immerhin hat die Krankheit jetzt einen Namen. Nun bitte eine schnelle wirksame Behandlung, und alles ist wieder wie früher. Aber jetzt spielen die Tics nicht mit. Sie verschwinden nicht, sie verändern sich öfter, werden mal weniger – wir atmen auf – dann wieder mehr, passen sich an, gehen uns auf die Nerven, machen uns Angst, gehen über unsere Kraft.

Wir Eltern leiden, leiden für das Kind mit, wollen es beschützen, merken, daß wir das nicht können, und leiden noch mehr.

Fazit: Die Tics müssen weg!

Wir setzen uns unter Erfolgsdruck und setzen damit, ohne es zu wissen, einen Teufelskreis in Gang. Je mehr wir den Behandlungserfolg erzwingen wollen, um so mehr üben wir Druck auf das Kind aus, das wir doch eigentlich beschützen wollen. Denn das Kind spürt sehr genau, wie sehr wir unter der Krankheit leiden, und möchte es uns doch recht machen, kann unseren Erwartungen jedoch nicht gerecht werden . . . und die Tics werden stärker.

Lange habe ich geglaubt, meine Tochter leide selbst am meisten unter ihren Tics, sei Hänseleien und Schlimmerem ausgesetzt. Da sie selbst nie über die Tics sprechen wollte, habe ich erst durch Zufall erfahren, daß sie die Sache viel lockerer als ich angeht.

Natürlich stören sie die Tics auch, aber doch längst nicht so sehr, wie ich immer gedacht habe oder wie sie mich gestört haben. Irgendwann habe ich dann angefangen, mir die Frage zu stellen, warum die Tics denn unbedingt verschwinden sollen, wenn meine Tochter doch relativ unbeschwert damit leben kann. Sicher, sobald Schwierigkeiten in Schule oder Beruf auftreten, sind wir gefordert zu helfen. Aber solange die Kinder keine oder wenig Probleme mit Tourette haben, sollten wir meiner Ansicht nach unsere persönlichen Empfindungen auch ruhig mal etwas zurückstellen und lernen, unseren Kindern gegenüber etwas toleranter zu sein, und dies nicht nur von unserer Umwelt erwarten.

Fällt ein Tourette-Kind aufgrund seiner Tics in der Öffentlichkeit auf, ist dies zwar eine besondere Situation, aber kein Weltuntergang.

Je mehr wir uns davon befreien, uns immer und überall für

die Tics unserer Kinder verantwortlich zu fühlen, um so leichter können wir mit den Tics leben, zumal die Kinder immer bessere Techniken entwickeln, mit der Krankheit zurechtzukommen. Je entspannter wir uns im Umgang mit Tourette verhalten, um so weniger Streß erzeugen wir in unseren Kindern, die sich dann auch mit ihren Tics angenommen fühlen können.

Zugegeben, zu dieser Ansicht bin ich erst nach einem langen Denkprozeß und vielen, vielen Gesprächen mit anderen gekommen. Richtig in Gang gekommen ist dieser Prozeß auch erst, als wir schon etwas Sicherheit im Umgang mit Tourette gewonnen hatten. Anfangs bin ich gegen Wände gerannt und konnte doch nichts gegen die Krankheit ausrichten. Heute lasse ich mich etwas mehr von der Haltung meiner Tochter leiten, und wir fahren beide gut damit. Natürlich müssen und können wir Eltern unsere Kinder in der Behandlung von Tourette unterstützen. Ich denke aber, wir sollten uns davor hüten, unsere Kinder aus falsch verstandenem Beschützertrieb vor allen Krankheitssymptomen bewahren zu wollen, wenn die Kinder sich gar nicht so krank fühlen und eigentlich recht gut mit der Krankheit zurechtkommen. Speziell wir Mütter können hier vielleicht auch von den Vätern lernen.

Wie selbstverständlich Claudia, die Tochter von Frau Lüdecke, tatsächlich mit ihrer Krankheit umgeht, beschreibt sie selbst:

Ich bin ein Mädchen und jetzt fast zwölf Jahre alt. Ich habe schon seit einigen Jahren Tourette. Ich denke, daß fast niemand diese Krankheit kennt. Von Tourette hatte ich bis vor zwei Jahren noch nie etwas gehört. Merken tue ich es zwar schon, daß ich komische Verrenkungen mache. Aber es stört mich nicht sonderlich. Ganz, ganz selten ist es so, daß in meinem Kopf etwas sagt, ich solle jetzt etwas »Unnormales« machen. Reagiere ich nicht auf dieses »Signal«, wird es immer stärker. In Gedanken schreie ich dieses Etwas an, immer wieder. Dann hört »es« langsam auf. Das Ganze dauert höchstens eine Minute. Denke ich dann nicht ganz intensiv an eine bestimmte andere Sache, kommt dieses komische Signal wieder. Überhaupt kommt dieses Signal nur, wenn ich anfange, mich zu konzentrieren. Allerdings glaube ich nicht, daß jemand, der Tourette hat, unbedingt Lernschwierigkeiten haben muß. Zumindest habe ich bis jetzt auf jedem Schulzeugnis mindestens drei Einsen gehabt und höchstens drei Dreien.[12]

Von den eben erwähnten Vorgängen merken die Leute überhaupt nichts. Sie merken nur die Verrenkungen und seltsamen Laute. Bei manchen Menschen, die an Tourette erkrankt sind, sind es »richtige« Verrenkungen mit den Armen oder Beinen, die anderen Leuten auffallen. Ich habe viel mehr einfache Anspannungen an bestimmten Körperteilen. Mir ist auch noch nie passiert, daß sich jemand ernsthaft über meine Tics lustig macht. Auch wenn es meinen Eltern manchmal so scheint. Irgendwann wird jeder mal von seiner oder auch anderen Cliquen geärgert, und später ist dann alles wieder so wie früher.

Ich sage mir: Jeder hat Macken und Ticks. Bei einem merkt man sie weniger stark, beim anderen mehr. Ich könnte einem das auch einfach ins Gesicht sagen. Doch ernsthafte Gedanken über Tourette habe ich mir bis jetzt eigentlich noch gar nicht gemacht. Aber ich glaube, daß ich dies jetzt öfter tun werde. Ich habe Hobbys, Gefühle, Träume, Ängste und Nöte wie jeder andere auch.

Eigentlich wollte ich diesen Beitrag gar nicht schreiben. Aber dann habe ich mich doch dazu entschlossen. Vielleicht kann ich hiermit Menschen helfen oder Mut machen und mir selbst vielleicht auch. Es gibt bestimmt Menschen, die Angst vor Tourette haben. Man sollte mit Mut und Entschlossenheit gegen diese Krankheit vordringen. Man sollte in ungestörten Momenten seine Tics machen, um sich von der Belastung, die Tics nur wenig zu machen, zu erholen. Man sollte allerdings auch die Tics in manchen Momenten ganz unterdrücken können. Man darf auf gar keinen Fall den Mut verlieren und Panik kriegen.

Ich möchte zum Schluß noch einen Satz sagen, der schon hilft, wenn man ihn sich laut vorsagt (mir hat dieser Satz schon oft geholfen). Der Satz heißt: Nobody is perfect!

---

12 Lediglich wenn neben den Tics noch andere Probleme bestehen (z. B. ADHS, Zwang, Angst, Depressivität), kann es zu Lernschwierigkeiten kommen. (A. Rothenberger)

Gut zu wissen, was es ist: Wegen Tourette muß man sich nicht krank fühlen

Freundlicherweise stellte mir auch Melanie Krause, ein junges Mädchen von 15 Jahren, ihren persönlichen Bericht zur Verfügung. Genau wie bei Claudia Lüdecke fällt auf, daß sie ihr Tourette-Syndrom mit bewundernswerter Gelassenheit betrachtet und es trotz vielfältiger Symptomatik eigentlich nicht als Krankheit ansieht.

Mein Tourette-Syndrom bekam ich mit sieben Jahren. Ich benutze bewußt nicht das Wort »Krankheit«, da ich der Meinung bin, nicht krank zu sein.

Es wird sich zwar ergeben, daß ich das Wort unter Umständen trotzdem verwenden muß, denn welches Syndrom gibt es, das nicht nach »Krank-sein« klingt? Aber trotzdem fühle ich mich nicht krank. Ich kann ja schließlich alles machen, da ich weder körperlich noch geistig behindert bin. Meine Fähigkeiten werden durch nichts eingeschränkt. Ich kann alles machen, was ein anderes Mädchen meines Alters auch tun kann. Deshalb bin ich nicht richtig krank. Ein anderer wichtiger Gesichtspunkt ist, daß ich noch nie unter dem Syndrom mit all seinen Tics gelitten habe und auch nicht vorhabe, mich selbst zu bemitleiden.

Ich sehe das Ganze eben als Fügung des Schicksals, und dafür kann keiner was. Außerdem informiere ich mich nicht über diese Krankheit, da ich fest davon überzeugt bin, daß ich mir so die Tics nur herbeihole, die ich noch nicht hatte.[13]

Das ist also meine Grundeinstellung zu meinem Tourette-Syndrom.

Nun zu meinen Tics: Anfangs äußerte sich das Ganze in Augenzwinkern, Zusammenzucken und Strecken der Schultern und des Nackens, Fingerschnipsen (Zeige-, Mittel-, Ring-, und kleiner Finger über die Innenseite des Daumens), Nachziehen

---

13 Es kann vorkommen, daß TS-Betroffene Tics von anderen TS-Patienten vorübergehend übernehmen. Aber auch bei gesunden Menschen kann man die Übernahme von Bewegungsmustern erleben: Wenn in einer sitzenden Gesprächsrunde sich jemand bewegt, so folgt ihm sogleich ein anderer mit ähnlichen Bewegungen. (A. Rothenberger)

eines Fußes. Teilweise mußte ich alles, was ich aus Versehen berührte, der »Gerechtigkeit halber« auch mit der anderen Hand, dem anderen Fuß oder dem anderen Arm berühren.

Zudem mußte ich immer wieder »kieksen«, also mit geschlossenem Mund die höchsten Töne quietschen, was ich selbst oft ganz lustig fand. Diese äußerlichen Tics bekam ich mit Autogenem Training erst in den Griff und anschließend völlig weg. Doch dann wurden aus den äußeren Tics innere Zwänge. Ich mußte zum Beispiel immer wieder Fenster, Straßenlaternen, Häuser, Bodenfliesen im Geiste zählen. Auch schnell gedachte Adjektivketten (schön, lustig, häßlich, ulkig, witzig, . . .) waren mit von der Partie. Ich war danach allerdings nicht oder nur teilweise imstande, die Wortkette langsam und laut aufzusagen, wahrscheinlich weil es so viele Wörter waren.

Einmal hatte ich das seltsame Gefühl, und ich betone, daß ich ganz bei Sinnen war und mir absolut darüber im klaren war, daß es diese Erscheinung weder gibt, noch daß ich sie wirklich fühle oder sehe, noch daß irgendjemand anderes das sehen könnte: Ich hatte das Gefühl, eine Art Elefantenrüssel gehe von meinem Nacken und meinen Schultern aus. Dieses interessante Gebilde konnte sich ganz lang ziehen, irgendwo einhängen und die Gegend erkunden. Das war mein einziger »Tic«, der mich etwas aufgeregt hat.

Der Rüssel bestand aus einer Art virtuellem Gewebe mit den Farben Violett, Grau, Braun, Grün und Cremeweiß. Er war irgendwie glitschig, glänzend, weich, bewegte sich schlängelnd, war am Ansatz dicker und verjüngte sich zur Spitze hin. Diese Spitze war scheinbar irgendwie empfindlich (wie beim Elefanten auch) und konnte sich wie gesagt überall, beispielsweise in Baumwipfeln oder an unseren Domtürmen, einhängen. Mittlerweile bin ich seit rund zwei Jahren beschwerdefrei, bis auf ein paar nicht nennenswerte Kleinigkeiten, wenn ich einmal meine Tabletten, von denen ich drei am Tag nehmen muß, vergessen habe. Diese Tabletten heißen übrigens Tiaprid und helfen mir sehr gut.

Anfangs wurde ich in der Schule selbstverständlich auch gefragt, was ich denn habe und warum ich das mache. Daraufhin antwortete ich dann meistens: »Das ist eben meine Krankheit, und da muß ich manchmal so zucken und so«, was meine Mitschüler ungemein beeindruckte und mir sogar einen gewissen Respekt (!) verschuf.

Natürlich wurde ich auch von (nur) einem Klassenkameraden nachgemacht, was mich allerdings äußerst belustigte, da er es völlig falsch machte. Das bedeutete für mich einen weiteren Sieg. Später mit meinen mittlerweile inneren Tics und Zwängen wurde ich nicht mehr gefragt, und sogar meine Mutter bemerkte erst nach längerer Zeit oder wenn ich ihr davon erzählte, daß sich wieder ein neuer angesagt hatte.

Ich bin der Meinung, daß ich äußerst froh sein darf, daß es bei mir so früh erkannt wurde (dazu mein großes Lob an meinen Hausarzt und ein besonders großes Lob an meinen mich seit Beginn des Tourette behandelnden Arzt in R., der mir so gut bei dieser Krankheit mit all ihren Schikanen geholfen hat und dem ich seither sehr vertraue, da er mich nicht zu einer Irren erklärt hat, denn solche Ärzte gibt es ja bekanntlich auch.)

Ich finde auch, daß ich froh sein darf, daß ich es so früh bekommen habe, denn nur so habe ich gelernt, richtig damit umzugehen. Ich habe also schnell angefangen, die Krankheit zu verstehen, zu akzeptieren und zu beschreiben, was auch meinen Ärzten behilflich gewesen sein dürfte. Ich empfand das Ganze als normal, obgleich mir durch die Reaktionen meines Umfelds klar war, daß ich nicht ganz normal war, aber das wiederum war mir egal. Es war für mich auch nicht wichtig, denn was ist schon normal und was nicht. Jeder hat doch im Prinzip seine persönlichen Ticks.

Ich stehe dem Syndrom also keineswegs feindlich gegenüber, obwohl ich fest daran glaube, es irgendwann los zu werden – spätestens, wenn ich eine Familie gegründet habe. Ich kann ja schließlich keine Windeln wechseln, wenn ich gleichzeitig das zwingende Bedürfnis habe, wild mit Spaghettis um mich zu werfen, oder?

Meine persönlichen Eigenheiten, die ich deshalb aufschreibe, weil ich denke, daß gerade sie einen Tourette-Patienten auszeichnen könnten: Ich bin sehr pedantisch, koche gern, rauche nicht, arrangiere gern Blumensträuße, bin nach Einschätzung meiner Lehrer und Eltern sehr intelligent, schlafe am liebsten nur mit offener Tür im ziemlich hellen Zimmer im eiskalten Bett, habe Neurodermitis, lese gern, aber leider nicht allzu oft. Ich zeichne und bastle für mein Leben gern und löse irgendwelche technischen oder kniffligen Aufgaben, kann gut mit Geld umgehen (sagen meine Eltern), muß selten auf die Toilette (tja!), mag Sprachen gern, liebe Witze und habe Humor, bin gläubig (römisch-katholisch) und spreche gern mit Gott, bin ordentlich, bin gut in der Schule und habe gute Noten.

Ich mag keine Horror-, Alien, Grusel- und Science-Fiction-Filme, bin weichherzig und gefühlvoll, kann sehr emotional werden, bin mitleidig und habe nahe am Wasser gebaut, bin neugierig, vermittelnd bei Auseinandersetzungen, liebe Jazz und möchte immer sauber und gepflegt sein.

Ich hoffe, dieser Überblick über mich und mein Tourette-Leben kann Euch weiterhelfen, denn es ist mir ein großes Anliegen, auch anderen Betroffenen so bald wie möglich zu helfen.

Informationen für Eltern und Lehrer

Aribert Rothenberger und Tobias Banaschewski

Fragen und Antworten zum Tourette-Syndrom

Was ist das Tourette-Syndrom?

Das Gilles-de-la-Tourette-Syndrom (häufiger nur Tourette-Syndrom oder TS) ist eine neuropsychiatrische Erkrankung. Sie ist durch Tics charakterisiert. Die Symptome beinhalten:

- Sowohl multiple *motorische* (Muskelzuckungen) als auch mindestens einen *vokalen* (Lautäußerungen) Tic. Diese können sich im Verlauf der Erkrankung einstellen.[14]
- Das Auftreten von Tics mehrfach am Tag (gewöhnlich in Serien), fast jeden Tag oder immer wieder über einen Zeitraum von mindestens einem Jahr.
- Periodische Wechsel hinsichtlich Anzahl, Häufigkeit, Art, Stärke und Lokalisation der Tics wie auch hinsichtlich des Zu- und Abnehmens ihrer Ausprägung. Die Symptome können manchmal wochen- oder monatelang verschwinden, aber auch unvermutet wieder auftreten.
- Die Erkrankung beginnt meistens im siebten, fast immer aber vor dem achtzehnten Lebensjahr.

---

14 Das Tourette-Syndrom zählt zu den Tic-Störungen:
  - »vorübergehende Tic-Störungen« dauern weniger als ein Jahr
  - »chronische motorische Tic-Störungen« oder
  - »chronische vokale Tic-Störungen« dauern mehr als ein Jahr, beinhalten aber nur motorische *oder* vokale Tics.

– Ausschluß anderer Erkrankungen, die eventuell für die Tics verantwortlich sein können.

Die Bezeichnung »unwillkürlich«, die zur Beschreibung der Tics verwandt wird, führt manchmal zu Mißverständnissen, weil die meisten Personen, die von einem TS betroffen sind, eine gewisse Kontrolle über ihre Symptome haben. In der Regel bedeutet die Kontrolle, die für Sekunden, manchmal bis zu Stunden, vom Patienten wahrgenommen werden kann, nur ein zeitliches Hinausschieben schwerer »Tic-Entladungen«. Es ist selten (und bedarf intensiven Trainings), daß der unterdrückte Tic überhaupt nicht nach außen kommt. Meist ist der Drang, den Tic auszuüben, so stark, daß die Muskelzuckung oder die Lautäußerung schließlich doch stattfinden muß (vergleichbar mit dem Drang zum Niesen oder einem Schluckauf). Menschen mit einem TS suchen oft eine geschützte Umgebung auf, beispielsweise die Familie, um ihren Symptomen freien Lauf zu lassen, nachdem sie versucht haben, sie bei der Arbeit oder in der Schule zu unterdrücken. Typischerweise nehmen Tics im Zusammenhang mit ärgerlicher oder freudiger Erregung, innerer Anspannung oder Streß zu. In entspanntem Zustand, etwa morgens nach dem Aufstehen, oder bei der Konzentration auf eine interessante Aufgabe lassen sie eher nach. Kinder zeigen in der Schule oftmals weniger Tics als zu Hause; insbesondere am Abend, wenn die spontane Eigenkontrolle nachläßt, können die Tics vermehrt zum Vorschein kommen.

Wie würde man einen typischen Fall von Tourette-Syndrom beschreiben?

Das Wort »typisch« kann nicht ohne weiteres auf das TS angewendet werden. Die Symptomatik ist sehr komplex und zeigt sich im Hinblick auf Verlauf, Ausprägung und begleitende Störungen in einem breiten Spektrum; es reicht von sehr milden Formen – und das gilt für die meisten betroffenen Menschen – bis hin zu sehr schweren Formen, die von nur wenigen Kranken durchlitten werden müssen. Jeder Betroffene unterscheidet sich vom anderen. Es gibt nicht zweimal das gleiche TS. So verwirrend es klingt: gerade diese Vielfalt in der Ähnlichkeit ist charakteristisch für das Tourette-Syndrom.

Wie sieht der Krankheitsverlauf beim Tourette-Syndrom aus? Darf man mit einem Rückgang der Beschwerden rechnen?

Der Verlauf ist langdauernd. Die Tics treten in aller Regel um das siebte Lebensjahr erstmals auf, nehmen dann einen wechselnden Verlauf, meist allmähliche Zunahme, verstärken sich bis zum zwölften/dreizehnten Lebensjahr und lassen zwischen dem sechzehnten und dreißigsten Lebensjahr meistens (etwa 75 %) nach. Dies hängt wahrscheinlich damit zusammen, daß die Überempfindlichkeit des Dopaminsystems in den Basalganglien mit dem Älterwerden von selbst abnimmt. Bei einigen Betroffenen verschwinden die Tics vollständig; wenige Personen müssen versuchen, ein Leben lang mit den Tics zurechtzukommen. Es besteht eine normale Lebenserwartung.

Nicht immer sind mit dem Rückgang alle Schwierigkeiten der Betroffenen vorbei. So können die anderen Verhaltensauffälligkeiten, insbesondere Zwangsmerkmale, weiter bestehen bleiben oder auch stärker in den Vordergrund treten. Dann müssen an eine Behandlung und Krankheitsbewältigung ganz andere Maßstäbe angelegt werden. Bei manchen Patienten lebt die Tic-Symptomatik im Erwachsenenalter irgendwann wieder auf, vor allem in Situationen, in denen sie starkem unkontrollierbarem Streß ausgesetzt sind (z. B. Ehezerrüttung, Scheidung, Verlust von geliebten Menschen). Aber auch Erlebnisse wie Einschulung, Schulwechsel oder Prüfungen können (müssen aber nicht!) eine vorübergehende Verschlechterung hervorrufen. Entspannung und Ruhe (z. B. in den Ferien) sowie in verständnisvolles, verläßliches und stabiles soziales Umfeld führen eher zu einer Symptomreduktion. Auch unabhängig von solchen äußeren Einflüssen bestehen erhebliche Fluktuationen.

Es ist sehr schwer, für den einzelnen den weiteren Verlauf eines TS vorauszusagen. Selbst eine starke Betroffenheit um das zwanzigste Lebensjahr gibt hier keine sichere Auskunft, da noch andere Faktoren eine Rolle spielen (z. B. assoziierte Verhaltensauffälligkeiten, emotionale Probleme, soziale Anpassungsschwierigkeiten). Eine ungünstige Prognose ist am ehesten mit einer starken Ausprägung und lang andauernder vokaler Tic-Symptomatik, Lernschwierigkeiten, Zwangsmerkmalen und ADHS verbunden.

Die überwiegende Mehrheit der Betroffenen (etwa 85 %) hat eine leichte bis mittlere Ausprägung des TS und kann damit gut im Alltag zwischen Familie, Beruf und sozialen Gruppen zurechtkommen. Wer schwerer betroffen ist, muß mit sozialen Nachteilen rechnen (wenig Freunde, Schwierigkeiten am Arbeitsplatz, Wohnungsprobleme), so daß mitunter eine schwierige psychosoziale Situation entstehen kann.

Wie häufig ist das Tourette-Syndrom?

Im allgemeinen wird davon ausgegangen, daß es mindestens fünf Fälle auf 10.000 Einwohner gibt. Damit finden sich in den USA etwa 110.000, in Großbritannien 25.000 und in Deutschland 40.000 Patienten. Diese Zahlen sind sehr wahrscheinlich eine deutliche Unterschätzung. Durch verschiedene epidemiologische Untersuchungen konnte gezeigt werde, daß es leichtere Fälle gibt, die niemals Fachleuten vorgestellt wurden. Bis zu 20 Prozent der Acht- bis Vierzehnjährigen haben irgendwann einmal einen motorischen Tic gezeigt, bei bis zu 3 Prozent konnten die Kriterien eines Tourette-Syndroms festgestellt werden. Das TS findet sich bei Kindern und Jugendlichen zehnmal häufiger als im Erwachsenenalter, und von 400 Grundschulkindern mit einem Tic entwickelt lediglich eines später ein TS.

Gibt es das Tourette-Syndrom schon länger?

Die Krankheit ist nicht neu; sie wurde im Jahr 1825 erstmals in der medizinischen Literatur erwähnt. Die Marquise de Dampierre zeigte unwillkürliche motorische Tics verschiedener Art und auch verschiedene Lautäußerungen einschließlich der Koprolalie und der Echolalie. Sie wurde 86 Jahre alt. Ihr Fall wurde von Dr. Georges Gilles de la Tourette (ein französischer Nervenarzt, nach dem die Erkrankung schließlich benannt wurde) 1885 erneut aufgegriffen und zusammen mit acht weiteren Fällen beschrieben. Literarische Schilderungen lassen aus heutiger Sicht noch frühere Beschreibungen vermuten. Anhand historischer Aufzeichnungen wird diskutiert, ob beispielsweise Claudius, Napoleon, Molière, Peter der Große, der Schriftsteller Samuel Johnson und Mozart ein Tourette-Syndrom hatten.

Trotz dieser frühen sehr prägnanten Schilderungen geriet die Erkrankung für beinahe hundert Jahre – auch unter Ärzten – in Vergessenheit. Erst eine umfassende Darstellung durch ein amerikanisches Ärzte-Ehepaar im Jahr 1978 rückte das Tourette-Syndrom wieder stärker ins Interesse der Nervenärzte und Kinderärzte, insbesondere aber der Kinder- und Jugendpsychiater.

Nicht nur Fachleute, sondern auch die Öffentlichkeit haben über die Medien, Fachliteratur und Fortbildungsveranstaltungen mehr über das TS erfahren. Mittlerweile gibt es sogar eine weltweit zusammengeführte Datenbank zum TS, wo derzeit über 4.000 Fälle registriert sind. Dennoch muß man täglich die Erfahrung machen, daß viele Betroffene lange Wege gehen müssen, durchschnittlich sechs Jahre von Beginn der Tics bis zur diagnostischen Klarheit.

Tritt das Tourette-Syndrom weltweit auf?

TS gibt es, soweit man weiß, in allen Kulturen und Ländern. Die Symptomatik des TS tritt in einer gewissen Uniformität auf, ohne daß wesentliche Beeinflussung durch Land und Kultur zu bemerken sind. Überall ist es etwa viermal häufiger bei Jungen als bei Mädchen zu finden. Möglicherweise zeigt es sich etwas seltener bei afro-karibischen Menschen. Dies kann an der mangelnden Diagnostik oder an genetischen Faktoren liegen. Tourette-Syndrom findet sich auch in allen sozialen Klassen.

Wann beginnt das Tourette-Syndrom?

Das durchschnittliche Alter bei Beginn liegt bei sechs bis sieben Jahren, wobei die ersten Symptome am häufigsten in Form von Augenblinzeln oder Augenrollen, Verziehen des Mundwinkels, Mundaufsperren und Kopfrucken zu sehen sind. Komplexere Bewegungen treten später auf (z. B. Lecken, Beriechen von Dingen, Spucken, Hüpfen, ungewöhnliche Körperhaltungen, Berühren). Es können aber auch unwillkürliche Lautäußerungen wie Räuspern und Naserümpfen oder einschießende Muskelzuckungen im Extremitätenbereich, etwa plötzliches symmetrisches Armbeugen, als erste Zeichen gesehen werden. Manchmal beginnt die Störung abrupt mit mehreren Symptomen, das heißt Muskelzuckungen und Lautäußerungen treten nahezu gleichzeitig auf. Der Beginn vokaler Tics kommt in der Regel nach den motorischen Tics (etwa ab dem elften Lebensjahr). Zwanghafte Verhaltensweisen treten erstmals zwischen dem vierzehnten und sechzehnten Lebensjahr hinzu, während Merkmale einer Aufmerksamkeitsdefizit-Hyperaktivitätsstörung (ADHS) vielfach dem TS vorausgehen und es dann weiter begleiten. Je früher das TS beginnt, um so größer ist die Wahrscheinlichkeit, daß auch andere Familienmitglieder von einer Tic-Störung betroffen sind.

Wie wird die Diagnose gestellt?

Bis heute wird die Diagnose TS klinisch gestellt. Das heißt, weder durch Bluttests noch durch andere technische Untersuchungen ist eine Diagnosestellung möglich. Die Diagnose TS kann nur von einem Arzt (Neurologen, Psychiater, Kinder- und

Jugendpsychiater oder Kinderarzt), der die Erkrankung gut kennt, anhand einer sorgfältigen Anamnese und der allgemeinen klinischen Untersuchung gestellt werden. Dabei muß er genau über die Tics Bescheid wissen.

Um das TS von anderen neuropsychiatrischen Erkrankungen sicher abzugrenzen, sind manchmal spezielle medizinische Untersuchungen (z. B. Elektroenzephalogramm wegen der Frage nach einer Epilepsie) erforderlich. Fragebogen und Schätzskalen zum TS sind verfügbar, um Art und Weise sowie Schweregrad der Tics sowie der Begleitprobleme besser beurteilen zu können.

Was sind Tics?

Der Begriff Tic stammt aus dem Französischen und hat mit dem umgangssprachlichen Wort »Tick« (im Sinn von »jemand tickt nicht richtig« oder »hat eine Marotte«) nichts gemein. Tic steht für ein spezielles neurologisches Symptom. Bei den Tics handelt es sich um unwillkürliche, rasche, meistens plötzlich einschießende und mitunter sehr heftige Bewegungen, die immer wieder in gleicher Weise einzeln oder serienartig auftreten können. Es werden motorische und vokale Tics unterschieden.

• Motorische Tics
Alle Kinder und Erwachsenen mit TS weisen eine Vielzahl von motorischen Tics auf. Hierunter werden weitgehend unwillkürlich eintretende plötzliche Bewegungen (Muskelzuckungen) verstanden. Motorische Tics sind in der Mehrzahl kurze irreguläre Bewegungen. Am häufigsten kommen sie im Gesicht und am Kopf vor mit Blinzeln, Grimassieren, Augenverdrehen und Kopfrucken. Häufig sind motorische Tics auch an den Schultern und Armen (z. B. Hochziehen der Schultern, Schleudern des Armes, Verkrampfen der Finger). Seltener, aber nicht ungewöhnlich, sind motorische Tics am Rumpf und an den Beinen. Man unterscheidet einfache und komplexe motorische Tics. Häufig sind einfache motorische Tics so gering ausgeprägt, daß

sie als »Eigenart« oder »Nervosität« verkannt werden. Komplexe motorische Tics sind beispielsweise Hüpfen, Springen, In-die-Hocke-Gehen oder bizarre Arm- und Rumpfbewegungen, Echopraxie, Kopropraxie und Touching (vgl. Glossar).

• Vokale Tics
Unter einem vokalen Tic (Lautäußerung) wird das unwillkürliche Hervorbringen von Lauten und Geräuschen (einfache vokale Tics) und Wörtern oder Sätzen (komplexe vokale Tics) verstanden. Auch dieses Symptom tritt bei allen Tourette-Betroffenen auf. Häufig ist es jedoch weniger stark ausgeprägt. Typische vokale Tics sind: unwillkürliches, wiederkehrendes Husten (ohne daß eine Erkältung vorliegt), Fiepen, Räuspern, Grunzen, lautes Ein- und Ausatmen, Schnauben, Quieken, aber auch bellende, miauende Laute oder lautes Schreien, Echolalie, Palilalie, Koprolalie (vgl. Glossar).

Wie kann der Ablauf eines Tics Nicht-Betroffenen veranschaulicht werden?

Wenn man versuchen will zu erklären, was in einem Menschen vorgeht, der eine Tic-Störung hat, und welche Reaktionsmuster ablaufen, wenn ein Tic kommt, dann kann man das vielleicht am ehesten am Beispiel des Schluckaufs. Denn wenn wir Schluckauf haben, dann können wir diesen zwar für eine gewissen Zeit unter Kontrolle halten, aber dann merken wir, wie dieser Drang immer mehr nach Erfüllung des Bewegungsimpulses verlangt; und nach kurzer Zeit müssen wir dann dem Schluckauf freie Bahn geben. Wenn der Schluckauf schließlich kommt, geht eine gewisse Zuckung durch unseren Körper. Das entspricht ungefähr dem ausgeführten Tic. Oder wenn Sie abends ins Bett gehen und einschlafen wollen, kann es Ihnen passieren, daß Sie, kurz bevor Sie richtig einschlafen, noch mal mit dem ganzen Körper zucken. Nach dem Zucken ist man dann entspannt und gleitet in den Schlaf. Eine solche Zuckung zu verspüren, kann man mit dem Erleben eines Tics vergleichen.

Was verspürt ein Betroffener von seinen Tics?

Kinder bemerken ihre Tics anfangs oft selbst gar nicht. Es sind meistens die Mütter, die aufmerksam werden, sich gestört fühlen, sich Sorgen um das Kind machen und, unnötigerweise, überlegen, ob sie Erziehungsfehler gemacht haben.

Etwa ab dem zehnten Lebensjahr werden vielfach gewisse Vorgefühle (z. B. Kribbeln im Bauch, Spannungsgefühl im Nacken-Schulter-Bereich) unmittelbar vor einem Tic wahrgenommen. Dies kann bis zu einem »sensorischen Tic« reichen, der nach einer Bewegungsantwort verlangt.

Ansonsten nehmen die Betroffenen ihre Muskelzuckung oder Lautäußerung erst wahr, wenn diese geschehen; manchmal, bei leichter Ausprägung, noch nicht einmal dies. Nur selten kommt es als Folge der Tics zu körperlichen Beschwerden wie zum Beispiel Nackenschmerzen. Anders ist es natürlich mit selbstverletzendem Verhalten, etwa Schlagen gegen Brust und Wange oder Kneifen an den Unterarmen.

Hat man im Schlaf auch Tics?

Während des Schlafs – manchmal schon im Liegen, während man noch wach ist – nehmen die Tics deutlich ab. Dennoch kann man auch im Schlaf Tics beobachten, ohne daß sich der Betroffene am nächsten Morgen daran erinnert. Die Tics stören den üblichen Schlafablauf (und die Nachtruhe ist dadurch weniger erholsam). Nächtliche Tics tragen so zu vermehrter Tagesmüdigkeit bei, die den Betroffenen mitunter streßempfindlicher macht und so für mehr Tics bei Tag mitverantwortlich wird.

Welche Faktoren beeinflussen die Tics?

Motorische und vokale Tics können durch Angst, Streß, Sorgen, Müdigkeit und Aufgeregtheit (sei sie freudig oder ärgerlich) verstärkt werden. Manche Betroffene haben auch berichtet, daß prämenstruelle Spannungen, manche Nahrungsmittel oder Nahrungszusatzstoffe, Stimulantien wie Kaffee, Methylphenidat oder Amphetamine die Tics verstärken können. Eine Verminderung der Tics kommt in der Regel durch erholsamen Schlaf, Alkohol, Cannabis, Fieber, Entspannung, liebgewordene Sportaktivitäten oder Konzentration auf eine willkommene Aufgabe zustande.

Machen Betroffene mit einem Tourette-Syndrom manchmal sozial unakzeptable Äußerungen?

Das kann durchaus vorkommen, obwohl es in den meisten Fällen nicht den tatsächlichen Gefühlen und Ansichten des TS-Betroffenen entspricht. Mitunter handelt es sich um sexistische oder rassistische Äußerungen oder auch nur die Aussage »Aufhören« gegenüber einem Vortragenden, obwohl der Betroffene sehr an dem Inhalt des Vortrags interessiert ist. Dahinter steht in der Regel ein innerer Drang, das Gegenteil von dem tun zu müssen, was der Betroffene eigentlich will. Hier wird die Verbindung zu zwanghaftem Verhalten sichtbar.

Haben Personen mit einem TS neben den Tics noch andere Verhaltensprobleme?

Auch wenn die formale Definition des Tourette-Syndroms ausschließlich motorische und vokale Tics zum Diagnosekriterium erhebt, bestehen bei nahezu allen Betroffenen weitere Symptome, die nicht selten subjektiv oder für die unmittelbare Umgebung – auch in der Schule – das Hauptproblem darstellen.

Nur etwa zehn Prozent aller TS-Betroffenen weisen keinerlei zusätzliche Probleme auf. Ein großer Anteil der Menschen mit TS hat neben den Tics noch weitere Sorgen:

- Zwanghafte Verhaltensweisen (siehe auch Fragen und Antworten zu Zwangsstörungen, S. 193 ff.)

Zwänge sind eine typische Verhaltensauffälligkeit, die bei vierzig bis sechzig Prozent der Tourette-Betroffenen auftritt. Am häufigsten finden sich Zwangshandlungen mit Ordnungsliebe und Arrangieren, Kontrollieren, ritualisierten Handlungen und Zählen. Zwangsgedanken führen dazu, daß bestimmte Ideen wieder und wieder »gedacht« werden müssen und die Konzentration nicht auf andere Inhalte gelenkt werden kann. Gelegentlich berichten Betroffene von ungewöhnlichen Zwängen, etwa einem Hang zu verbotenen Handlungen oder gefährlichen Situationen, beispielsweise dem Drang, Alarmknöpfe zu betätigen, verbotene Wege zu betreten, rasant Auto zu fahren, mit Messern oder Feuer zu spielen, etwas zerbrechen zu müssen.

Oftmals hat die betroffene Person ein Körpergefühl mit dem Bedürfnis, daß etwas immer und immer wieder getan werden muß, bis es »genau richtig« ist. Erst wenn sich dieses »Genau richtig«-Gefühl einstellt, kann die Wiederholung der Zwangshandlungen oder -gedanken beendet werden. Zum Beispiel muß eine Tür »genau richtig« geschlossen, ein Gegenstand »genau richtig« berührt, eine an andere gestellte Frage »genau richtig« beantwortet oder eine Geste oder ein Satz eines anderen »genau richtig« nachgeahmt werden. Auf diese Weise können viele Minuten dauernde Prozeduren entstehen. Den Betroffenen fällt es schwer, dieses »Genau richtig«-Gefühl näher zu beschreiben. Es ist dabei nicht etwa so, daß objektiv ein »Fehler« festzustellen wäre. Vielmehr wird ein Gefühl der inneren Befriedigung angestrebt. Auch das Erledigen von Aufgaben in der Schule oder zu Hause kann durch derartige Zwangshandlungen erheblich gestört und verzögert werden, etwa wenn Buchstaben und Zahlen so lange geschrieben werden müssen, bis sie »genau richtig« sind.

Dies kann auch für eine Tic-Bewegung gelten. Es kann auch das Berühren von Dingen bedeuten, die zum Beispiel mit einer Hand und dann mit der anderen berührt werden müssen, um »die Dinge gleich zu machen«, »Symmetrie herzustellen« oder

»eine innere Melodie zu finden«. Es kann auch sein, daß die betroffene Person wiederholt prüfen muß, ob der Herd ausgeschaltet ist, die Tür richtig geschlossen ist, oder daß sie mit dem Blick immer wieder Konturen entlangfahren muß.

Kinder bitten manchmal ihre Eltern, einen Satz mehrfach zu wiederholen, bis er »richtig klingt«, oder Bettgehsituationen zu wiederholen, weil sie »nicht stimmen«. Im Fall des Perfektionismus muß der Betroffene seinen Drang in Bewegung umsetzen, bis ein gewisses Maß an Bewegung, an Perfektionismus, an Rückmeldung da ist, was diesen inneren Drang zufriedenstellt. Dann ist für einen Moment Ruhe. Wird diese Perfektion nicht gefunden, ist der Betroffene irritiert, wird innerlich unruhig, so daß wiederum andere ritualistische Verhaltensweisen die Folge sein können.

- Aufmerksamkeitsdefizit-Hyperaktivitätsstörung (ADHS)
  (siehe auch Fragen und Antworten zur ADHS, S. 175 ff.)

ADHS findet sich bei fünfzig bis sechzig Prozent der Personen mit TS. Bei Kindern können Zeichen von Hyperaktivität gesehen werden, bevor TS-Symptome auftreten. Indikatoren für eine ADHS sind: allgemeine motorische Unruhe, Konzentrationsschwierigkeiten; Probleme, angefangene Dinge zu Ende zu bringen; Nicht-zuhören-Können; leichte Ablenkbarkeit; Handeln, bevor nachgedacht wurde; stetiger und rascher Wechsel von einer Aktivität zur anderen, noch bevor sie beendet ist; Rededrang. Die Kinder benötigen viel Aufsicht und Steuerungshilfen von außen.

Selbst Erwachsene können noch Zeichen einer ADHS aufweisen wie mangelnde kognitive oder emotionale Impulskontrolle sowie Konzentrationsschwierigkeiten. Bei solchen Patienten wird der Tic oft in dem Moment stärker, in dem der andere spricht und der Tic-Patient Zuhörer ist. Die Bewegungskontrolle läßt nach, wenn sie nicht selbst handeln oder wenn viel Konzentration für andere geistige Tätigkeiten gebraucht wird und somit nicht zur Kontrolle der Tics verfügbar ist.

- Lernschwierigkeiten

Das sind Störungen des Lesens, des Schreibens und Rechnens sowie Probleme der differenzierten Wahrnehmung, zum Beispiel Figur-Hintergrund-Unterscheidung komplexer Art; sie finden sich in etwa zwanzig Prozent und sind meist verbunden mit einer ADHS.

- Schwierigkeiten mit der Impulskontrolle

Zu rasches und flüchtiges Arbeiten ist Ausdruck mangelnder kognitiver Impulskontrolle. Als häufige Verhaltensauffälligkeit findet sich die mangelnde emotionale Impulskontrolle. Sie äußert sich zumeist in verbalem »Jähzorn«, gelegentlich verbunden mit einem Zerstören von Gegenständen. Impulskontrollstörungen führen nicht selten in Familie und Schule zu Konflikten und müssen als Krankheitssymptom eingeordnet werden.

Hierbei kann es in seltenen Fällen zu sehr aggressiven oder auch sozial unerwünschtem Verhalten kommen; die Schwierigkeiten mit der Impulskontrolle sind meist verbunden mit ADHS und/oder Zwangsphänomenen. Ernsthafte Verhaltensprobleme gehen stets mit TS-assoziierten Störungen einher und sind nicht auf die Tics selbst zurückzuführen.

- Schlafstörungen, Ängstlichkeit und Depressivität

Diese sind bei Personen mit TS in etwa 25 Prozent der Fälle zu finden. Die Beeinträchtigungen sind: Traurigkeit, Niedergeschlagenheit, Lustlosigkeit, Rückzugsverhalten, Einschlafschwierigkeiten, häufiges nächtliches Erwachen oder auch Schlafwandeln oder Sprechen im Schlaf, eventuell nächtliches Einnässen. Man sollte auch stets an Ängstlichkeit bei vorübergehender Trennung (z. B. Schulbesuch) von engen Bezugspersonen (meistens die Mutter) denken.

- Andere Verhaltensauffälligkeiten

Neben dem Stottern (etwa 8 %) und sonstigen Formen nicht-flüssigen Sprechens kann das TS bei wenigen Betroffenen auch in etwa 5 Prozent von autistischen Verhaltensweisen begleitet werden (z. B. Rückzug, mangelndes soziales Einfühlungsvermögen und dadurch gestörte Kommunikationsfähigkeit, bizarre und sehr einseitige Interessen).

Welchen Bezug hat die »Koprolalie« – Ausstoßen obszöner Worte – zur Umgebung?

Um die Hintergründe dieses Phänomens ranken sich viele Spekulationen. Sie reichen vom zufälligen Auftreten obszöner Worte bis zu (teilweise willentlichen) Provokationen. So wie motorische Tics verstärkt werden können, wenn man darüber spricht, so kann die Koprolalie durch die Anwesenheit bestimmter Personen ausgelöst und gelenkt werden. Eine Jugendliche äußert ihre Koprolalie (z. B. »Sau«) beispielsweise häufiger, wenn die Mutter redet. Andere Worte (z. B. »ficken«) platzen eher zufällig in die Satzpausen.

Welche anderen medizinischen Probleme und Verhaltensauffälligkeiten muß man vom TS abgrenzen?

• Veitstanz (Chorea Sydenham)
In der Regel geht dem Veitstanz eine Erkrankung mit rheumatischem Fieber voraus. Das rheumatische Fieber kann aber auch in der Folge ein Tourette-Syndrom entstehen lassen. Sehr wahrscheinlich kommt es durch die Infektion mit betahämolysierenden Streptokokken zu einer Aktivierung des Immunsystems mit der Bildung von Antikörpern gegen diese Bakterien. Die Antikörper greifen aber gleichzeitig die Membranen von Nervenzellen im Gehirn an und können so zu den beiden Bewegungsstörungen führen. Sowohl die Sydenhamsche Chorea als auch das TS sind mit unwillkürlichen Bewegungen und manchmal mit zwanghaften Verhaltensweisen verbunden. Die choreatischen Bewegungsmuster beginnen eher an den Händen und Armen, während die TS-Bewegungsmuster im Gesichtsbereich anfangen. Choreatische Bewegungen sind rasch, eher fließend, irregulär, tanzend, unvorhersehbar zuckend, nicht wiederholend und

niemals in eine koordinierte Handlung einzugliedern. Sie neigen dazu, sich bei Willkürbewegungen, Streß und Angst zu verstärken und verschwinden während des Schlafs, so daß manche Ähnlichkeiten, aber auch manche Unterschiede zum TS bestehen.

• Epilepsie
Gerade das Augenrollen läßt an sogenannte Absencen denken.

• Andere neuropsychiatrische Erkrankungen
Besonders zu beachten sind Konversionsstörungen (d. h., eine seelische Störung äußert sich körperlich) sowie Dystonien (hier ist die Abgrenzung von Tics mit »Muskelverziehen« statt »Muskelzucken« wichtig). Wegen der schwierigen Unterscheidung, auch gegenüber weiteren neuropsychiatrischen Erkrankungen, ist eine eingehende fachärztliche Untersuchung zur Diagnose zwingend erforderlich.

Wie steht es mit der geistigen Leistungsfähigkeit beim Tourette-Syndrom?

Die meisten TS-Betroffenen (mehr als 90 %) besitzen eine normale geistige Leistungsfähigkeit, insbesondere sind die höheren zentralnervösen Steuerungsfunktionen (sog. exekutive Funktionen wie Planen und flexibles Denken) bei solchen TS-Patienten, die neben den Tics keinerlei weitere Auffälligkeiten aufweisen, gut ausgebildet; sie können auch von denjenigen noch erfolgreich mobilisiert werden, die neben dem TS noch weitere Probleme haben.

Insgesamt ist die geistige Leistungsfähigkeit davon abhängig, welche Begleitstörungen vorhanden sind. So gibt es das Tourette-Syndrom auch bei geistig behinderten Menschen.

Bei einzelnen Kindern können auch Lern- und Leistungsschwächen bestehen. Zu nennen sind hier insbesondere ein ineffektiver Lernstil, Abstraktionsschwäche, motorische Ungeschicklichkeit, Sprechstörungen und Leseschwächen. Manchmal ist es schwierig zu unterscheiden, ob eine Leistungsschwäche durch motorische oder vokale Tics, Zwangshandlungen oder -gedanken, Aufmerksamkeitsprobleme, allgemeine motorische Unruhe oder durch eine Lernstörung im engeren Sinne bedingt ist. In solchen Fällen ist eine sorgfältige fachliche Untersuchung unabdingbare Voraussetzung für eine günstige Symptombeeinflussung.

Gibt es Dinge, die ein Tourette-Kranker aufgrund seiner Krankheit nicht tun kann?

So verschieden das Bild eines TS sein kann, so verschieden sind die Persönlichkeiten, die von einem TS betroffen sind. Ein Kind mit einem TS ist fast immer ebenso leistungsfähig wie seine Altersgenossen und kann entsprechend seine Zukunftswünsche entwickeln und umsetzen. Ob Sport, Musik, Gruppenaktivitäten, Reisen oder ähnliches: ein TS-Patient braucht nicht zurückzustehen. Auch alle Berufe stehen ihm offen, viele Beispiele von Lehrern, Handwerkern, Ingenieuren, Ärzten, Kaufleuten, Berufssportlern, Schriftstellern, Musikern und Piloten bestätigen dies. Denn, so eine Aussage von TS-Patienten: »Ich habe zwar das TS, aber das TS hat nicht mich!«

Gibt es eine berufliche Beeinträchtigung durch die Krankheit?

In der Regel nicht. Nur in besonders schwerwiegenden Fällen (weniger als zehn Prozent der TS-Betroffenen), zum Beispiel bei Neigung zu selbstverletzendem Verhalten oder Zwangsverhalten, kann dies vorkommen. Bei Berufen mit Publikumsverkehr können die Tics, insbesondere die vokalen, manchmal Einschränkungen der Berufsausübung mit sich bringen.

Kann es passieren, daß man als Betroffener Tics von anderen TS-Personen übernimmt?

Durchaus. Wir kennen den Einfluß des zentralnervösen »Nachahmungssystems« auf unser Verhalten von üblichen Begegnungen zwischen Menschen. Bei TS-Betroffenen ist dies durch die mangelnde motorische Hemmungsfähigkeit noch stärker zu erwarten. Einzelne TS-Patienten berichten, daß sie ein Treffen mit Betroffenen meiden, weil sie nach einem solchen Erfahrungsaustausch, zum Beispiel bei einer Veranstaltung der Tourette-Gesellschaft Deutschland, mit zusätzlichen Tics, die sich bei ihnen »eingenistet« hätten, belastet seien und Wochen benötigten, um diese »fremden Tics« wieder loszuwerden. Die Erklärung für diesen Sachverhalt liegt wahrscheinlich in dem zwanghaften Verhalten, das mit dem TS verbunden sein kann.

Der TS-Patient fühlt sich offenbar von den Tics des Gegenübers magnetisch angezogen, so daß sich die motorische Verhaltensweise unwiderstehlich im Gehirn als Bewegungsmuster festsetzt und durchgeführt werden muß. Es kann auch sein, daß ein TS-Patient willentlich eine bestimmte Handlung durchführt, etwa Küssen, etwas Berühren, und diese umschriebene Handlung sich für einige Zeit als Tic verfestigt.

Konnten die Forscher schon herausfinden, wo im Gehirn die Störungen zu finden sind?

Bisher wurden Gehirne von verstorbenen Tourette-Patienten untersucht sowie elektrophysiologische, neurochemische und bildgebende Verfahren (z. B. funktionelle Kernspintomographie) angewendet. Strukturell stellte sich heraus, daß Auffälligkeiten in tieferen Hirnregionen (dem sog. Nucleus caudatus und dem Putamen der Basalganglien, s. Abb. 1) vorliegen. Zudem ist die Balkenstruktur, über die der Informationsaustausch zwischen den beiden Gehirnhälften läuft, ein wenig verändert, und die üblicherweise gut ausgeprägte Asymmetrie der Basalganglien ist bei TS-Betroffenen abgeschwächt.

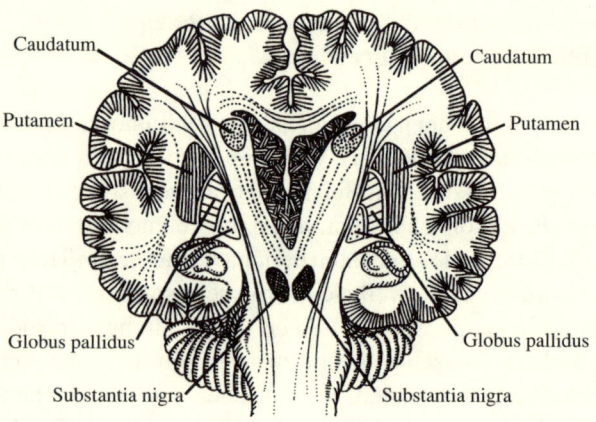

Caudatum Caudatum

Putamen Putamen

Globus pallidus Globus pallidus

Substantia nigra Substantia nigra

Abbildung 1: Blick von vorn auf einen senkrechten Schnitt durch das Gehirn. Neben der äußeren Faltung der Gehirnrinde ist unten das Kleinhirn zu sehen, und zwar links und rechts des Hirnstamms. In der Mitte findet sich die Gehirnstruktur der Basalganglien, die motorische Bewegungen reguliert. Eine Störung des Regelsystems der Basalganglien wird mit den unwillkürlichen Bewegungen beim Tourette-Syndrom in Verbindung gebracht. (Erläuterungen der Fachbegriffe im Glossar)

Man fand auch eine verminderte Blutflußrate im Bereich der Basalganglien und im Thalamus. Darüber hinaus konnte mit der transkraniellen Magnetstimulation festgestellt werden, daß die »Bremskraft« der für die Bewegung zuständigen Hirnrinde bei TS geringer ist.

Insgesamt gibt es bei TS sowohl funktionelle als auch strukturelle Auffälligkeiten im Gehirn der Betroffenen, die auf eine mangelnde automatische Eigenkontrolle im motorischen Regelsystem hinweisen.

Was passiert im Gehirn, wenn ein Tic entsteht?

Eine bestimmte Ansammlung von Nervenzellen in unserem Gehirn, die Basalganglien, ist wesentlich mitverantwortlich für die automatische Kontrolle von Bewegungen. Wenn diese automatische Bewegungskontrolle im motorischen Regelkreis

138

des Gehirns aufgrund der oben genannten Störungen nicht ausreichend erfolgen kann, dann passiert es, daß eingeübte Bewegungsmuster in Form von Tics nach außen gelangen – zumal die »Bremskraft« der motorischen Hirnrinde bei TS-Betroffenen vermindert ist. Will jemand die Tics als Bewegungsmuster nicht zulassen, muß er daher willentlich andere Bereiche seines Gehirns, das heißt das Stirnhirn, einsetzen und aktivieren, um die mangelnde Kontrolle in den Basalganglien und der motorischen Hirnrinde auszugleichen (»Umschaltung von Automatik auf Handbetrieb«). Diese »willentliche Unterdrückung eines Tics« ist aber nur für eine begrenzte Zeit (Minute bis Stunden) möglich.

Beim Vokaltic können bestimmte Muster von Lautäußerungen vom Gehirn nicht mehr gebremst werden. Selbst wenn der Betroffene merkt, daß eine solche Lautäußerung »auf dem Weg ist«, kann er sie nicht mehr stoppen. Die meist extreme Lautstärke ist ein explosionsartiges Herausknallen von Lauten, manchmal auch von Worten, die als Gesamtmuster in unserem Gehirn vorhanden sind. Sie werden dort angestoßen, nicht automatisch gebremst und geraten dann unkontrolliert nach außen.

Was verursacht die Symptome?

Die Ursache ist bisher nicht abschließend geklärt. Als sicher gilt aber, daß es sich in erster Linie um eine organische Erkrankung handelt und *nicht* um eine psychosozial bedingte Störung. Wir wissen aber einiges über die Hirngebiete, an denen sich bei TS-Patienten Auffälligkeiten zeigen, und über die Stoffwechselvorgänge im Gehirn, die aus dem Gleichgewicht geraten sind. Die derzeitigen Forschungsergebnisse sprechen dafür, daß bei dem TS ein gestörter Stoffwechsel von zumindest einer chemischen Substanz im Gehirn vorliegt. Es handelt sich dabei um das Dopamin. Das ist ein sogenannter Neurotransmitter, ein Überträgerstoff in unserem Gehirn, der für die Informationsweiterleitung, etwa im Rahmen von Bewegungsprogrammen, wichtig ist (vgl. Abb. 2 und 3). Man vermutet, daß andere Neu-

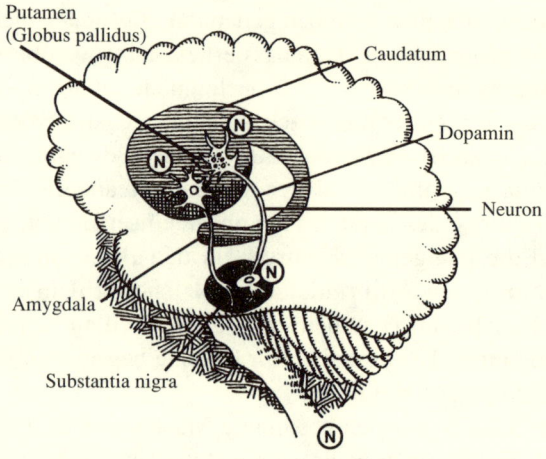

Abbildung 2: Schematische seitliche Ansicht des Gehirns (links entspricht dem Vorderhirn, unten Mitte sieht man den Hirnstamm, unten hinten, d. h. rechts, das Kleinhirn). Neuronen (N) verbinden die Basalganglien mit den Dopamin produzierenden Zellen der Substantia nigra. Eine Überempfindlichkeit der Rezeptoren dieser Neuronen für den Neurotransmitter Dopamin wird als Hauptursache angesehen für die Störung im Bereich der Basalganglien und die daraus resultierenden unwillkürlichen Bewegungen beim Tourette-Syndrom. Medikamente wie Tiaprid binden die Dopaminrezeptoren, wodurch der Dopamintransport vermindert wird und so die unwillkürlichen Bewegungen unterdrückt werden.

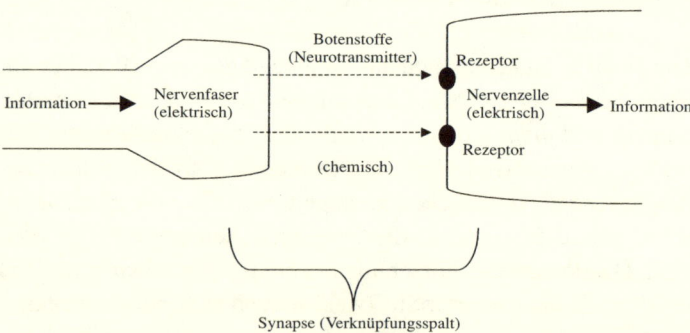

Abbildung 3: Informationsweiterleitung im Gehirn. Diese erfolgt in den Nervenfasern der Nervenzellen auf elektrische Art und Weise, während sie von dort aus an den sog. Synapsen (dem Übertragungsbereich zwischen den Nervenfasern und Nervenzellen) zur nächsten Nervenzelle auf chemischem Weg stattfindet.

140

rotransmitter, zum Beispiel Serotonin, ebenfalls betroffen sind und somit ein Ungleichgewicht der zentralnervösen Botenstoffe (Dopamin-Überfunktion; Serotonin-Unterfunktion) vorliegt, das unter anderem durch die medikamentöse Behandlung wieder ausgeglichen werden kann.

Ist das Tourette-Syndrom vererbbar?

Ohne Zweifel sind am Tourette-Syndrom in den meisten Fällen erbliche Faktoren mitbeteiligt, aber der genaue Mechanismus der Vererbung ist unbekannt. Darüber hinaus gibt es auch sogenannte sporadische Fälle von TS, bei denen auf anderen Wegen (z. B. genetische Veränderungen nicht-erblicher Art, Infektionen, Tumore) die Auffälligkeiten in den Basalganglien hervorgerufen werden.

Die Mehrheit der Chromosomen bei Patienten mit einem TS sind unauffällig. Bisher konnte noch kein besonderes Gen oder eine Gengruppe gefunden werden, die als genetische Grundlage des TS benannt werden könnten. Man nimmt am ehesten an, daß eine Person mit einer gewissen erblichen Empfindlichkeit im Hinblick auf eine sogenannte Spektrumstörung (dies beinhaltet die Neigung zum Tourette-Syndrom, Zwangsstörungen und möglicherweise unter bestimmten Umständen auch ADHS) disponiert ist und daß dann andere Faktoren darüber entscheiden, wann, wie, wo und in welchem Ausmaß die Bewegungsstörung beziehungsweise Verhaltensauffälligkeit zum Vorschein kommt.

Dabei spielen möglicherweise Risikofaktoren in der Schwangerschaft, vor, während und nach der Geburt wie auch Infektionen und Autoimmunreaktionen eine Rolle.

Eine genetische Beratung ist daher nur in Grenzen möglich. Es ist allerdings anzumerken, daß nur etwa zehn Prozent der Kinder, bei denen eine erbliche Disposition bekannt ist, eine schwer ausgeprägte TS-Symptomatik zu erwarten haben. Dies läßt für eine eventuelle Familienplanung zuversichtlich sein, zumal in der Zukunft eine raschere und bessere Diagnostik, zielgerichtetere Behandlung und frühzeitige adäquate Krankheitsbewältigung zu erwarten sind. Daher sollte man junge Paare, die Tourette-gefährdet sein könnten, bei der Nachwuchsplanung eher ermuntern.

Sind Tourette-Kranke gefährlich für ihre Umgebung?

Nein! Manche Kranken gefährden eher sich selbst. Etwa zwanzig bis dreißig Prozent der erwachsenen TS-Betroffenen führen Selbstbeschädigungen durch, die allerdings meist nur leicht sind. Diese Art motorischer Tics beinhalten das Schlagen gegen den eigenen Körper oder das Schlagen des Kopfes gegen die Wand, Kneifen oder Beißen in die Wange. Ist ein TS-Patient stark aggressiv, hat er Wutausbrüche, Wutimpulse, dann sind es meistens Impulse zum selbstverletzenden Verhalten. Selten kommt es zu schweren Verletzungen (wie Brandwunden durch Zigarettenausdrücken auf der Haut oder Blutungen). Schwierigkeiten mit der Umgebung gründen sich meistens auf deren Unverständnis gegenüber der Tic-Symptomatik, insbesondere wenn letztere durch eine begleitende ADHS verstärkt wird.

Fremdaggressives Verhalten ist vornehmlich gegen besondere Bezugspersonen (Ehefrau, Mutter) gerichtet und führt nur ausnahmsweise zu bedrohlichen Situationen.

Wie ist es mit Aggressionen beim Tourette-Syndrom?

Im Alltag spielt dieses Symptom kaum eine Rolle, insbesondere sind Tourette-Betroffene nicht überdurchschnittlich aggressiv oder gewalttätig. Aggressionen stehen vielfach im Zusammenhang mit den Zwangsimpulsen, die andrängen und bestimmte Handlungen fordern. Oftmals kommt es zu einer Unzufriedenheit, weil der Zwang nicht so umgesetzt werden kann, wie es der innere Drang vorgibt. Dadurch kommen oft Zuckungen und Lautäußerungen zustande, die »genau daneben liegen«. Dies kann dann dazu führen, daß der Patient eine mangelnde emotionale Impulskontrolle, also eine mangelnde Kontrolle der aufwallenden Gefühle, erlebt. Das wiederum kann schnell zu aggressiven Tendenzen führen, die aber kaum gegen andere Menschen gerichtet sind. Allerdings drängen Tics mitunter gerade dann an, wenn sie in der Situation provokativ wirken können, zum Beispiel Lautäußerungen in schweigender Umgebung oder Muskelzuckungen beim Essen.

Was unterscheidet den Tic von einer Marotte?

Den Tic kann man zwar über einen gewissen Zeitraum unterdrücken, man kann ihn sich jedoch nicht abgewöhnen. Allerdings gelingt es manchen Betroffenen, durch Verhaltenstherapie ihre Tics zu mindern. Über das spontane Verschwinden und Wiederauftreten eines Tics hat der Patient keine Kontrolle. Eine Marotte kann man sich – mit einiger Willensstärke – abgewöhnen.

Wie sollen die »Normalen« mit einem Tourette-Kranken umgehen?

Sie sollten versuchen, die sachliche Information, die sie von einem Betroffenen über seine Krankheit erhalten, aufzunehmen und zu verstehen. Anschließend kann man leicht erkennen, daß hinter den ins Auge springenden Tics oft interessante Persönlichkeiten stecken, die genauso ernst genommen werden wollen und können wie jeder andere Mensch auch, mit denen man genauso umgehen kann und soll wie mit anderen Personen.

Ist das Tourette-Syndrom eine Herausforderung an unsere Toleranz, das Anderssein anderer Menschen zu akzeptieren?

Das kann man so sehen. Es geht nicht nur um Menschen mit einen Tourette-Syndrom, sondern auch um andere Menschen mit Erkrankungen oder Behinderungen.

Tourette-Patienten berichten immer wieder, daß für sie Probleme auftreten, wenn sie angepöbelt oder gehänselt werden. Die sachliche Information, die von dem Betroffenen kommen kann, aufzunehmen, das wäre schon ein guter Weg. Denn damit haben Tourette-Betroffene gute Erfahrungen gemacht.

Gibt es eine Therapie, die zur vollkommenen Heilung führt?

Bisher leider nicht. Es stehen jedoch je nach Beschwerdebild verschiedene Behandlungsmöglichkeiten (mit Aussicht auf deutliche Linderung) zur Verfügung.

Wie wird das Tourette-Syndrom behandelt?

Oftmals kann bereits durch die Diagnosestellung und ein ausführliches Beratungsgespräch eine deutliche Entlastung erzielt werden. Die korrekte Diagnose führt in den Familien zumeist zu einem Ende der Schuldzuweisungen und im sozialen Umfeld zu mehr Toleranz und Akzeptanz. Die Betroffenen sind vom »Makel« der psychischen Störung beziehungsweise vom Vorwurf, die Symptomatik absichtlich zu verursachen, entlastet und können selbstbewußter mit ihrer Erkrankung umgehen. Um das Eintreten von sekundären Folgen, wie Hänseleien oder Ausgrenzung in der Schule oder reaktiv depressive Verstimmungen zu vermeiden, kann eine frühzeitige Information des Umfeldes besonders wichtig sein.

Bei ausgeprägten emotionalen Verhaltensauffälligkeiten ist ergänzend eine spezielle kinder- und jugendpsychiatrische Behandlung angezeigt. Viele Personen, die ein TS zeigen, sind durch die Tics nicht wesentlich beeinträchtigt und benötigen deswegen nach einer eingehenden Beratung (u. a. mit Weitergabe von Informationsmaterial der Selbsthilfegruppe) keinerlei Medikation oder sonstige fachlichen Hilfen. Sie finden die für »ihr TS« passende Umgangsweise nach und nach selbst. Sollen aber motorische und vokale Tics behandelt werden, weil die psychosozialen Beeinträchtigungen stark belastend sind, so stehen uns verschiedene Medikamente zur Verfügung, um die »Dopamin-Überfunktion« zu reduzieren und so die Symptome zu kontrollieren. Eine solche Hilfe wird von etwa sechzig Prozent der Betroffenen, zumindest für eine gewisse Zeit, in Anspruch genommen. In Deutschland steht an erster Stelle das Medikament Tiaprid, aber auch Pimozid, Risperidon und Haloperidol können eingesetzt werden. Stimulantien wie Methylphenidat, die bei Kindern mit einem ADHS verschrieben werden, können mitunter Tics verstärken. Man sollte daher mit ihrem Einsatz bei Kindern mit Tic-Störungen zurückhaltend sein. Falls ein TS von starken Zwangsstörungen begleitet ist, so kann die Gabe von Clomipramin, Fluvoxamin, Sertralin, Paroxetin oder Fluoxetin sinnvoll sein. Mit dem Medikament Sulpirid lassen sich bei der Kombination von TS und Zwangsstörungen beide Störungsbereiche mit einer Substanz behandeln.

Neuere pharmakologische Strategien (nicht für Kinder gedacht!) waren da und dort für einzelne Betroffene erfolgreich. Es handelt sich dabei um Nikotinpflaster, die Einspritzung von Botulinumtoxin in bestimmte Muskeln (z. B. bei eher sich tonisch-verziehender Muskulatur mit starker Schmerzhaftigkeit) sowie die experimentelle Anwendung von Tetrahydrocannabinol (Cannabis/Marihuana).

Die Dosis, die notwendig ist, um eine optimale Kontrolle der Symptome zu erreichen, variiert von Patient zu Patient und muß mit ihm und seiner Familie gut auf seine individuellen Bedürfnisse abgestimmt werden. Für den behandelnden Arzt ist es dabei sehr wichtig, von Lehrern, Eltern und Betroffenen rechtzeitig über mögliche Nebenwirkungen informiert zu werden. In der Regel werden die Medikamente in niedrigen Dosen verabreicht, um mit allmählicher Erhöhung der Menge den Punkt zu erreichen, an dem die beste Wirkung mit geringsten Nebenwirkungen vorliegt.

An dieser Stelle sei ausdrücklich darauf hingewiesen, daß die mit dem vorliegenden Text gelieferten Informationen keinen medizinischen oder fachlichen Rat ersetzen können. Niemand sollte aufgrund dieser Antworten eine Behandlung beginnen, verändern oder abbrechen. Wenn solche Überlegungen entstehen, suchen Sie bitte zuerst einen Arzt auf!

Können die verordneten Medikamente zu Nebenwirkungen führen?

Leider gibt es bisher kein Medikament, mit dem gleichermaßen alle Symptome des Tourette-Syndroms sowie seiner assoziierten neuropsychiatrischen Störungen behandelt werden können. Es stehen jedoch verschiedene Medikamente zur Verfügung, mit denen einzelne Symptome (wie Tics, Zwänge, ADHS) deutlich gemindert, selten jedoch völlig beseitigt werden können. Alle verfügbaren Medikamente sind nicht völlig frei von Nebenwirkungen. Daher müssen der Nutzen und etwaige unerwünschte Nebenwirkungen im Einzelfall gegeneinander abgewogen werden. Die Wirkung der Medikamente ist nicht bei jedem Tourette-Betroffenen gleich. Daher kann im vorhinein nie mit Gewißheit gesagt werden, ob und welche Nebenwirkungen eintreten werden und wie wirksam das Medikament sein wird. Die üblicherweise bei Erwachsenen verordneten Medikamente sind auch für die Behandlung von Kindern geeignet und führen in der Regel nicht zu Langzeitnebenwirkungen.

Einige unerwünschte Reaktionen auf die Medikamente können Appetitanregung mit Gewichtszunahme, Müdigkeit, leichte motorische Unruhe oder, wie zum Beispiel bei Haloperidol und Pimozid, schmerzhafte Muskelsteifigkeit und Herzrhythmusstörungen sein. Die meisten Beschwerden lassen sich durch Zurücknehmen der Dosierung vermeiden. Manche Nebenwirkungen, etwa die Muskelsteifigkeit, können durch spezielle Zusatzmedikamente gelindert werden. Zu den selteneren Nebenwirkungen gehören auch Lustlosigkeit, Depressivität, Schwunglosigkeit, Neigung zum Rückzugsverhalten und Minderung der geistigen Aktivität. Auch hier wird eine Verminderung der Dosierung oder ein Wechsel des Medikaments aus den Schwierigkeiten herausführen.

Neben den Eltern können insbesondere die Lehrer Auskunft

über Nutzen und Nebenwirkungen der Medikamente geben. Bei manchen Medikamenten treten Nebenwirkungen nur zu Beginn der Behandlung ein und lassen später nach. Die Eltern sollten die Lehrer ihres Kindes mit TS darum bitten, sie oder den behandelnden Arzt zu informieren, falls in der Schule Probleme (z. B. Lernschwierigkeiten, Müdigkeit, Lustlosigkeit, Konzentrationsminderung) auftreten, die durch Medikamente verursacht sein könnten.

Die medikamentöse Behandlung des TS eines Kindes sollte nur erfolgen, wenn bei den Kindern und den Eltern ein starker subjektiver Leidensdruck besteht oder wenn objektive Gründe (emotionale Störungen als Folge der Tics, Beeinträchtigung von Alltagstätigkeiten, starke Selbstverletzung, ausgeprägte Impulskontrollstörung etc.) eine Behandlung notwendig machen. Der natürliche Verlauf der Erkrankung wird durch eine medikamentöse Therapie wahrscheinlich nicht entscheidend verändert, obwohl nicht ausgeschlossen ist, daß die Hirnreifung und damit die selbstregulatorischen Möglichkeiten eines Kindes durch die Medikamentengabe gefördert werden. Auf jeden Fall erhöht die Kontrolle der Tics durch das Medikament die Chance einer besseren familiären Interaktion sowie günstigerer Rahmenbedingungen für die Persönlichkeitsentwicklung eines Kindes mit TS.

Wie lange soll man Medikamente einnehmen?

Hat man sich zur Medikation entschlossen, sollten die Medikamente mindestens ein Jahr lang (unter ärztlicher Kontrolle) eingenommen werden, ehe man über die Fortführung oder das Absetzen entscheidet. Im Falle der Fortführung einer medikamentösen Behandlung sollte man diese Frage jedes Jahr erneut prüfen.

Es ist ratsam, die Medikamente allmählich und nur unter ärztlicher Kontrolle abzusetzen, um mögliche unerwünschte Effekte, etwa das verstärkte Wiederauftreten der Tics, zu vermeiden. Vielfach nehmen erwachsene TS-Patienten nach und nach immer weniger Medikamente ein, das heißt, sie können im Lauf der Zeit immer besser mit ihren Tics umgehen und/oder erfahren eine spontane Linderung.

Gibt es alternative Behandlungsmöglichkeiten (etwa Psychotherapie)?

Stets sollte bei allen Störungen, Auffälligkeiten und Erkrankungen sowohl bei Kindern als auch bei Erwachsenen folgender Grundsatz gelten: *erst* die Diagnose und *dann* die Therapie. Diese Anmerkung erscheint an dieser Stelle besonders wichtig und notwendig. Viele Tourette-Betroffene mußten die leidvolle Erfahrung einer jahrelangen nutzlosen und oft belastenden psychoanalytisch orientierten Psychotherapie machen, ohne daß zuvor die Diagnose TS gestellt worden war, weil man bei ihnen irrtümlich annahm, es handele sich um eine Nervosität oder Tics als Ausdruck einer emotionalen Störung.

Daher unser eindringlicher Rat:

- eine Psychotherapie (wie auch jede andere Therapie) nur *nach* gestellter Diagnose und nicht ohne Diagnose unter der Vorstellung, »es wird schon helfen und nicht schaden«.
- eine Psychotherapie nur dann, wenn der Therapeut ausdrücklich anerkennt, daß der Hintergrund des Tourette-Syndroms primär organischer Natur ist.
- eine Psychotherapie nur, wenn eine *Indikation* dafür besteht. Die Tics allein sind *keine* Indikation für eine psychoanalytisch orientierte Psychotherapie.
- Verhaltenstherapeutische Vorgehensweisen sind allerdings zur Linderung der Tics hilfreich. Entspannungsverfahren, Biofeedback-Techniken und andere (massive negative Praxis, sog. Habit Reversal Training, Kontingenzmanagement) können zum einen Streßreaktionen vermindern helfen, die ansonsten die Tics verstärken, zum anderen können sie auch die Selbstkontrolle über die Tic-Symptomatik verbessern. So kann gelernt werden, daß man einen sozial unangenehmen Tic eher durch eine Bewegung ersetzt, die sozial akzeptabler

148

ist. Auch können sonstige verhaltenstherapeutische Maßnahmen in Frage kommen, um einen Betroffenen und seine Familie zu unterstützen, damit der innere und äußere Umgang mit dem Tic besser gelingt. Hier ist auf den Einzelfall bezogener fachlicher Rat angebracht.

– Begleitende Gespräche mit Kind und Eltern sind immer hilfreich, um die alltäglichen Schwierigkeiten und Umgangsweisen mit den Tic-Problemen lindern zu lernen. Die Tics selbst sind damit nicht zu behandeln und sollten daher nicht zum Ziel dieser Art von Vorgehensweise erklärt werden.

Ist es wichtig, das Tourette-Syndrom früh zu behandeln?

Ja, insbesondere bei den Fällen, bei denen die Symptomatik sehr ausgeprägt ist und die Möglichkeiten der selbständigen Krankheitsbewältigung gering sind. Ansonsten muß man mit ungünstigen psychischen Folgewirkungen rechnen, die eine günstige Persönlichkeits- und Leistungsentwicklung des Kindes behindern können.

Je älter die Kinder werden, desto mehr übernehmen sie Eigenverantwortung für sich, ihre Tics und ihre Therapie. So integrieren sie die Symptomatik mehr und mehr in ihre Gesamtentwicklung und können damit auskommen.

Wie geht man mit der Diagnose Tourette-Syndrom um?

Wenn die Symptome Ihres Kindes dem klinischen Bild eines Tourette-Syndroms entsprechen, können Sie zunächst denken, daß nun Ihre schlimmsten Befürchtungen wahr geworden sind. Wahrscheinlich haben Sie die Hoffnung gehegt, daß es sich nur um geringfügige Probleme handelt, die wieder vorübergehen. Die Diagnose kann dann ein Schock sein. Es gibt aber viele verschieden Reaktionen und viele verschiedene Reaktionsebenen auf die Diagnose Tourette-Syndrom.

Viele Kinder, die diese Diagnose erhalten, sind sich ihrer

Bedeutung nicht bewußt und daher auch nicht sehr erschrocken darüber. Eltern und erwachsene Patienten reagieren ganz unterschiedlich auf die Diagnose.

Egal, wie die Reaktion nun ausfällt, bei Eltern und Patienten entstehen oft Sorgen, wie die Zukunft aussehen wird, und sie sind verwirrt, weil sie nicht wissen, was die Diagnose genau bedeutet. Der Mitteilung einer gesicherten Tourette-Diagnose sollte ein einfühlsames Gespräch mit der Familie folgen (Eltern, Ehegatten, Partner), in dem die Art der Probleme, ihr Schweregrad und der zu erwartende zukünftige Verlauf besprochen werden. Weitere Informationen und Unterstützung sollten immer angeboten werden.

Zu erfahren, daß Ihr Kind unter einer Störung leidet, die möglicherweise zu lebenslänglichen Beeinträchtigungen führen kann, ist natürlich ein fürchterlicher Schlag. Wenn Eltern schließlich erkennen, daß ihr Kind ein Tourette-Syndrom hat und nicht einfach »eine schwierige Phase durchläuft«, können sie das Gefühl verspüren, nun das »wunderbare« und »normale« Kind »verloren« zu haben, das sie zu haben glaubten, und sie können von vielfältigen Gefühlen überschwemmt werden: Manchmal Verzweiflung und Depression, wie auch Angst um die Zukunft des Kindes.

Manchmal entwickeln sie Schuldgefühle, fühlen sich irgendwie verantwortlich für den Zustand des Kindes: »War es in meinen Genen?«, »Waren wir schlechte Eltern?«. Gelegentlich können sie von Scham und Verlegenheit überwältigt werden, wenn sie die Meinung anderer hören: »Sie haben als Eltern versagt – hör doch bloß, wie dieses Kind flucht – und es ist noch so klein.« Auch wenn es stimmt, daß das Kind flucht, heißt das nicht, daß die Eltern versagt haben, weil niemand am Zustand des Kindes schuld ist. Alle diese Gefühle sind verständliche Reaktionen auf die Belastungen und Enttäuschungen, die durch die Entwicklungsprobleme des Kindes hervorgerufen werden, Tics, Lautäußerungen und manchmal unberechenbares Verhalten. Auch wenn Erwachsene eine Diagnose erhalten, können sie eine Vielzahl widerstreitender Gefühle empfinden, zum Beispiel Wut mit der berechtigten Frage: »Warum ich? Warum wir?«

Was bedeutet die Diagnose »TS« für Eltern und Familie?

Die Gefühle, die Eltern nach der Mitteilung einer Tourette-Diagnose empfinden, können sehr verschieden sein, zeigen aber doch starke Gemeinsamkeiten. Weil das Tourette-Syndrom meist erst diagnostiziert wird, wenn das Kind acht oder neun Jahre ist, manchmal auch noch viel später, können bereits Sorgen um seine Entwicklung und Auseinandersetzungen mit der Umgebung bestanden haben, bevor die Meinung eines Spezialisten eingeholt wird. Viele Eltern haben bereits den Verdacht, daß »etwas nicht stimmt«, so daß die Nachricht, daß ihr Kind ein Tourette-Syndrom hat, sie nicht ganz unvermittelt trifft, vor allem wenn die Geschwister eine »normale« Entwicklung nehmen. Aber auch wenn die Eltern es schon geahnt haben, kann die endgültige Bestätigung der Diagnose doch ein harter Schlag sein. »Ich bin geschockt«, sagte ein Vater. Er und seine Frau waren drei Jahre lang mit dem Kind von einem Spezialisten zum nächsten gewandert, weil die Störung ihres Sohns sehr komplex war, aber die endgültige und definitive Diagnose eines Tourette-Syndroms (in diesem Fall verbunden mit ADHS und Störungen des Sozialverhaltens) brachte sie doch sehr aus der Fassung.

Eine andere Reaktion hingegen besteht in Erleichterung. »Schließlich hat die Störung einen Namen, das beweist, daß mein Kind nicht ›böse‹ oder ›verrückt‹ ist«, sagte eine Mutter. Ihr Sohn war von Spezialist zu Spezialist gewandert und hatte viele Untersuchungen über sich ergehen lassen, ohne daß etwas dabei herausgekommen war, sein Betragen wurde daher als »Verhaltensproblem« eingestuft. Die Erleichterung für diese Familie bestand in der Erkenntnis, daß er wirklich kein »böser Junge« war, sondern einfach nichts gegen seine Symptome tun konnte.

Viele Eltern fühlen sich aus einem anderen Grund erleichtert. Kinder mit Tourette-Syndrom sehen ganz normal aus und haben keine ungewöhnlichen Gesichtszüge oder -merkmale. Darum folgern die meisten Menschen, daß sie auch normal sind und sich einfach nur schlecht benehmen, oft werden die »erschöpften« Eltern beschuldigt, das Kind schlecht zu erziehen. Die Eltern sagen häufig »Jetzt können wir den Leuten endlich sagen, daß unser Kind eine Störung hat« und haben nicht mehr das Gefühl, daß man ihnen Vorwürfe machen kann.

Eine Familie reagierte jedoch völlig anders. Als der kleine Peter die Diagnose eines Tourette-Syndroms erhielt und der Familie erklärt wurde, daß die Störung darauf beruht, daß Dopamin in bestimmten Gehirnbereichen »nicht richtig transportiert« wird, waren sie entsetzt. »Bitte sagen Sie nicht, daß er geisteskrank ist«, baten sie. Es kostete eine Menge Zeit und viel Arbeit, ihnen zu erklären, daß das Tourette-Syndrom *nicht* ein Zeichen von Geisteskrankheit ist.

Andere Faktoren können die Reaktion der Eltern ebenfalls beeinflussen, zum Beispiel der Schweregrad motorischer und vokaler Tics und das Ausmaß der begleitenden Verhaltensstörungen. Auch die psychische Belastbarkeit der Eltern und die zur Verfügung stehende Unterstützung durch Familie, Freunde und Ärzte sind wichtig und ermöglichen manchen Eltern, bestimmte Gefühle nach der Diagnose schneller zu überwinden.

Angesichts der Tatsache, daß verschiedene Menschen Gefühle in verschiedenem Ausmaß oder in anderer Reihenfolge erleben können, ist es wichtig zu bedenken, daß Familienmitglieder, die noch nichts von der Diagnose gehört haben, auf einer anderen Gefühlsebene reagieren können als solche, die die Tic-Störung eines Kindes schon eine Zeitlang kennen. Paare können es als hilfreich erleben, sich regelmäßig zusammenzusetzen, um ihre Sorgen, Enttäuschungen und ihre Traurigkeit miteinander zu teilen. Brüder und Schwestern können eifersüchtig sein wegen der zusätzlichen Beachtung, die das Geschwister mit Tourette-Syndrom erhält, weil sie nicht verstehen, daß es »eine Krankheit« hat. Wenn zum Beispiel Klassenkameraden fluchen, werden diese ausgeschimpft, wenn aber das Kind mit Tourette-Syndrom flucht, bekommt es keinen Ärger, sondern erhält zusätzliche Aufmerksamkeit. Diese Situation ist kleinen Kindern schwer zu erklären, die Eltern sollten es aber geduldig versuchen. Manche Geschwister reagieren sehr einfühlsam und werden mutige Verteidiger ihrer Brüder und Schwestern mit Tourette-Syndrom, sowohl in der Schule als auch außerhalb der Familie.

Gibt es auch extreme emotionale Reaktionen?

Manchmal fühlen sich Menschen in bestimmten Phasen der Bewältigung wie gelähmt oder wollen sich gegen die Botschaft wehren, wenn sie die Mitteilung einer Diagnose verarbeiten müssen. So kann es sein, daß Eltern, die die Krankheit ihres Kindes nicht akzeptieren, sich auf eine endlose Suche nach Heilung begeben und die Meinung vieler Spezialisten einholen, ohne jemals mit dem Ergebnis zufrieden zu sein. Natürlich ist es wichtig und wertvoll, Hilfe für das Kind zu suchen. Extreme Reaktionen beruhen jedoch meist auf dem elterlichen Bedürfnis, der traurigen Realität des eigenen Unglücks nicht ins Auge sehen zu müssen, und nicht auf den Bedürfnissen des Kindes.

Selten können Eltern in einer Phase der Wut gefangen sein und sich in langwierige Auseinandersetzungen mit den Ärzten begeben, die sie aus irgendeinem Grund für verantwortlich für den Zustand des Kindes halten. Die extremen Reaktionen solcher Eltern beruhen aber oft auf deren Bedürfnis, jemandem »die Schuld zu geben«. Eine andere Reaktion besteht in der Frage an den behandelnden Arzt, ob er meine, daß der vorige Arzt, der die Diagnose eines Tourette-Syndroms nicht gestellt hat, sich der medizinischen Nachlässigkeit schuldig gemacht hat. Unserer Meinung nach ist das nicht der Fall. Es ist keine Nachlässigkeit, wenn ein Arzt eine sehr selten vorkommende Erkrankung nicht erkennt. Vielmehr fordert es uns heraus, noch mehr und bessere TS-Aufklärungsarbeit zu leisten.

Die Unterscheidung zwischen normalen und extremen Reaktionen auf die Diagnose ist nicht immer leicht. Die Verzweiflung und die Trauergefühle, die manche Eltern verspüren, können bei Menschen, die dafür prädisponiert sind, in eine schwere Depression übergehen. Mit Depression meinen wir nicht die üblichen Gefühle von Traurigkeit, sondern eine depressive Erkrankung, ein tiefes Unglück mit häufigem Weinen und der Unfähigkeit, Vergnügen aus Aktivitäten zu ziehen, die eigentlich Spaß machen. Oft beinhaltet eine solche Depression auch Gefühle von Pessimismus, Wertlosigkeit und großer Schuld sowie Schlaf- und Appetitstörungen, sie kann auch von Ermüdung und Energielosigkeit begleitet sein. Eltern können es auch als schwierig empfinden, sich auf etwas zu konzentrieren oder aufmerksam zu sein, sie fühlen sich irgendwie betäubt. Das führt zu einem Teufelskreis aus Schuldgefühlen, weil ihnen bewußt ist, daß ihr Kind Aufmerksamkeit und Zuwendung braucht, aber spürt, daß die Eltern unfähig sind, ihm diese zu geben. Sollte dies der Fall sein, kann professionelle Hilfe nützlich sein, entweder in Form von Beratungen oder antidepressiver Medikation oder beidem. Wenn Sie oder Ihr Partner solche Probleme haben, sollten Sie Ihren Hausarzt um Hilfe bitten.

Wie schon gesagt, passen sich die meisten Eltern sehr gut an die Bedürfnisse und Probleme ihres Kindes an. Oft führt das Bemühen, die Probleme des Kindes zu verstehen, zu einer besonderen Nähe, die aus dem Gefühl rührt, daß dies ein besonderes Kind ist, das viel mehr braucht als die meisten Kinder, und daß man mit ihm eine einzigartige Partnerschaft eingehen kann.

Welche Auswirkungen auf Ehe und Partnerschaft sind zu befürchten?

Wenn man sich die zusätzlichen Belastungen bei der Erziehung eines Kindes mit Tourette-Syndrom vor Augen hält, ist es nicht sehr verwunderlich, daß die Befürchtung besteht, Ehen oder Partnerschaften könnten wegen eines chronisch kranken Kindes zerbrechen. Zur Beruhigung sei gesagt, daß Eltern von Kindern mit Tourette-Syndrom sich nicht öfter trennen oder scheiden lassen als Eltern von gesunden Kindern. Trotzdem können Probleme in der Partnerschaft entstehen. Sollte das der Fall sein, ist es wichtig, sie anzugehen. Oft wird nicht mehr von den Eltern verlangt, als sich miteinander als Partner zusammenzusetzen (und nicht nur als Eltern), offen miteinander zu sprechen, und Schwierigkeiten und Enttäuschungen miteinander zu teilen und zu besprechen. Zeit dafür zu finden, kann schwierig sein; aber die geopferte Zeit lohnt den Einsatz. Wenn es problematisch ist, mit Freunden und Verwandten die Betreuung des Kindes zu organisieren, sollte das mit den Therapeuten besprochen werden.

Ein anderes Problem mit der Verwandtschaft kann auftreten, wenn die eine Seite der anderen vorwirft, das »Tourette-Gen« zu tragen. Eine solche Beschuldigung kann für die Beziehung sehr schädigend sein. Wenn bereits vorher Probleme in der Paarbeziehung der Eltern bestanden haben, können sie sich nun verstärken, weil der eine Elternteil dem anderen in der eigenen Verzweiflung die Schuld geben kann, dem Kind »das schlechte Gen übertragen zu haben«. Das ist natürlich nicht hilfreich. Niemand von uns kann wählen, welche Gene wir an unsere Kinder weitergeben, und bei der Vererbung spielen eine ganze Reihe nicht vorhersagbarer Faktoren mit. Wenn wir jedoch am Ende unserer Nerven sind, können wir Dinge sagen, die wir später bereuen. Oft verletzen wir in unserer Verzweiflung gerade die Menschen, die uns am meisten bedeuten.

Gibt es Auswirkungen auf andere Kinder in der Familie?

Wenn noch weitere Kinder in der Familie leben, werden die Eltern ihnen sagen müssen, daß ihr Bruder oder ihre Schwester das Tourette-Syndrom hat. Was genau mitgeteilt wird, hängt vom Alter des einzelnen Kindes ab und von seiner Fähigkeit, Informationen zu verstehen. Die Nachricht kann bei Geschwistern Kummer auslösen und muß einfühlsam vermittelt werden. Es ist wichtig, die Sachlage in Ruhe zu erklären, so daß das Kind die Neuigkeit aufnehmen und verarbeiten kann. Es reicht nicht, ihm die Tatsache mitzuteilen, und es dann damit allein zu lassen. Die Kinder werden zum Tourette-Syndrom viele Fragen haben. Eltern sollten diese Themen offen diskutieren, um zu verhindern, daß die Kinder ihre Gefühle und Fragen unterdrücken. Am besten ist es, wenn die Eltern sich Zeit für die Geschwister nehmen und ihnen das Gefühl geben, daß sie alle Fragen stellen können, die ihnen in den Kopf kommen.

Zur Zeit ist noch nicht viel bekannt über längerfristige Auswirkungen auf die Entwicklung von Geschwistern von Kindern

155

mit Tourette-Syndrom, obwohl es scheint, daß die Auswirkungen nicht negativ sein müssen, sondern durchaus positiv sein können. Forschungen auf diesem Gebiet haben gezeigt, daß Geschwister von Kindern mit chronischen Beeinträchtigungen ein tieferes Verständnis für Menschen und Krankheiten im allgemeinen entwickeln können; sie können mehr Geduld zeigen und sich ihrer eigenen Gesundheit und der ihrer Freunde stärker bewußt sein.

Auf der anderen Seite scheinen manche Geschwister Probleme zu haben, sich emotional an die Gegebenheiten anzupassen, und leiden darunter. Das ist um so mehr der Fall, wenn sie fälschlicherweise fürchten, sich bei ihrem Bruder oder ihrer Schwester »anzustecken« – auch wenn es stimmt, daß bei ihnen ein größeres Vererbungsrisiko hinsichtlich der mit dem Tourette-Syndrom verbundenen Störungen besteht als bei der allgemeinen Bevölkerung. Geschwister haben ihre eigenen Bedürfnisse, man sollte sich soweit möglich die Zeit nehmen, sie in ihrer Entwicklung zu unterstützen. Eltern sollten besonders hellhörig sein, wenn sie bei ihren anderen Kindern feststellen, daß diese zögern, Freunde nach Hause einzuladen. Bei kleineren Kindern kann es hilfreich sein, wenn die Eltern mit den Eltern der Schulfreunde sprechen, um den Weg dafür zu ebnen, daß die Freunde eingeladen werden.

Aus Erfahrung wissen wir, daß Kinder mit Tourette-Syndrom und ihre Brüder und Schwestern besonders empfindlich auf Pöbeleien und Hänseleien reagieren. Das Tourette-Syndrom bietet aufgrund der Merkmale dieser Störung ein leichtes Ziel für Pöbeleien. Auf den Geschwistern lastet der zusätzliche Druck, das betroffene Kind vor Pöbeleien und Hänseleien zu schützen.

Wie kann man einem Kind mit Tourette-Syndrom seine Störung erklären?

Viele Kinder mit Tourette-Syndrom werden wohl fragen, warum sie anders sind als andere Kinder, die Eltern werden dann erklären müssen, welche Probleme vorliegen, was das bedeutet und wie es sich auswirken wird. Das ist keine leichte Aufgabe. Was wir für den Umgang mit den Geschwistern empfohlen haben, gilt auch hier. Die Eltern sollten auf die möglichen Fragen vorbereitet sein, eine geeignete Gesprächssituation schaffen und Informationen so vermitteln, daß sie vom Kind verstanden werden können (s. auch die Geschichte von Dopa und Serotonina, S. 31 ff.).

Verständlicherweise können Kinder, die sich ihrer Beeinträchtigung bewußt werden, besorgt reagieren, da ihnen nun deren Einfluß auf ihr Leben deutlicher wird. Das kann bei kleinen Kindern der Fall sein, trifft aber eher auf Kinder in der Pubertät und junge Erwachsene zu, wenn Probleme dabei entstehen können, Freundschaften einzugehen und aufrechtzuhalten, obwohl das Kind das gern möchte. Unglücklichsein (sogar eine depressive Störung) kann gelegentlich die Folge sein. In einem solchen Fall sollten die Eltern ärztlichen Rat für ihren Sohn oder ihre Tochter suchen.

Einige Kinder mit einem schwer ausgeprägten Tourette-Syndrom haben gesagt, sie wären lieber tot als ewig mit diesen »Zuckungen« zu leben. Andere Betroffenen hingegen nehmen die Störung an und bewältigen sie gut. Manche nennen sie »mein TS« und empfinden das beruhigend, fühlen sich gestärkt und besonders.

Sollte man mit Freunden und Verwandten über die Probleme sprechen?

Nicht nur den Geschwistern werden die Eltern mitteilen müssen, daß ihr Kind ein Tourette-Syndrom hat, sondern auch ihren eigenen Eltern und Familien. Dabei sollte man bedenken, daß die Nachricht Großeltern unglücklich machen kann, auch wenn es ihnen schwerfällt, diese Gefühle zu äußern. Ein besonderer Punkt, auf den manche Familien empfindlich reagieren und der zu Schwierigkeiten führen kann, ist die Vererbbarkeit des Syndroms. Es ist wichtig für die Familien, die relevanten Informationen aufzunehmen, ohne in hilflose gegenseitige Beschuldigungen zu verfallen, wie »in unserer Familie gibt es das nicht«.

Das Thema ist komplex, und andere nahe Verwandte, die vielleicht Kinder haben wollen, können es als hilfreich empfinden, den Rat eines Genetikers einzuholen. Uns ist ein Fall bekannt, bei dem eine Mutter um eine Abtreibung ersuchte, die auch durchgeführt wurde, nachdem sie gehört hatte, daß das Tourette-Syndrom erblich sei. Leider fand in diesem Fall keine genetische Beratung statt, die dem Paar ermöglicht hätte, eine Wahl auf der Grundlage aller verfügbaren Informationen zu treffen. Wäre der Fall mit Fachleuten ausführlich besprochen worden, hätte sich die Schwangere vielleicht nicht für die Abtreibung entschieden.

Was für das Gespräch mit Verwandten gilt, trifft auch auf die Information von Freunden und Bekannten zu – es ist wichtig, offen und aufrichtig über die Störung des Kindes zu informieren. Das ist der wirkungsvollste Weg, um dem durch Unwissenheit und Vorurteile hervorgerufenen Unverständnis vorzubeugen. Es ist aber oft leichter gesagt als getan. Manchmal kann es sehr schwierig sein, den rechten Weg zu finden, auf kritische Blicke oder Kommentare zu antworten, wenn das Kind sich in der Öffentlichkeit merkwürdig benimmt, wenn es zum Beispiel übermäßig und grundlos flucht oder hyperaktiv ist und dauernd herumrennt oder überall herumklettert. Oft können andere erfahrene Eltern von Kindern mit Tourette-Syndrom für solche Fälle hilfreiche Ratschläge geben.

Auch aus diesem Grund empfehlen wir oft, daß Eltern und Patienten der Tourette-Gesellschaft beitreten sollten, wo sie Unterstützung von anderen Eltern und Betroffenen mit ähnlichen Problemen erhalten können. Natürlich muß der angemessene Umgang mit den Problemen von Fall zu Fall entschieden werden. Wenn es sich bei dem Kind zum Beispiel um einen unkomplizierten Fall handelt, ist es nicht immer das Richtige, wenn seine Eltern Kontakt zu anderen Eltern aufnehmen, deren Kinder viel komplexere Probleme haben. Man sollte die Vor- und Nachteile eines Zusammentreffens mit anderen Betroffenen mit dem behandelnden Arzt besprechen oder die Geschäftsstelle der Tourette-Gesellschaft anrufen, um sich beraten zu lassen. Dort gibt es auch Informationsbroschüren zum Tourette-

Syndrom, in denen die Störung kompetent und sachlich beschrieben wird. Manche Betroffene finden es hilfreich, diese Broschüren zur Hand zu haben, um sie Menschen zu geben, die dem Syndrom verständnislos gegenüberstehen. Inzwischen haben sich etliche Selbsthilfegruppen gebildet, die regelmäßige Treffen durchführen und Unterstützung gewähren. Indem man Kontakt zu anderen Betroffenen aufnimmt, kann man viel darüber lernen, wie diese die Krankheit bewältigen, dadurch fühlt man sich weniger isoliert oder von der eigenen Situation niedergedrückt. Einige Eltern beginnen daran zu glauben, daß sie mit anderen zusammen daran arbeiten können, die Welt nicht nur für ihr eigenes Kind, sondern für alle Kinder und Erwachsenen mit Tourette-Syndrom besser zu gestalten.

Wie wichtig ist das soziale Umfeld für den Verlauf der Krankheit?

Wie bei jeder neuropsychiatrischen Erkrankung ist die stützende und verstehende Umgangsweise des Umfelds von großer Bedeutung; vor allem, um ungünstige Reaktionen auf die Erkrankung, zum Beispiel Resignation, Ausgrenzung, Rückzugsverhalten, zu vermeiden und positive Perspektiven beizubehalten oder zu entwickeln. Dies gilt besonders für die Persönlichkeitsreifung im Kindesalter. Der richtige Umgang mit TS ist neben der medikamentösen Behandlung und der Verhaltenstherapie die dritte wichtige Säule im Therapiekonzept.

Benötigen TS-Patienten spezielle erzieherische, schulische oder berufliche Hilfen?

Kinder mit einem TS besitzen etwa die gleichen geistigen Leistungsfähigkeiten wie andere Kinder ihres Alters. Dennoch haben viele Kinder mit einem TS Lernschwierigkeiten. Dies hängt am ehesten damit zusammen, daß etwa fünfzig Prozent der Kinder mit einem TS auch von einer ADHS und etwa vierzig Prozent von Zwängen betroffen sind. Es kommt hinzu, daß sie mit ihren Tics zu kämpfen haben. Für jedes einzelne Kind muß eine passende Lösung gefunden werden. Dies kann die Benutzung von Schreibmaschinen oder Computern wegen motorischer Lese- oder Schreibprobleme bedeuten, Prüfungen in speziellen Räumen, wenn vokale Tics ein großes Problem darstellen, oder die Erlaubnis, den Klassenraum zu verlassen, wenn die Tics sich unüberwindbar angestaut haben.

Kommt es zu weiteren Verhaltensschwierigkeiten, sind Maßnahmen einsetzbar, die bei Kindern ohne ein Tourette-Syndrom, aber mit ähnlichen Störungen von seiten der Kinder- und Jugendpsychiatrie angeboten werden.

Nur die wenigen vom TS schwer betroffene Personen müssen mit Einschränkungen ihrer privaten und beruflichen Lebensgestaltung rechnen. Dabei können und sollen sie alle verfügbaren staatlichen Hilfen nutzen.

Welche Empfehlungen gibt es für Schule und Lehrer?

Da eine Tic-Störung meist um den Schuleintritt beginnt, wird mitunter die sozial und leistungsmäßig erhöhte Anforderung als Grund für das Entstehen der Bewegungsstörung und der zusätzlichen Auffälligkeiten gesehen, obwohl es dafür keine Belege gibt. Nicht nur deshalb ist es für Kind, Eltern und Lehrer eine große Herausforderung, diese Probleme zu erkennen und in einer passenden hilfreichen Art und Weise damit umzugehen, zumal Tics eher zu Hause als in der Schule auftreten.

Gibt es allgemeingültige Regeln für den schulischen Umgang?

Man sollte vermeiden, die Tic-Störung zu einer Besonderheit für die ganze Klasse zu machen, das heißt, nur jemand, der die sachliche Information braucht oder danach fragt, soll sie erhalten. Ansonsten besteht die Gefahr der »Ausgrenzung wegen

Krankheit«. Es hat sich aber in einzelnen Fällen bewährt, das Thema Tic-Störung als spezielle, informative Unterrichtseinheit (z. B. mit Referaten plus Diskussion) zu gestalten, wo der Betroffene durch seine Kenntnis und Erfahrung andere bereichern kann.

Da sich jedes Tourette-betroffene Kind vom anderen unterscheidet und andere Symptome aufweist, gibt es weiter keine allgemeingültigen Empfehlungen. Tourette-Betroffene sollten – wie andere Schüler auch – ihren Neigungen und Begabungen entsprechend gefördert werden, auch wenn dies sicherlich oftmals anstrengender und mühevoller ist als bei gesunden Kindern. Viele Tourette-Betroffene kommen im Erwachsenenalter relativ gut zurecht, sind verheiratet und haben eigene Kinder. In Deutschland und den USA gibt es einige »prominente« Tourette-Betroffene, die als Chirurg, als Basketballstar, als Musiker, als Ingenieur, als Pädagogen und anderes mehr berufstätig sind. Diese Möglichkeiten sollten Kindern nicht vorschnell genommen werden. Hierzu zählt auch, daß mehrheitlich eine Regelbeschulung möglich ist. In Einzelfällen können Internate oder Privatschulen mit besonders kleinen Klassen vorteilhaft sein.

Sollte ein Lehrer oder eine Lehrerin ein solches Kind in der Klasse haben, empfiehlt es sich zunächst, mit den Eltern zu sprechen. Ist die Diagnose bisher noch nicht gestellt worden, sollte ein Arzt aufgesucht werden. Leider ist das TS auch unter Fachärzten, Schulärzten und Schulpsychologen noch nicht sehr bekannt. Es ist daher ratsam, im Zweifelsfall Kontakt mit der Tourette-Gesellschaft Deutschland (TGD) aufzunehmen und nach einem mit dem Tourette-Syndrom erfahrenen Arzt zu fragen.

Diese ersten Schritte zur Diagnose sind sehr wichtig. Viele Eltern, die mittlerweile Mitglied in der TGD sind, können über eigene leidvolle Erfahrungen bis zur Diagnosestellung berichten. Einzelne Kinder wurden wegen eines nicht diagnostizierten TS auf Sonderschulen umgeschult, galten als schwer erziehbar, wurden als geistig behindert eingestuft oder sogar über Jahre stationär in psychiatrischen Kliniken untergebracht. Dies sollte der Vergangenheit angehören. Dazu ist es notwendig, daß Ärzte, Lehrer, Erzieher, Psychologen die Krankheit kennen.

Was können Lehrer tun, wenn bei einem Kind in der Klasse das Tourette-Syndrom diagnostiziert wurde?

Zunächst sollte gemeinsam mit den Eltern besprochen werden, welche speziellen Symptome das Kind aufweist. Denken Sie jedoch daran, daß sich die Symptome oft verändern und kaum zu kontrollieren sind. Zudem ist es möglich, daß einzelne Symptome nur in der Schule und nicht zu Hause auftreten oder umgekehrt. Ebenfalls gemeinsam mit den Eltern sollte entschieden werden, ob, wann und wie die Mitschüler informiert werden sollen. Hier kann gegebenenfalls die TGD Unterstützung geben (beispielsweise durch einen Informationsfilm oder eine Informationsbroschüre). Es ist sehr wichtig, daß alle Mitschüler die Symptome als Funktionsstörung bei sonst guter Leistungsfähigkeit des TS-Kindes akzeptieren. Dann werden sie auch eventuell notwendige Sonderregelungen verstehen können, aber keine Ausgrenzung oder Bemitleidung entwickeln. Sie sollten sich stets vergegenwärtigen, daß die Symptome weitgehend unwillkürlich sind und daß das Tourette-betroffene Kind Sie nicht absichtlich ärgert. Dennoch: Jeder, der viel mit Tourette-Betroffenen umgeht, weiß, daß Tourette auch Eltern und Lehrer an die Grenze der Belastbarkeit bringen kann. Deshalb wollen wir einige Anregungen geben.

Wie mit Tics im Unterricht umgehen?

Einfache motorische Tics – also kurze Bewegungen – stören den Unterricht häufig nicht. Sollten komplexe Tics mit Hüpfen und Springen auftreten, sollte den Kindern Möglichkeit gegeben werden, sich von Zeit zu Zeit »auszuticen« oder Entspannungsübungen zur Streßreduktion durchzuführen. Hierfür können die Pausen dienen, eventuell sind aber zusätzliche Unterrichtsunterbrechungen notwendig. Das Kind sollte hierzu das Klassenzimmer verlassen und einen Raum aufsuchen können, wo es sich ungestört und unbeobachtet fühlt. Es ist von Vorteil, wenn das Kind in der Nähe der Tür sitzt, so daß sein Weg zur

»Tic-Pause« von den anderen nicht störend wahrgenommen wird. Blinzel-Tics, Tics mit Verdrehen der Augen oder Armschleudertics können gelegentlich so stark ausgeprägt sein, daß Lesen und Schreiben hierdurch beeinträchtigt sind. Dem Kind sollte dann entsprechend mehr Zeit zum Lösen von Aufgaben gegeben werden. In solchen Fällen kann eine baldige medikamentöse Behandlung notwendig sein.

Vokale Tics stören den Unterricht dann, wenn sie laut und häufig eintreten. Auch hier gelten die oben gegebenen Anregungen. Leisere Geräusche oder Wörter sollten – soweit möglich – gar nicht beachtet werden. Tourette-betroffene Kinder müssen manchmal laut fluchen und obszöne Wörter sprechen. Auch diese Tics sind unwillkürlich und sollten nicht zu Bestrafungen führen.

Bei vokalen Tics, die das flüssige Sprechen behindern (z. B. durch Wortwiederholungen, Stottern, ständige Geräusche oder häufiges Aussprechen von obszönen Wörtern) sollten vornehmlich schriftlich zu lösende Aufgaben gegeben werden.

Ist das laute Vorlesen durch vokale Tics erschwert, sollte das Kind hierzu nicht gezwungen werden. Gelegentlich können schon einfache »Tricks« eine Symptomreduktion erzielen wie etwa das Lesen mit einem Lineal oder dem Finger als Hilfe.

Sollten laute vokale Tics oder komplexe motorische Tics bestehen, kann es sinnvoll sein, das Kind Klassenarbeiten in einem separaten Raum schreiben zu lassen. So stört es andere Kinder nicht und kann sich selbst ungezwungen verhalten und ganz auf die Arbeit konzentrieren.

Tics nehmen zumeist unter Belastung, Anspannung oder Streß zu. Manche Betroffene können ihre Tics aber auch besonders gut kontrollieren, wenn sie gefordert werden. Die Aufforderung »Laß das!« bewirkt zumeist genau das Gegenteil. Versuchen Sie daher, in der Klasse eine angenehme und konzentrativ entspannte Atmosphäre zu schaffen. Dies wird eher zu einer Symptomreduktion führen als die Androhung von Bestrafungen. Es ist wünschenswert, daß ein »tolerables« Maß an Tics von allen in der Klasse als »normal« akzeptiert wird und zu keinerlei Reaktion mehr führt. Bei starken, nicht mehr kontrollierbaren Tics sollte das Kind den Klassenraum kurzzeitig verlassen dürfen.

Ein Kind, das wegen seiner Tics stark gehänselt wird, wird in der Schule alles versuchen, um die Tics zu unterdrücken. Solch ein Zustand kann leicht fälschlicherweise als günstig eingeschätzt werden, da nun der Unterricht nicht mehr gestört wird. Für das Tourette-betroffene Kind kann dies jedoch bedeuten, daß es sich in der Schule nur mit der Unterdrückung der Tics »beschäftigt«, dem Unterricht nur noch schlecht folgen kann und zu Hause zunächst viel Zeit mit dem »Austicen« und Nacharbeiten von Schulinhalten verbringen muß.

Sollten Sie hingegen beobachten, daß das Tourette-betroffene Kind in Ihrer Klasse besonders dann wenig Tics aufweist, wenn es gefordert wird, dann sollten Sie versuchen, das Kind kontinuierlich zu beschäftigen.

In manchen Fällen können klare Absprachen und Regeln sinnvoll sein, etwa wie oft das Kind bei starken Tics den Raum verlassen darf. Denn selbstverständlich dürfen auch Tourette-betroffene Kinder nicht alles dürfen. Sonderregeln dürfen selbstverständlich nicht ausgenutzt werden. Auch Tourette-betroffene Kinder dürfen sich nicht allen Regeln und jeder Ordnung entziehen dürfen.

Wie können Sie als Lehrer/Lehrerin mit anderen Verhaltensauffälligkeiten umgehen?

• Hyperaktivität und Aufmerksamkeitsstörung
Sicherlich hatten Sie bereits Schüler mit einer Aufmerksamkeitsdefizit-Hyperaktivitätsstörung (ADHS) in Ihrer Klasse. Für Tourette-betroffene Kinder mit diesen Problemen gelten die gleichen allgemeinen Empfehlungen. Sowohl durch eine Aufmerksamkeitsstörung (»Hans guck in die Luft«) als auch durch eine motorische Unruhe (»Zappelphilipp«) können die Schulleistungen erheblich beeinträchtigt werden. Dies zu erkennen und von einer anderen Ursache einer Leistungsschwäche zu unterscheiden, ist wichtig. Die medikamentöse Behandlung

von Hyperaktivität und Aufmerksamkeitsstörung ist bei Kindern mit Tourette-Syndrom schwieriger, da die üblichen, gut wirksamen Medikamente (Stimulantien) manchmal zur Verstärkung der Tics führen können.

Kinder mit einer ADHS leiden unter anderem unter einer mangelnden Aufgabenorientierung und Selbststeuerung. Vergewissern Sie sich, daß das Kind die Aufgaben verstanden hat. Geben Sie gegebenenfalls schriftliche Anweisungen für Hausaufgaben mit. Suchen Sie für das Kind im Klassenraum einen Platz aus, der möglichst wenig Ablenkungsmöglichkeiten bietet (z. B. kein Platz am Fenster, eher in der vorderen Reihe in der Nähe des Lehrers). Für Klassenarbeiten sollte das Kind eventuell einen separaten Raum benutzen können. Erzwingen Sie keine »unangemessen« langen Arbeitsphasen. Geben Sie ein für das Kind überschaubares Arbeitspensum mit einem entsprechenden Zeitrahmen vor. Eine relativ starke Strukturierung kann eine große Hilfe darstellen. Gestatten Sie kurze Pausen oder die zwischenzeitliche Beschäftigung mit einem anderen Thema oder dem Computer als Lehr- und Lernmittel. Häufig gelingt danach wieder eine bessere Konzentration auf die eigentliche Aufgabe. Mißerfolge können bei solchen Tourette-betroffenen Kindern besonders schnell zu Enttäuschung und Selbstwertproblemen führen. Erkennen Sie daher auch »kleine Erfolge« an, möglichst oft und möglichst in unmittelbarem zeitlichen Zusammenhang mit dem entsprechenden Verhalten.

Zwingen Sie ein hyperaktives Kind nicht, »stundenlang« still zu sitzen. Geben Sie ihm in angemessenem Rahmen die Möglichkeit, sich im Klassenraum zu bewegen oder dem Unterricht auch einmal im Stehen zu folgen.

Die ADHS ist hinsichtlich der Ausprägung stark von der äußeren Umgebung und der Reaktion der Umwelt abhängig. Tourette-betroffene Kinder mit einer assoziierten ADHS müssen einerseits mit Nachsicht behandelt werden, andererseits aber Grenzen erfahren und eine Orientierung und Führung erhalten. In ausgeprägten Fällen kann eine Verhaltenstherapie oder eine medikamentöse Behandlung (gelegentlich auch unter Inkaufnahme einer Verstärkung der Tics) indiziert sein.

Hyperaktivität und Aufmerksamkeitsstörung (letzteres allerdings weniger) nehmen meistens mit zunehmendem Lebensalter an Intensität ab, spielen bei Erwachsenen aber mitunter noch eine Rolle (bei 50 % derjenigen, die als ADHS-Kinder galten). Es sollte daher viel Mühe darauf verwandt werden, das Kind durch diese schwierigen Jahre zu begleiten, damit es später Lehre, Studium oder Beruf erfolgreich absolvieren kann.

• Zwangshandlungen und -gedanken

Auch Zwangshandlungen und -gedanken können zu erheblichen Beeinträchtigungen in der Schule führen. Sicherlich kann sich jeder gut vorstellen, wie lange ein Kind zum Bewältigen von Aufgaben benötigt, wenn es zuvor erst den Stift »genau richtig« anfassen muß, jeden Buchstaben »genau richtig« schreiben oder »exakt wieder durchstreichen« muß, jede Zeile fünf- oder achtmal lesen muß oder vor Beginn des Lesens erst alle Zeilen der Seite zählen muß. Oft müssen auch besondere Rituale beim Einpacken der Schultasche oder auf dem Pausenhof eingehalten werden. Wenn Zwänge in Verbindung mit dem Schreiben bestehen, ein Wort immer wieder geschrieben und ausradiert werden muß, bis es »paßt«, sieht das Heft des Schülers wahrscheinlich dementsprechend aus. Das hat aber nichts mit »Unordentlichkeit« zu tun. Im Sportunterricht kann es passieren, daß der Schüler beispielsweise beim Bockspringen immer wieder erneut Anlauf nehmen muß, bis die Schrittfolge seinem Empfinden nach »stimmt«.

Suchen Sie so rasch wie möglich, gemeinsam mit den Eltern, nach Behandlungsmöglichkeiten. Verhaltenstherapie und Familiengespräche, evtl. auch eine medikamentöse Behandlung sind nötig. Drängen Sie auf eine Verhaltenstherapie (Exposition und Reaktionsverhinderung), bei der Sie selbst beteiligt werden können.

Bis zum Erfolg einer kinder- und jugendpsychiatrischen Behandlung kann es ausnahmsweise einmal sinnvoll sein, Kinder mit Zwängen beim Schreiben zu erlauben, einen PC oder Laptop zu benutzen, statt mit der Hand zu schreiben. Nur in Einzelfällen und zeitlich begrenzt sollte den Kindern das Schreiben

166

vorübergehend ganz erlassen werden. Alternativ könnten Mitschriften von Mitschülern kopiert werden. Hausaufgaben könnten zu Hause auf Band gesprochen oder einem Erwachsenen diktiert statt geschrieben werden.

Sollten Wiederholungszwänge das Lesen verzögern, kann manchmal ein Blatt mit einem kleinen Fenster, das über die Zeilen von Wort zu Wort geschoben wird, hilfreich sein.

Versuchen Sie, dem Tourette-betroffenen Kind durch solche »Hilfsmittel« Erfolgserlebnisse zu vermitteln. Geben Sie den Kindern auch entsprechende Hilfen bei Klassenarbeiten. Die Zwänge dürfen nicht als Grund für eine stetige Vermeidungshaltung dienen.

Für Hausaufgaben können vergleichbare, zeitlich begrenzte Empfehlungen gelten. Das Kind sollte zu Hause nach seinem eigenen Rhythmus arbeiten dürfen. Häufig sind kürzere Zeiteinheiten mit dazwischenliegenden Pausen günstig. Tolerieren Sie, wenn Hausaufgaben einmal wegen einer vorübergehend stärkeren Symptomausprägung (etwa aufgrund eines besonderen Ereignisses) nicht erledigt wurden. Sie sollten dann eine kurze Nachricht von den Eltern erhalten. Durch solche Maßnahmen wird verhindert, daß durch Leistungsdruck eine Symptomzunahme erzeugt wird.

Es ist aber unbedingt darauf zu achten, daß weder Eltern noch Lehrer noch andere Personen »Opfer« oder »willige Diener« der Zwangssymptome eines TS-Kindes werden.

• Impulskontrollstörung
Eine Störung der emotionalen Impulskontrolle kann als Hintergrund sowohl eine ADHS als auch Zwänge haben und zu erheblichen sozialen Konflikten führen. Die Tics selbst spielen dabei nur eine geringe Rolle, es sei denn, sie haben »Zwangscharakter«. Die Betroffenen gehen ohne ersichtlichen Grund »in die Luft« oder zerstören »vor Wut« Gegenstände. Derartiger »Zorn« kann auch durch eigene Mißerfolge ausgelöst werden und sich in Form selbstverletzenden Verhaltens gegen das Kind selbst richten. Tourette-Betroffene schildern, daß sie sich in solchen Situationen nicht beherrschen können, daß »Es« mit

ihnen durchgeht, ohne daß sie sich selbst steuern können. Zumeist bedauern sie die Situation wenig später.

Außenstehende sollten sich stets vergegenwärtigen, daß eine vermehrte Impulsivität mit dem Tourette-Syndrom verbunden sein kann und nur bedingt dem Willen unterliegt. Führen stets ähnliche Situationen zu einer mangelnden Impulskontrolle, sollten diese gemieden, modifiziert oder mit fachlicher Hilfe bearbeitet werden. Für den Betroffenen kann es hilfreich sein, wenn ein Freund oder eine Respektsperson eingreift. Manchmal kann die Situation in der Schule »entschärft« werden, indem das Tourette-betroffene Kind kurzzeitig den Klassenraum verläßt. Dies sollte jedoch keine Bestrafung darstellen, sondern dem Kind die Möglichkeit geben, sich zu beruhigen.

Welches ist die richtige Schulform?

Tourette-betroffene Kinder haben in der Regel eine durchschnittliche, nicht selten auch eine überdurchschnittliche Intelligenz. Übliche Intelligenztests zur Bestimmung des Intelligenzquotienten (IQ) können fehlerhafte Ergebnisse liefern, wenn das Lösen der Aufgaben durch Tics oder Störungen der Aufmerksamkeit beeinträchtigt wird.

Grundsätzliche Schulempfehlungen können nicht gegeben werden. Zunächst sollte eine Regelbeschulung erfolgen. Sollte eine starke Symptomausprägung den »normalen« Schulbesuch unmöglich machen, können sich eine vorübergehende Schulbefreiung, das Wiederholen der Klasse und damit eine vorübergehende Minderung der Anforderungen oder eine Umschulung in eine Schule mit besonders kleinen Klassen günstig auswirken. Ein Schulwechsel kann zu einer Symptomverstärkung führen, im Einzelfall aber auch die Chance eines »Neubeginns«sein.

Nachhilfeunterricht oder Hausaufgabenüberwachung können günstig sein (beispielsweise bei erhöhter Ablenkbarkeit), können jedoch auch zu Überforderung und einer Symptomzunahme durch ständigen Leistungsdruck führen. In schwierigen Fällen kann ein gemeinsames Gespräch mit Lehrern, Eltern,

Arzt und – je nach Alter – dem betroffenen Kind zu einer Lösung führen.

Gibt es Einschränkungen beim Schulsport?

Hinsichtlich der Sportausübung bestehen keinerlei Einschränkungen. Im Gegenteil, der Sport stellt oft eine gute Möglichkeit dar, sich »abzureagieren«. Häufig können sich die Betroffenen beim Sport »austicen«, ohne daß dies beispielsweise beim Fußballspielen Außenstehenden besonders auffällt. Der Sport bietet manchmal eine gute Gelegenheit, um dem Tourette-betroffenen Kind Erfolgserlebnisse zu ermöglichen. Auch beim Bestehen starker motorischer Tics ist die Sportausübung zumeist nicht beeinträchtigt. Ein gutes Beispiel ist der Tourette-betroffene amerikanische Basketballstar der NBA Mahmoud Abdul-Rauf, der trotz seiner begleitenden Zwänge hervorragende Leistungen vollbringt.

Wie kann man mit Schulbehörden umgehen?
Anmerkungen eines Vaters
Michael Treffer

Vor Schulbehörden muß man selbstbewußt auftreten; innerlich immer denken, daß die Schulverwaltung für uns da ist, und nicht umgekehrt. Vertreten Sie Ihren Standpunkt klar und deutlich, und lassen Sie sich nicht durch fadenscheinige Argumente von Ihrem Ziel abbringen. Mit gutem Willen geht viel, auch bei den Schulbehörden.

Oft stehen Eltern vor der Frage, welcher Schultyp für ihr Kind der beste ist. Diese Frage kann natürlich nicht pauschal beantwortet werden, die Wahl des Schultyps hängt vielmehr ganz von dem betroffenen Kind ab, ist also völlig individuell zu beantworten. Kann ein Kind aufgrund seiner intellektuellen Fähigkeiten eine weiterführende Schule besuchen (Realschule, Gymnasium), so ergibt sich nur noch die Frage, ob ein Besuch aufgrund der jeweiligen Ausprägung des Tourette-Syndroms sinnvoll und möglich ist. Ist der »Lernstreß« zu bewältigen? Ist es vielleicht besser, erst eine Schule mit etwas weniger Lernanforderungen zu besuchen und dann auf dem zweiten Bildungsweg eine höhere Qualifikation nachzuholen? Das sind Fragen, die jeweils individuell zu beantworten sind. Entweder die Eltern oder das betroffene TS-Kind selbst kann hierzu eine Entscheidung treffen.

Niemand kann Sie zu etwas »zwingen«. Es kann einem Kind aufgrund des TS weder der Besuch einer bestimmten Schule verweigert werden, noch kann einem Kind verweigert werden, eine Förderschule zu besuchen, wenn Eltern das, aus welchem Grund auch immer (das Kind hat beispielsweise aufgrund der Tics bzw. einer eventuell bestehenden ADHS Lernprobleme, aber es liegt keine Intelligenzminderung vor) für angebracht oder besser halten. Versuchen Sie zum Beispiel durch ärztliche Atteste zu erreichen, daß Ihrem Wunsch entsprochen wird. Es gab auch schon Fälle, bei denen betroffene Eltern sich bei einer Verweigerung der Schulbehörde oder Schule Hilfe bei einem Kommunalpolitiker gesucht haben, der dann entsprechenden Einfluß ausgeübt hat.

Bei allem, was man tut, muß man natürlich auch beachten, daß unser Verhalten als Eltern gegenüber den Schulbehörden oder der Schule sicherlich auch Einfluß auf das Verhalten der Schule und der Lehrer unserem Kind gegenüber hat. Trotz festem Standpunkt und logischer Argumentation sollten wir also kooperativ sein. Zeigen Sie Präsenz in der Schule; interessieren Sie sich für die Schule Ihres Kindes und zeigen Sie auch durch entsprechende Unterstützung von Schulaktivitäten, daß Sie auch bereit sind zu geben und nicht nur erwarten, daß man Ihnen und Ihrem Kind Hilfe und Verständnis entgegenbringt. Ein harmonisches Miteinander wird allen Wünschen gerecht werden.

Leider klappt das nicht immer. Manchmal stößt man auf Personen, sei es bei Behörden oder auch innerhalb eines Lehrerkollegiums, die trotz aller Erklärungen und auch kooperativem Verhalten der Eltern und des Kindes dem betroffenen Kind gegenüber ablehnend eingestellt sind. Hier ist dann im Einzelfall zu entscheiden, was am besten zu tun ist. Unter Umständen kann es dann auch einmal besser sein, das Kind von dieser Schule zu nehmen. Es gab Fälle, bei denen dann das Kind auf eine private Schule ging. Unter Umständen wird diese Beschulung durch die Sozialbehörden finanziert, dies muß jedoch im Einzelfall abgeklärt werden.

Sofern eine Benutzung öffentlicher Verkehrsmittel zur Schule aufgrund des TS nicht machbar ist, gibt es die Möglichkeit, das Kind selbst zur Schule zu fahren und wieder abzuholen und dann eine Fahrtkostenerstattung beim Schulamt zu beantragen. Dies mag eventuell von Bundesland zu Bundesland verschieden sein. Informieren Sie sich entsprechend. In einigen Bundesländern wird auch ein Fahrdienst eingesetzt.

In Verbindung mit der Schule stellt sich auch immer wieder die Frage, ob das Umfeld (Mitschüler und Lehrer) über die TS-Erkrankung aufgeklärt werden sollten. Wenn die Tics stärker ausgeprägt sind, ist das sicherlich besser. Die Tourette-Gesellschaft Deutschland kann Ihnen dafür Hilfsmittel zur Verfügung stellen, besonders zu erwähnen ist die »Lehrerbroschüre«. Unter Umständen kann auch ein Videofilm über TS in der Schule gezeigt werden. Sind die Tics nur schwach oder besitzt das betroffene Kind die Fähigkeit, die Tics für einige Stunden vollständig oder fast vollständig zu unterdrücken, so ist die Aufklärung möglicherweise nicht notwendig. Hier müssen die Eltern oder das betroffene Kind entscheiden, welchen Weg (Aufklärung oder nicht) man gehen will. Manche Kinder mit TS wollen nicht, daß andere Kinder etwas über ihre »Krankheit« wissen, beziehungsweise sie stehen selbst nicht dazu.

Viele Jugendliche mit TS wollen eine Berufsausbildung absolvieren. Sofern sich keine Firma findet, die dem betroffenen Jugendlichen einen Ausbildungsplatz anbietet, gibt es die Möglichkeit, die Ausbildung in einem »Jugenddorf« zu absolvieren. Diese Jugenddörfer gibt es im ganzen Bundesgebiet. Auskunft hierüber können Ihnen die zuständigen Arbeitsämter geben.

Für Langzeitarbeitslose, wozu leider auch Menschen mit TS gehören, gibt es Möglichkeiten, über das Arbeitsamt eine Ausbildung oder Weiterbildung finanziert zu bekommen.

Sollte es nötig sein, sich gewisse Rechte zu erkämpfen, so stehen zur Klärung die Sozialgerichte mit ihren entsprechenden Richtern und Rechtspflegern zur Verfügung.

Dürfen Tourette-Betroffene Fahrrad, Mofa und Auto fahren?

Auch gegen das Rad-, Motorrad- und Autofahren bestehen keine grundsätzlichen Einwände. Viele Tourette-Betroffene nehmen seit Jahren ohne Schwierigkeiten am Straßenverkehr teil. Vor dem Ablegen entsprechender Fahrprüfungen empfiehlt es sich, ein ärztliches Zeugnis von dem behandelnden Arzt einzuholen. So können etwaige Schwierigkeiten zumeist im Vorfeld beseitigt werden.

Müssen Tourette-Betroffene zur Bundeswehr?

In den USA ist vom Verteidigungsministerium generell geregelt, daß Tourette-Betroffene keinen Wehrdienst leisten müssen. In Deutschland gibt es bisher keine derartigen Richtlinien. Unter den Tourette-Experten in Deutschland herrscht jedoch Einigkeit, daß auch bei uns kein Wehrdienst geleistet werden sollte (man denke z. B. an Schikanen, an regelmäßige Medikamenteneinnahme oder eine Symptomverschlechterung und damit verbundene geringere Einsatzbereitschaft in Belastungssituationen). Bewährt hat sich zur Zeit die Praxis, daß der Betroffene ein ärztliches Gutachten zur Musterungsuntersuchung vorlegt.

Gilt das Tourette-Syndrom als »Behinderung«?

Auch wenn der Begriff »Behinderung« unschön ist – das Tourette-Syndrom ist rechtlich als »Schwerbehinderung« anerkannt. Betroffene Erwachsene und natürlich auch schon Kinder können daher beim zuständigen Versorgungsamt einen entsprechenden Antrag stellen. In der Regel werden – je nach Symptomausprägung – zwischen 50 und 80 Prozent als Grad der Behinderung anerkannt. Es ist jeweils im Einzelfall zu prüfen, ob ein derartiger Antrag in der jeweiligen Ausbildungs- und Berufssituation vor- oder nachteilig ist.

Welchen Weg geht die zukünftige Forschung zum TS?

Man versucht, die Beziehung zwischen Gehirnfunktion und Verhalten beim TS noch weiter zu erhellen. Dazu werden die modernen bildgebenden Verfahren wie funktionelle Kernspintomographie und topographische Analyse der elektrischen Hirnaktivität genutzt. Man untersucht auch Gehirne verstorbener TS-Patienten. Ferner will man die Frage der Erblichkeit noch besser klären und auch mögliche andere Gründe für TS, zum Beispiel Infektionen, Immunsystemstörungen, prüfen.

Schließlich sollten wir noch mehr über das Selbsterleben der Betroffenen, den Einfluß der Umgebung auf die Tics und deren Entwicklung sowie die Bedeutung von gleichzeitig auftretenden Störungen, etwa ADHS oder Zwanghaftigkeit, für den Verlauf des TS erforschen, um bessere Behandlungsmöglichkeiten anbieten zu können. Ein neues erfolgversprechendes Heilmittel steht immer noch auf der Wunschliste von Patienten und Ärzten.

Wo können Betroffene Hilfe finden?

In der Tourette-Gesellschaft Deutschland e. V. haben sich Betroffene, Fachleute und Interessierte zusammengeschlossen, um gemeinsam folgendes zu erreichen:

- eine schnelle Information über neue Forschungsergebnisse in aller Welt
- eine wirksame Öffentlichkeitsarbeit zum Abbau von Vorurteilen

- Beratung und Hilfe bei Problemen
- Erfahrungsaustausch
- Förderung therapeutischer Möglichkeiten

Tourette-Gesellschaft Deutschland e. V.
c/o Prof. Dr. med. Aribert Rothenberger
Universität Göttingen
Abteilung für Kinder- und
Jugendpsychiatrie – Psychotherapie
Von-Siebold-Str. 5
37075 Göttingen
Telefon: 0551/396727
Fax: 0551/398120
e-mail: *arothen@gwdg.de*
Internet: www.tourette.de

Aribert Rothenberger und Tobias Banaschewski

Fragen und Antworten zur Aufmerksamkeitsdefizit-Hyperaktivitätsstörung (ADHS) im Kindesalter

Was ist ADHS?

Die ADHS (Abkürzung für: Attention Deficit Hyperactivity Disorder, Aufmerksamkeitsdefizit-Hyperaktivitätsstörung) wird auch als Hyperkinetische Störung oder Hyperkinetisches Syndrom bezeichnet. Hauptmerkmale sind Aufmerksamkeitsstörungen (u. a. Mangel an Konzentration sowie vermehrte Ablenkbarkeit), mangelnde Impulskontrolle und eine vermehrte allgemeine motorische Aktivität (Bewegungsunruhe), die dem Alter, dem Entwicklungsstand und der Intelligenz des Kindes nicht angemessen sind.

Die verminderte Aufmerksamkeit vermittelt oft den Eindruck, als sei das Kind desinteressiert, vergeßlich und chaotisch.

Kriterien der Aufmerksamkeitsstörung
- Beachtet häufig wichtige Einzelheiten nicht.
- Hat oft Schwierigkeiten, bei Aufgaben oder Spielen längere Zeit die Aufmerksamkeit aufrechtzuerhalten.
- Scheint häufig nicht zuzuhören, wenn andere ihn oder sie ansprechen.
- Führt häufig Aufträge anderer nicht vollständig durch und kann Schularbeiten, andere Arbeiten oder Pflichten am Arbeitsplatz nicht zu Ende bringen (nicht aufgrund oppositionellen Verhaltens oder Verständnisschwierigkeiten).
- Hat häufig Schwierigkeiten, Aufgaben und Aktivitäten zu organisieren.
- Vermeidet häufig oder hat eine Abneigung gegen oder beschäftigt sich häufig nur widerwillig mit Aufgaben, die län-

gerandauernde geistige Anstrengung erfordern (z. B. Unterricht, Hausaufgaben).
– Verliert häufig Gegenstände, die er oder sie für bestimmte Aufgaben oder Aktivitäten benötigt (z. B. Spielsachen, Hausaufgabenhefte, Stifte, Bücher oder Werkzeug).
– Läßt sich oft durch äußere Reize ablenken.
– Ist bei Alltagstätigkeiten häufig vergeßlich.

Durch die motorische Hyperaktivität wirkt das Kind ruhelos; hyperaktive Kinder springen herum, lärmen, zappeln, stören andere und in der Schule den Unterricht und können sich nicht an Verhaltensregeln halten. Manchmal sind sie im Umgang mit anderen auch albernd oder kaspernd (Klassenclown).

Kriterien der Überaktivität
– Zappelt häufig mit Händen oder Füßen oder rutscht auf dem Stuhl herum.
– Steht (oft) im Unterricht oder in anderen Situationen auf, in denen Sitzenbleiben erwartet wird.
– Läuft häufig herum oder klettert exzessiv in Situationen, in denen dies unpassend ist.
– Hat häufig Schwierigkeiten, ruhig zu spielen oder sich mit Freizeitaktivitäten ruhig zu beschäftigen.
– Zeigt eine exzessive motorische Aktivität, die durch die soziale Umgebung oder durch Aufforderungen nicht durchgreifend beeinflußbar ist (ist häufig auf Achse oder handelt oftmals, als wäre er oder sie »getrieben«).

Impulsivität zeigt sich in voreiligem Handeln, flüchtigem Arbeiten und raschen Stimmungswechseln. Das Kind handelt, bevor es denkt. Mitunter wirkt es jähzornig.

Kriterien der Impulsivität
– Macht oft Flüchtigkeitsfehler bei den Schularbeiten, bei der Arbeit oder bei anderen Tätigkeiten.
– Platzt häufig mit der Antwort heraus, bevor die Frage zu Ende gestellt ist.

- Kann häufig nur schwer warten, bis er oder sie an der Reihe ist (bei Spielen oder in Gruppensituationen)
- Unterbricht häufig oder stört andere häufig (z. B. platzt in die Unterhaltung oder Spiele anderer hinein).
- Redet häufig übermäßig viel (ohne angemessen auf soziale Beschränkungen zu reagieren).
- Wird plötzlich wütend oder traurig, ohne daß die Umgebung einen ersichtlichen Grund dafür finden kann.

Was bedeuten die Bezeichnungen HKS, ADHD, ADHS, ADS?

HKS steht für hyperkinetische Störung (Aufmerksamkeits- und Aktivitätsstörung), deren Hauptmerkmale in Aufmerksamkeitsstörung, motorischer Überaktivität und vermehrter Impulsivität bestehen. Mit ADHD/ADHS wird im wesentlichen das gleiche Störungsbild bezeichnet. Der Begriff ADS (für Aufmerksamkeitsdefizitsyndrom) umfaßt dagegen nicht nur Kinder, die ein hyperkinetische Störung haben, sondern auch Kinder, die unter einer reinen Aufmerksamkeitsschwäche ohne Bewegungsunruhe und ohne mangelnde Impulskontrolle leiden.

Wie häufig ist eine ADHS?

Etwa drei bis fünf Prozent aller Kinder zeigen eine ADHS, deren Schweregrad sehr unterschiedlich ausgeprägt sein kann. Jungen sind weit häufiger betroffen als Mädchen.

Wann tritt eine ADHS in Erscheinung?

Eine ADHS kann in der Regel schon während der Kindergartenzeit beobachtet werden. Die hauptsächlichen Auswirkungen werden sichtbar, wenn Stillsitzen, Aufmerksamkeit und sozial angepaßtes Gruppenverhalten gefordert werden (z. B. Stuhlkreis, Gruppenarbeiten).

Welche Folgen kann eine unbehandelte ADHS haben?

Kinder mit Hyperaktivität und Aufmerksamkeitsstörungen sind in ihrer psychischen, schulischen, beruflichen und sozialen Entwicklung erheblich gefährdet. Wenn die ADHS nicht ausreichend behandelt wird, kann es aufgrund der Symptome (Aufmerksamkeitsschwierigkeiten, Impulsivität) trotz guter Begabung zu erheblichen Schulschwierigkeiten und schließlich zu Schulversagen kommen.

Auch die Beziehungen zu anderen Kindern können erheblich beeinträchtigt sein. Oft sind die Kontakte sprunghaft und oberflächlich, echte Freundschaften werden wenig gepflegt. Von Gleichaltrigen werden die Kinder aufgrund ihres unruhigen, impulsiven, unberechenbaren, chaotischen und mitunter dominanten und aggressiven Verhaltens häufig abgelehnt und ausgegrenzt.

Ausgrenzung und beständige schulische Mißerfolge können wiederum zu einem verminderten Selbstvertrauen und Selbstwertgefühl, Ängsten, gereizt-niedergedrückten Verstimmungen, Mißerfolgsorientierung und einem Interessenverlust führen, so daß die Leistungsfähigkeit weiter abnimmt und sich eine generelle Leistungsverweigerung sowie vermehrt trotziges Verhalten einstellt. Um dennoch Anerkennung zu finden, werden manche hyperkinetischen Kinder zum Klassenclown.

Zu den unerwünschten sekundären Beeinträchtigungen können aber auch neben der ADHS gleichzeitig bestehende kinderpsychiatrische Störungen (z. B. Lese-Rechtschreibschwäche) beitragen, die sich bei Kindern mit ADHS gehäuft finden.

In der Grundschulzeit sind die Kinder gefährdet, häufiger in Raufereien und Unfälle verwickelt zu werden sowie schlechtere Schulleistungen zu erbringen als ihre Mitschüler. Im Jugendalter besteht erhöhte Gefahr schlechten Betragens, des Drogen- und Alkoholmißbrauchs, von niedrigen Schulabschlüssen und Lehrstellenproblemen sowie oft die Bereitschaft zu risikoreichen, wenig geplanten Unternehmungen bei geringer Fähigkeit zur realen Gefahrenabschätzung, oft verbunden mit scheinbarer Furchtlosigkeit. Etwa zwanzig bis fünfundzwanzig Prozent der

ADHS-Kinder tragen das Vollbild ihrer Störung in das Erwachsenenalter hinein. Weniger ausgeprägte Symptome finden sich bei bis zu 65 Prozent der Erwachsenen.

Woher kommt die Störung?

Noch sind die Ursachen der Störung nicht vollständig geklärt. Es ist davon auszugehen, daß es sich in erster Linie um eine biologisch bedingte Störung handelt, bei der fehlerhafte Abläufe im Bereich chemischer Überträgerstoffe des Gehirns beteiligt sind, die die Verhaltenssteuerung betreffen. Insbesondere scheinen Defizite im Bereich des Frontalhirns (vordere Hirnbereiche) und seiner Verbindungen, denen im Rahmen der Selbststeuerung wichtige Aufgaben zukommen, gegeben zu sein. Dabei ist zum Beispiel der Ablauf der Informationsverarbeitung bei Testaufgaben gestört und führt zu verminderten Leistungen oder muß mit Mehraufwand kompensiert werden.

Als gesichert gilt, daß Erbfaktoren bei einem großen Teil der Kinder eine Rolle spielen und dann etwa 80 Prozent der Symptomatik erklären. Kinder mit ADHS haben ungefähr viermal häufiger Geschwister, Eltern oder andere Verwandte mit ADHS als gesunde Kinder. Sehr wahrscheinlich gibt es nicht ein einzelnes vererbbares Gen. Vielmehr scheint es so zu sein, daß verschiedene Gene an der erblichen Neigung zu einer ADHS beteiligt sind. Durch die Wechselwirkung dieser Gene mit anderen Faktoren, zum Beispiel Umwelteinflüssen wie Infektionen, allgemeiner Hirnreifung, Ernährung und so weiter, wird die Verschiedenartigkeit der Ausprägung der Symptomatik bei den Betroffenen bewirkt. Dies bedeutet, daß eine erbliche Neigung nicht ohne weiteres zu einer ADHS führt. Etwa 40 Prozent der Kinder mit einer entsprechenden genetischen Disposition zeigen die klinische Symptomatik, aber nur 2 Prozent der Kinder ohne eine entsprechende genetische Disposition. Bei einigen Kindern mit ADHS scheinen Schädigungen während der Schwangerschaft durch Alkohol und Nikotin beteiligt zu sein, auch können Infektionen eine gewisse Rolle spielen.

Eine fehlerhafte Erziehung kann die Symptome verstärken, ist aber nicht die Ursache der Erkrankung.

Die Bedeutung von Allergien als Ursache der ADHS konnte in wissenschaftlichen Untersuchungen bislang nicht nachgewiesen werden. Allerdings kann auch die Allergie selbst zu vermehrter Unruhe und Reizbarkeit führen (z. B. durch den Juckreiz). Bestimmte Arten der Nahrungsmittelunverträglichkeit kommen bei einigen betroffenen Kindern vor.

Welche begleitenden Störungen treten bei Kindern mit ADHS gehäuft auf?

Die ADHS tritt häufiger gemeinsam mit Störungen des Sozialverhaltens (z. B. Lügen, Stehlen, Weglaufen, aggressives Verhalten, Schuleschwänzen), einer Teilleistungsstörung (z. B. Lese-Rechtschreibschwäche, Rechenschwäche), einer Angststörung, einer depressiven Verstimmung oder einer Tic-Störung auf. Es ist aber auch bekannt, daß Kinder mit ADHS vermehrt zu rigiden, zwanghaften Verhaltensweisen neigen.

Hat mein Kind eine ADHS?

Alle Kinder können für eine gewisse Zeit überaktiv, unaufmerksam und impulsiv sein. Wenn das Kind regelmäßig im Vergleich zu Kindern gleichen Alters unkonzentriert und vergeßlich, unruhig und impulsiv ist, sollte es von einem Kinder- und Jugendpsychiater daraufhin untersucht werden, ob die Symptome durch eine ADHS bedingt sind.

Unruhezustände können auch bei schulischer Unter- oder Überforderung auftreten. Die Verhaltensmerkmale können aber auch Symptome einer körperlichen Erkrankung sein. Auch Ängste, Depressionen, emotionale Spannungszustände und verschiedene andere psychiatrische Erkrankungen können mit Unruhe einhergehen. Ebenso kann die Unruhe Folge einer körperlichen Erkrankung oder die Nebenwirkung verschiedener Medikamente sein. Auch psychosoziale Belastungen können zu vermehrter Unruhe und Konzentrationsstörungen führen.

Welche Untersuchungen sind notwendig?

Zur Diagnosestellung ist eine umfassende Untersuchung des Kindes notwendig, um andere Ursachen auszuschließen. Die Untersuchung sollte eine Einschätzung der geistigen Leistungsfähigkeit, des sozialen und seelischen Entwicklungsstandes sowie der psychosozialen Lebensbedingungen beinhalten. Auch sollte eine körperliche Untersuchung des Kindes erfolgen. Dabei ist auch die Ableitung der elektrischen Hirnaktivität (EEG) wichtig, um den Entwicklungsstand der Hirnreifung einzuschätzen. Kinder mit einer ADHS erreichen wegen einer Entwicklungsverzögerung die hirnelektrische Grundreifung ihrer Altersgenossen erst mit etwa dreizehn bis vierzehn Jahren, weisen aber danach oft noch Zeichen einer hirnelektrischen Entwicklungsabweichung auf, das heißt, sie müssen ihre Gehirnaktivität vielfach anders als Gesunde organisieren und stärker mobilisieren, um zu ähnlichen Leistungen zu kommen.

Die ärztliche Diagnose stützt sich auf verschiedene Informationsquellen (Eltern, Kindergarten, Schule, eigene Beobachtungen), da die Symptome in verschiedenen Lebensbereichen und Lebensaltern unterschiedlich ausgeprägt sein können.

Bleiben zusätzliche Auffälligkeiten (z. B. Störungen des Sozialverhaltens), umschriebene Entwicklungsstörungen (z. B. der Sprache, des Lesens, der Rechtschreibung oder des Rechnens), oder Anpassungsstörungen auf aktuelle Lebensereignisse unbeachtet, so besteht die Gefahr, daß die Behandlung unzureichend und erfolglos bleibt.

Welche Behandlungen der ADHS gibt es?

Zur Behandlung der ADHS gibt es zwar allgemeine Regeln, dennoch müssen die Therapiemaßnahmen auf das jeweilige

Kind, die Ausprägung seiner Symptomatik und die zusätzlich bestehenden Begleitstörungen abgestimmt sein. Wichtig ist, daß die Behandlung frühzeitig erfolgt, um das Auftreten zusätzlicher Störungen zu verhindern und die schulische, soziale und seelische Entwicklung der Kinder nicht weiter zu gefährden.

Die Behandlung besteht üblicherweise in der Kombination von Medikamentengabe, Verhaltenstherapie und pädagogischen Maßnahmen sowie einer Beratung von Kind, Eltern und weiteren Bezugspersonen (z. B. Kindergarten, Schule), wobei der medikamentösen Therapie ein besonderer Stellenwert zukommt. In erster Linie werden Stimulantien (Methylphenidat, Amphetaminsulfat) eingesetzt.

Die Erzieher im Kindergarten und die Lehrer sollten vom Arzt und den Eltern über die Erkrankung aufgeklärt werden, um sich optimal auf die Besonderheiten dieser Kinder einzustellen.

Was sind stimulierende Medikamente?

Methylphenidat ist das weltweit am häufigsten eingesetzte Medikament zur Behandlung der ADHS. Daneben gibt es noch D-Amphetamin (muß als Amphetaminsulfat-Saft vom Apotheker hergerichtet werden). Gelegentlich werden jedoch auch andere Substanzen (z. B. Antidepressiva) zur Behandlung eingesetzt.

Die Medikamente helfen, sowohl Aufmerksamkeit und motorische Unruhe als auch die Impulskontrolle zu verbessern. Die Lesbarkeit der Handschrift und das Zuendeführen von Schul- und Hausarbeiten können dadurch ebenfalls verbessert werden. Aggressivität und Eigensinn kann bei Kindern mit ADHS gemindert werden. Die Medikamente unterstützen die erzieherischen und therapeutischen Bemühungen, indem sie das Kind in die Lage versetzen, sein Verhalten genauer und flexibler zu organisieren, angemessener mit seiner Umwelt in Kontakt zu treten und altersentsprechende Entwicklungsaufgaben besser zu bewältigen.

Etwa achtzig Prozent der Kinder mit einer ADHS sprechen

positiv auf eine Stimulantientherapie an. Die generelle Wirksamkeit sowie das genaue Ausmaß des Erfolges ist aber im Einzelfall nicht vorherzusagen. Stimulantien sind keine Beruhigungsmittel und auch keine »Lernpillen«; sie machen hyperaktive Kinder auch nicht abhängig. Denn sie bewirken bei Kindern – im Gegensatz zu Erwachsenen – keine Hochstimmung, so daß dieser Risikofaktor hinsichtlich eines Substanzmißbrauchs wegfällt. Zudem ist eventueller späterer Substanzmißbrauch von Kindern mit ADHS sehr eng mit begleitenden Störungen des Sozialverhaltens verknüpft – und nicht mit der Substanzwirkung an sich. ADHS-Kinder werden seit über sechzig Jahren mit Stimulantien behandelt, und bei bestimmungsgemäßem Gebrauch ist noch kein einziger Fall von Abhängigkeit aufgetreten. Die Medikamente führen auch nicht zum Konsum illegaler Drogen oder zur Drogensucht. Im Gegenteil, denn medikamentös unbehandelte Kinder mit ADHS tragen ein erhöhtes Risiko in sich, alkohol- und drogenabhängig zu werden.

Wodurch wirken Stimulantien?

Auf den ersten Blick erscheint es unsinnig, daß Kinder, die ohnehin unruhig und zappelig sind, mit Medikamenten behandelt werden, die anregend (stimulierend) wirken. Tatsächlich sind hyperaktive Kinder aber unkonzentriert, impulsiv und unruhig, weil bestimmte Regelsysteme des Gehirns nicht zielgerichtet genug arbeiten.

Stimulantien heilen wahrscheinlich nicht, sondern sorgen für einen ausgeglichenen Hirnstoffwechsel der für die zentralnervöse Informationsverarbeitung und -steuerung verantwortlichen Überträgerstoffe. Damit ermöglichen die Medikamente den Kindern, alterstypische Anforderungen besser zu bewältigen und im schulischen und sozialen Bereich altersentsprechende adäquate Lernerfahrungen zu machen, die für eine positive Leistungs- und Persönlichkeitsentwicklung wichtig sind.

Wie lange dauert es bis zum Wirkungseintritt, und wie lange hält die Medikamentenwirkung an?

Methylphenidat und Amphetaminsulfat wirken nach etwa einer Stunde für drei bis vier Stunden. Verzögert wirksames Ritalin (S-R) ist in Deutschland nicht verfügbar, aber in den USA.

Welche Nebenwirkungen können diese Medikamente haben?

Jedes Medikament kann Nebenwirkungen haben, einschließlich allergischer Reaktionen. Da jeder Patient anders reagiert, wird Ihr Arzt mit Ihnen daran arbeiten, die positivste Wirkung mit den geringsten Nebenwirkungen zu verbinden. Diese Auflistung enthält nicht alle möglichen Nebenwirkungen, vor allem keine seltenen oder ungewöhnlichen. Bitte sprechen Sie mit Ihrem Arzt, wenn Sie den Eindruck haben, daß das Medikament Probleme hervorruft.

In der Regel wird die medikamentöse Therapie mit Stimulantien von den Kindern gut vertragen. Treten Nebenwirkungen auf, sind sie zumeist nur kurzfristig (weniger als zwei Wochen andauernd).

Die häufigsten Nebenwirkungen sind eine Appetitminderung und Einschlafstörungen. Daher sollten Sie für ein gutes Frühstück und gegebenenfalls Zwischenmahlzeiten am Nachmittag und am Abend sorgen; verabreichen Sie die Medikamente lieber während der Mahlzeit und nicht vorher. Einschlafstörungen können durch eine tageszeitlich entsprechend frühe Gabe deutlich vermindert werden.

Selten kann es dosisabhängig zum Auftreten von einer depressiven (traurigen) bis unleidlichen Verstimmung oder Tics (unwillkürliche Muskelzuckungen, wie Blinzeln, Grimassieren, und unwillkürliche Lautäußerungen, wie Räuspern, Schniefen, Husten) kommen. Es kann aber auch vorkommen, daß Tics durch Stimulantien gelindert werden. Selten werden leichte Blutdrucksteigerungen oder beschleunigter Herzschlag beobachtet.

Weitere unspezifische Nebenwirkungen, die auch unter Placebo (Leersubstanzen) zu beobachten sind, können in leichter Übelkeit, Magenschmerzen, Kopfschmerzen und Benommenheit bestehen.

Wenn die Medikamentenwirkung nachläßt, können Hyperaktivität und Übellaunigkeit manchmal schlimmer sein als vor der Medikamentengabe. Das wird »Rückprall« genannt. Der Arzt kann die Dosierung sowie die Verteilung des Medikaments über den Tag verändern, um das Problem zu beheben.

Die Nebenwirkungen können einen Verzicht auf die Stimulantienmedikation erforderlich machen. Gefährliche Nebenwirkungen, die auch nach Absetzen der Medikation bestehen bleiben, sind nicht bekannt.

Die Dosierungen im Rahmen des Tourette-Syndroms hängen von verschiedenen Faktoren ab (z. B. andere Medikamente) und müssen vom Arzt im Einzelfall bestimmt werden.

Beeinflussen Stimulantien das Größenwachstum?

Neuere Untersuchungen haben ergeben, daß ADHS-Kinder – unabhängig davon, ob sie Medikamente bekommen oder nicht – oft eine verminderte Wachstumsgeschwindigkeit zeigen. Alle Kinder erreichen aber im Heranwachsendenalter eine normale Endgröße. Regelmäßige Kontrollen der Körperlänge sind angezeigt, um die Entwicklung abschätzen zu können.

Welche ärztlichen Kontrollen sind erforderlich?

Regelmäßig zu kontrollieren sind Größe, Gewicht, Puls und Blutdruck, die allgemeine Verhaltensentwicklung (z. B. Auftreten von Tics) sowie die emotionale Befindlichkeit. Dazu benötigt der Arzt auch regelmäßige Berichte vom Lehrer Ihres Kindes. Eine Labordiagnostik (Differentialblutbild, Leber- und Nierenfunktionswerte) sollte ebenso wie die Ableitung eines EKGs und eines Ruhe-EEGs vor Behandlungsbeginn erfolgen.

Wie lange muß das Kind eine wirksame Medikation nehmen?

Da die ADHS chronisch verläuft, erfolgt die Behandlung in der Regel langfristig. Zunächst sollte das Medikament ein Jahr lang eingenommen werden. Dann kann überlegt werden, ob die Dosis (bei verbesserter Symptomatik) eventuell vermindert werden kann oder ob das Kind (trotz noch vorhandener Symptome) in der Lage ist, mit seinen Beeinträchtigungen so umzugehen, daß auf eine weitere medikamentöse Behandlung verzichtet werden kann. Viele Kinder müssen das Medikament bis etwa zum vierzehnten/fünfzehnten Lebensjahr, einige sogar auch bis in das Erwachsenenalter hinein nehmen. Hier spielt offenbar eine wesentliche Rolle, welche Ressourcen aufgrund der Wechselwirkung zwischen spontaner Hirnreifung und der Modifikation durch Umgebungsfaktoren nach und nach zur Verfügung stehen.

Kann man am Wochenende oder in den Ferien mit Stimulantien pausieren?

Die Medikamente sind nicht für den Schulerfolg gedacht, sondern sollen dem Kind eine bessere Auseinandersetzung mit der Umwelt und sich selbst ermöglichen. Lernen geschieht nicht nur in der Schule, sondern auch in der Familie und auf dem Spielplatz. Auch außerhalb der Schule leiden die Kinder unter ihren Symptomen und sind in ihrer Entwicklung gefährdet. In Abhängigkeit von der Ausprägung der Symptomatik kann nach ärztlicher Absprache eventuell in den großen Ferien mit der Medikamenteneinnahme pausiert werden, wenn die Anforderungen an die psychosozialen Kompetenzen des Kindes vermindert werden.

Was kann passieren, wenn die Medikamente plötzlich abgesetzt werden?

Es treten dann keine wesentlichen medizinischen Probleme auf. Einige Jugendliche empfinden Reizbarkeit, haben Schlafstörungen oder zeigen für einen oder zwei Tage verstärkte Hyperaktivität, wenn sie über lange Zeit die Medikamente täglich genommen haben, vor allem bei über dem Durchschnitt liegender Dosierung. Daher ist es besser, die Medikamente nach und nach, etwa über einige Wochen hinweg zu reduzieren.

Warum werden diese Medikamente auf einem Betäubungsmittelrezept verschrieben?

Methylphenidat und Amphetamin können nur mittels Betäubungsmittelrezept (BTM-Rezept) verordnet werden. In Drogenkreisen werden Stimulantien gelegentlich zusätzlich mit anderen Mitteln mißbraucht, allerdings in wesentlich höherer Dosierung als bei der Behandlung hyperaktiver Kinder. Um einen Mißbrauch zu verhindern, müssen daher registrierte und kontrollierbare Rezepte eingesetzt werden.

Was sollte ich noch über Stimulantien wissen?

Viele Menschen sind über diese Medikamente falsch informiert. Sollten Sie irgendetwas hören, das Sie beunruhigt, sprechen Sie mit Ihrem Arzt darüber.

Wenn die Medikamentenwirkung nachzulassen scheint, kann es daran liegen, daß das Medikament nicht regelmäßig eingenommen wird (vor allem in der Schule), weil Ihr Kind zugenommen hat und eine höhere Dosis benötigt oder weil etwas in der Schule, zu Hause oder in der Nachbarschaft Ihr Kind derart aufregt, daß die Unterstützung durch das Medikament allein nicht ausreicht. Bitte besprechen Sie Ihre Sorgen mit dem Arzt.

Stimulantien sollten nicht zusammen mit Mitteln zur Abschwellung der Nasenschleimhaut (Medikamente, die Pseudoephedrin oder verwandte Wirkstoffe enthalten) eingenommen werden, weil es dadurch zu einer Pulsbeschleunigung oder erhöhtem Blutdruck kommen kann. Wenn der Schnupfen sehr stark ist, sollte besser ein Nasenspray verwendet werden. Sprechen Sie mit dem Apotheker, bevor sie ein nicht rezeptpflichtiges Medikament verabreichen. Viele Kinder mit ADHS werden durch die Gabe von Antihistaminen (z. B. zur Beruhigung oder gegen Allergien) wunderlich oder hyperaktiv. Wenn ein Medikament zur Heilung einer Allergie benötigt wird, bitten Sie um ein Antihistamin, das nicht im Gehirn wirkt.

Welche medikamentösen Alternativen gibt es?

Stimulantien sind nur bei etwa achtzig Prozent der Kinder mit einem ADHS wirksam. In Abhängigkeit vom Ansprechen der Patienten oder dem Vorliegen begleitender Störungen wird das ADHS auch mit verschiedenen Antidepressiva (z. B. Imipramin, Desipramin) und Antihypertensiva (z. B. Clonidin) sowie manchmal mit Pipamperon behandelt.

Welche nicht-medikamentösen Behandlungsverfahren gibt es?

Die Medikation mit Stimulantien ist bei ADHS zwar die erfolgversprechendste, aber nicht die einzige Behandlungsmöglichkeit. Medikamente wirken oft am besten, wenn sie mit einer speziellen Förderung in der Schule und dem Erlernen von Verhaltensänderungen in der Schule und zu Hause verbunden werden. Einige Kinder und Familien profitieren in gewissen Problembereichen auch von einer Einzel-, Familien- oder Gruppenpsychotherapie oder von Psychomotorik beziehungsweise kognitivem Training. Wenn die Stimulantienmedikation nicht hilft oder zu unerwünschten Nebenwirkungen führt, können Sie mit dem Arzt andere Behandlungsmöglichkeiten besprechen.

Es gibt allerdings auch verschiedene Behandlungsverfahren, deren Wirksamkeit wissenschaftlich bislang nicht nachgewiesen wurde; fragen Sie als Eltern daher nach, was über die Wirksamkeit der vorgeschlagenen Therapie bekannt und wissenschaftlich erwiesen ist.

Im Rahmen eines Verhaltensplans können die problematischsten Verhaltensweisen systematisch und wirkungsvoll durch den Einsatz verhaltenstherapeutischer Prinzipien (z. B. »positive Verstärkung« = Lob, Zuwendung, Belohnung erwünschten Verhaltens; »Löschung« = fehlende Belohnung unerwünschten Verhaltens) geändert werden. Wichtig ist dabei, das Problemverhalten genau einzugrenzen und zu beschreiben und auf das erwünschte und das unerwünschte Verhalten entsprechend dem mit dem Kind gemeinsam festgelegten Verhaltensplan klar, stetig, unmittelbar und geduldig zu reagieren. Zunächst sollten kleine, erreichbare Ziele formuliert werden, so daß das Kind trotz seiner Verhaltensauffälligkeiten Erfolge erreichen kann. Belohnungen sollten angemessen und realisierbar sein und sich auf einen für das Kind überschaubaren Zeitrahmen beziehen.

Hilft eine Diät?

Nur sehr wenige Kinder scheinen von einer Diät einen Nutzen zu haben, so daß eine allgemeingültige Empfehlung für eine Diät nicht gegeben werden kann. Bei einigen Diätformen besteht auch die Gefahr des Vitaminmangels und der Mangelernährung. Zudem ist der große zeitliche, finanzielle und organisatorische Aufwand nicht zu unterschätzen.

Wie können Sie als Eltern Ihre Kinder unterstützen?

Um zu lernen, wie Sie Ihr Kind dabei wirkungsvoll unterstützen können, daß es erwünschtes Verhalten zeigen und unerwünschtes Verhalten vermeiden kann, ist es auch wichtig, daß Sie lernen, wieder positive Verhaltensweisen und Eigenschaften Ihres

Kindes zu sehen und über mögliche Hilfen innerhalb und außerhalb der Familie nachzudenken.

In einer Elternberatung sollte mit Ihnen besprochen werden, wie Sie durch individuelle Belohnungen und deren richtigen Einsatz, aber auch durch Grenzsetzungen und klare Anweisungen, vor allem aber durch ein zwar liebevolles, aber konsequentes eigenes Handeln helfen können, das Verhalten ihres Kindes zu verbessern.

Kindern mit ADHS fällt es schwer, sich bei wechselnden Verhaltenserwartungen und in uneindeutigen Situationen flexibel auf die Erwartungen der anderen einzustellen. Ihnen nützt es, wenn sie möglichst klar wissen, was sie tun dürfen und lassen sollen. Geben Sie dem Kind daher möglichst klare, eindeutige und widerspruchsfreie Anweisungen, Verhaltensregeln und Grenzsetzungen, am besten in einer entsprechend geformten familiären Gesamtsituation, wo alle »an einem Strang ziehen«.

Als besonders günstig hat sich erwiesen, wenn erwünschtes Verhalten angemessen belohnt wird und die Kinder für die Folgen unerwünschten Verhaltens auch altersentsprechend einzustehen haben, beispielsweise durch den zeitlich befristeten Verlust bestimmter Vergünstigungen.

Versuchen Sie Ihr Kind anzuleiten, wie es Freunde finden und gemeinsam mit anderen spielen kann. Dabei lernt das Kind auch aus dem Beispiel der Erwachsenen.

Fördern Sie die Stärken des Kindes, etwa sportliche, handwerkliche Interessen, den Umgang mit dem Computer, um sein Selbstwertgefühl und sein Selbstvertrauen zu verbessern und so Mut für weitere Anstrengungen auf psychosozialen Übungsfeldern zu gewinnen.

In eskalierten Situationen hilft es, wenn das Kind die Situation für eine gewisse Zeit (z. B. 15 Minuten) verläßt und beispielsweise in sein Zimmer geschickt wird (sogenannte Auszeit); unmittelbar danach sollte aber wieder der gemeinsame Anknüpfungspunkt gesucht werden.

Durchgängig negative Rückmeldung kann das Selbstwertgefühl des Kindes dauerhaft beeinträchtigen. Geben Sie dem Kind daher möglichst täglich einen bestimmten Zeitraum, in dem Sie mit ihm gemeinsam Dinge in einer angenehmen Atmosphäre tun, beispielsweise spielen, etwas vorlesen und ähnliches.

Das Einüben neuer Verhaltensweisen kann auch in sogenannten Elterntrainingsgruppen geschehen. Dabei lernen Sie, wie Sie Ihrem Kind wirkungsvolle Aufforderungen geben können, Probleme bei der Hausaufgabensituation bewältigen können und wie Sie bei unerwünschtem Verhalten Ihres Kindes Einfluß nehmen können. Solche Elterntrainingsgruppen dauern in der Regel etwa zehn Abende. Ausführlichere Beschreibungen entsprechender verhaltenstherapeutisch begründeter Erziehungsmaßnahmen sind auch in Buchform erschienen (siehe unter »Literaturhinweis«).

Wie können die Lehrer im Schulunterricht helfen?
(siehe auch Fragen und Antworten zum Tourette-Syndrom)

Kinder mit ADHS kommen deutlich besser in Kleingruppen als im großen Klassenverband zurecht, weil sie sich in letzterem nicht ausreichend selbst organisieren und fokussieren können. Im Schulunterricht sollte das Kind daher nach Möglichkeit nicht in die letzte Reihe, sondern nach vorn, in die Nähe des Lehrers gesetzt werden, um Ablenkung und chaotische Tendenzen zu reduzieren. Auch sollte das Kind so gut wie möglich in den Klassenverband integriert werden und daher möglichst nicht allein in einer Bank sitzen. Mitschüler sollten ermuntert werden, wenn sie sich darum bemühen, das Kind an Gemeinschaftserlebnissen teilhaben zu lassen. Interessen und Begabungen des Kindes, auch im außerschulischen Bereich, sollten gefördert und anerkannt werden, um das häufig beeinträchtigte Selbstwertgefühl zu verbessern. Aufgrund der oft erniedrigten Frustrationstoleranz sind stark leistungsorientierte Wettkampfsituationen für das Kind eher weniger geeignet als kooperative Situationen.

Positive Rückmeldungen in Form von Lob und Anerkennung für erwünschtes Verhalten helfen langfristig wirkungsvoller, Störverhalten zu reduzieren, als Tadel und Kritik unerwünschten Verhaltens, da das Kind häufig bereits gelernt hat, daß es kaum positive Rückmeldungen erfährt, und gegenüber Tadel eher stumpf wird. Kurze und vor allem klare, eindeutige Rückmeldungen und Anweisungen sind hilfreich, da es dem hyperaktiven Kind oft schwerer fällt, sich auf flexible Grenzsetzungen und Anweisungen einzustellen. In Störsituationen kann es auch sinnvoll sein, wenn das Kind den Klassenraum für eine Zeit verläßt, falls entsprechende Aufsichtsmöglichkeiten vorhanden sind.

Welche Ziele hat die Forschung in den nächsten Jahren?

Neben der weiteren Aufklärung des genetischen Hintergrunds und seiner Beziehung zu den gestörten Hirn- und Verhaltensfunktionen wird intensiv nach verbesserten Behandlungsmöglichkeiten (medikamentös und nicht-medikamentös) gesucht. Dabei wird der Frage eine besondere Bedeutung zukommen, wie ADHS sich im Kontext begleitender kinderpsychiatrischer Störungen darstellt. Schließlich steht ADHS entlang der Lebenslinie im Blickpunkt und wird zunehmend als Problem im Erwachsenenalter erkannt. Längsschnittbeobachtungen und eventuelle Vorbeugungsprogramme stehen ebenfalls zur Erforschung an.

Wo kann ich mich als Betroffener weiter informieren?

Bundesverband der Elterninitiativen
zur Förderung hyperaktiver Kinder
Ehepaar Braun
Postfach 60
91291 Forchheim
Tel./Fax: 09191/34874
Internet: *http://www.osn.de/user/hunter/badd.htm*
e-mail: 0919134874@t-online.de

Aribert Rothenberger, Manfred Döpfner und
Gunther H. Moll

Fragen und Antworten zu Zwangsstörungen bei Kindern und Jugendlichen

Zwangsverhalten: Was ist noch »normal«?

Viele Kinder und Jugendliche entwickeln vorübergehende, harmlose Formen von Zwangsverhalten. Sie hüten sich vor »Unglückszahlen« oder betreten eine bestimmte Treppenstufe nicht gern, weil sie die Sorge damit verbinden, daß dann möglicherweise ein Unglück eintreten könne. Andere Kinder wiederholen besonders oft Fragen zu Sachverhalten, die für sie neu sind. Sie kommen von Bettgehritualen nicht los, wiederholen Spielabläufe immer wieder auf die gleiche Weise oder malen immer wieder ein gleiches Bild. Manche Kinder oder Jugendliche schätzen besonders Ordnung und Sauberkeit im Haushalt oder kontrollieren mehrfach, ob ihre Arbeitsmaterialien für die Schule vollständig sind. Solche Phänomene sind meist vorübergehend und behindern das Kind und den Jugendlichen im Alltag kaum, helfen oft sogar, sich in neuen Lebensphasen rasch und besser zurechtzufinden. Danach läßt das zwanghafte Verhalten wieder nach.

Was sind Zwangsstörungen?

Kinder und Jugendliche mit Zwangsstörungen leiden an einer extremen Steigerung derartiger Gedanken oder Handlungen. Diesen kann nicht immer erfolgreich Widerstand entgegengesetzt werden, sie sind zeitraubend und für die Bewältigung von Alltagsaufgaben hinderlich sowie oft mit großem Leidensdruck verbunden: Sinnlose Gedanken tauchen aus heiterem Himmel auf, gehen immer und immer wieder durch den Kopf. Bestimmte Handlungen müssen immer und immer wieder ausgeführt werden. Manche erleben die quälenden Gedanken – simple

Zahlenreihen oder einen bestimmten Satz – als sinnlos; andere kommen von sehr belastenden Ideen nicht los (»ich habe gerade einen Menschen umgebracht«). Einige Kinder und Jugendliche müssen zehn-, zwanzig-, hundertmal kontrollieren, ob Türen geschlossen, Lichtschalter oder Geräte ausgeschaltet oder ob eigene Tätigkeiten auch tatsächlich zu Ende gebracht worden sind. Andere verbringen Stunden, um überflüssige Symmetrien in ihrer Umgebung herzustellen – Schnürsenkel müssen gleichlang gebunden sein, die einzelnen Haare der Augenbrauen parallel zueinander, der Scheitel genau in der Mitte liegen. Am häufigsten leiden die Kinder und Jugendlichen unter dem inneren Drang (Zwangsimpuls), sich immer und immer wieder waschen zu müssen. Diesen Problemen ist ein Grundthema gemeinsam: Du kannst und darfst deinem eigenen gesunden Menschenverstand (der dir sagt, daß die Tür verschlossen ist) oder deinen fünf Sinnen (die keinen Schmutz erkennen können) nicht trauen. Obwohl du weißt, daß du nichts Gefährliches unternommen hast, mußt du doch nochmals kontrollieren oder Zahlenreihen in Gedanken wiederholen. Du kannst den Impuls, dich waschen zu müssen, nicht verdrängen; er kommt immer wieder, und du beginnst an dir selbst zu zweifeln: »Bin ich mir wirklich sicher? Ich fühle, daß irgendetwas nicht stimmt!« Allen Ausdrucksformen dieser Störung liegt eine kaum nachvollziehbare Intensität des Drangs, zum Beispiel sich waschen oder etwas kontrollieren zu müssen, oder die Übermacht eines bestimmten Gedankens zugrunde: »Wenn der Gedanke kommt, wird alles, aber auch alles in meinem Leben zurückgedrängt, er besetzt mich voll und ganz.«

Was sind Zwangsgedanken?

Zwangsgedanken sind ständig wiederkehrende Ideen, Vorstellungen oder Impulse, die Kinder und Jugendliche immer wieder auf die gleiche Weise beschäftigen. Sie sind fast immer quälend, weil sie in der Regel als sinnlos erlebt werden und das Kind oder der Jugendliche meist erfolglos versucht, Widerstand zu leisten. Zwangsgedanken können sich auf gewalttätige oder religiöse Inhalte beziehen, auf Verschmutzung, auf Sexualität oder auf Ordnung oder Genauigkeit. Zu den häufigsten Zwangsgedanken im Kindes- und Jugendalter zählen Befürchtungen vor Verschmutzung, Verseuchung oder Vergiftung, Befürchtungen, daß Angehörigen etwas Schlimmes passiert, Gedanken um Ordnung oder Genauigkeit sowie religiöse Inhalte. Gleichzeitig ist dem Kind oder dem Jugendlichen meist bewußt, daß es sich um sinnlose Gedanken handelt. Das Kind oder der Jugendliche versucht, solche Gedanken und Impulse zu ignorieren, zu unterdrücken oder sie mit Hilfe anderer Gedanken oder Handlungen auszuschalten (z. B. »Ich verhandele mit meinen Zwängen« oder »mein Zahlensystem hält meine Zwänge in Schach« oder »ich muß so aggressiv sein, sonst nehmen die Zwänge überhand«). Letztere werden als eigener Wille, als notwendig erlebt, selbst wenn sie bald als automatisiert oder gar abstoßend empfunden werden und sich manchmal zu einer Art »Abwehrzwang« entwickeln können.

Was sind Zwangshandlungen?

Zu Zwangshandlungen fühlen sich Kinder oder Jugendliche innerlich gedrängt (meist durch bestimmte Zwangsimpulse oder Zwangsgedanken), obwohl sie diese Handlungen meist als sinnlos oder übertrieben ansehen. Zu den häufigsten Zwangshandlungen im Kindes- und Jugendalter zählen Wasch- und Reinigungszwänge (z. B. exzessives Händewaschen), Wiederholungszwänge (z. B. durch die Tür mehrfach herein- oder hinausgehen, immer wieder bestimmte Buchstaben im Schulheft durchstreichen), Kontrollzwänge (z. B. Kontrollieren von Türen, Schlössern oder der Hausaufgaben), Ordnungszwänge, Zählzwänge und Sammelzwänge sowie wiederholte Fragen. Zwangshandlungen werden meist ausgeführt, um sich oder andere in magischer Art und Weise vor einer scheinbar drohenden Gefahr zu schützen und um Ängste zu bekämpfen oder vermeintlich drohendes Unheil zu verhindern. Das Ausführen der Zwangshandlung führt aber nur kurzfristig zu einer gewissen Verminderung der eigenen Unsicherheit und Angst oder zur Erleichterung des eigenen Unbehagens. Das Kind oder der Jugendliche sieht meist ein, daß sein Verhalten übertrieben oder unvernünftig ist, und versucht, den Zwangshandlungen zu widerstehen. Aber in der Regel treten dann Ängste und Spannungen auf, die für den Betroffenen so unerträglich erscheinen, daß er sehr schnell wieder auf die Zwangshandlungen zurückgreift, vor allem für den Fall, daß er so »mit wenig Aufwand« und »für andere unbemerkt« dem »Widerstandskampf« ausweichen kann, sowie zumindest kurzfristig eine innere Entlastung erfährt.

Im Rahmen von Tic-Störungen treten Wasch- und Reinigungszwänge sowie mit Zwängen verbundene Ängste selten auf.

Bei ADHS stehen Schmutz und Kontamination, Wiederholung, Übergewissenhaftigkeit und Horten im Vordergrund.

Wie häufig sind Zwangsstörungen bei Kindern und Jugendlichen?

Etwa 3 bis 5 Prozent aller Jugendlichen zeigen, meist vorübergehend, zwanghafte Verhaltensweisen (z. B. Übergenauigkeit, starre Ordnungshaltung). Die Häufigkeit von Zwangsstörungen in der allgemeinen Bevölkerung liegt bei Kindern und Jugendlichen bei etwa 1 bis 3 Prozent. Nimmt man leichtere, andauernde, aber in der Regel nicht behandlungsbedürftige Zwangsphänomene hinzu, so erhöht sich der Anteil auf mehr als 10 Prozent.

Was sind häufige Begleiterscheinungen von Zwängen?

Die Mehrzahl der Kinder und Jugendlichen mit ausgeprägten Zwangsstörungen leiden unter zusätzlichen Problemen. Häufig treten Traurigkeit, Niedergeschlagenheit, Unglücklichsein, geringes Selbstwertgefühl, Rückzugsverhalten, Unsicherheiten und Ängste auf. Außerdem können Muskelzuckungen oder

Lautäußerungen (motorische und vokale Tics) vorkommen. Kinder und Jugendliche mit einer Tourette-Störung, bei der solche unwillkürlichen motorischen Zuckungen und Lautäußerungen in vielfältiger Form gemeinsam auftreten, entwickeln häufig im Laufe dieser Erkrankung zusätzlich Zwangsmerkmale.

Geistig behinderte Kinder und auch Kinder mit frühkindlichem Autismus entwickeln mitunter Stereotypien (gleichförmig wiederkehrende einfache Bewegungsmuster, z. B. Kopfschaukeln) und Rituale (wiederkehrende, kaum veränderbare, aber komplexe, starre Handlungsabfolgen, z. B. Bettgehsituation bei Kleinkindern; über längere Zeit mit einem Spielzeugauto immer wieder Vor- und Zurückfahren). Stereotypien sind jedoch keine Zwangshandlungen. Diese Wiederholungen werden vom Kind meist als lustvoll erlebt. Rituale bei Kindern und Jugendlichen hingegen können auch komplexe Formen von Zwangshandlungen darstellen beziehungsweise sich zu solchen entwickeln.

Wann beginnen Zwangsstörungen?

Die meisten Zwangsstörungen werden im Jugendalter oder im frühen Erwachsenenalter sichtbar. Der Beginn erster Zwangsphänomene kann aber schon im Kindergartenalter liegen, während der mittlere Beginn der Erkrankung um das zehnte Lebensjahr markiert ist. Bei 85 Prozent der Patienten sind die Symptome vor dem fünfunddreißigsten Lebensjahr voll ausgeprägt. Bis zu 50 Prozent der betroffenen Erwachsenen weisen rückblickend schon Zwangsmerkmale im Kindesalter auf.

Worauf muß man als Eltern achten?

Die meisten Kinder und Jugendlichen versuchen, ihre Zwangshandlungen und -gedanken zunächst zu verbergen. Es kann Monate dauern, bis die Eltern sie bemerken. Lehrer und Gleichaltrige bemerken häufig nichts von den Problemen, da das Kind oder der Jugendliche die Zwangshandlung in der Öffentlichkeit oft teilweise kontrollieren kann. Eltern sind meist darüber verwirrt, daß ihr Kind die Probleme in der Schule oder bei Freunden unterdrücken kann, zu Hause aber nicht zu kontrollieren vermag. Im allgemeinen ist jedoch eine solche Kontrolle der Zwänge außerhalb der Familie für das Kind hochgradig anstrengend und belastend, in der vertrauten Umgebung läßt es dem Zwang dann freien Lauf, um eine Entlastung zu erfahren. Ähnliches gilt für die Tic-Störungen.

Bei fast allen Kindern und Jugendlichen mit einer Zwangsstörung ist im Verlauf ein Wechsel der Zwänge zu beobachten. Die meisten Kinder oder Jugendlichen entwickeln zu Beginn einen einzelnen Zwangsgedanken oder eine isolierte Zwangshandlung. Meist dominiert ein spezieller Zwang mehrere Monate oder Jahre lang und wird dann von einem anderen abgelöst. Die Mehrzahl der Kinder und Jugendlichen entwickeln im Lauf ihrer Erkrankung einen Waschzwang.

Je länger der Zwang besteht und je intensiver er ausgeprägt ist, um so geringer ist die Wahrscheinlichkeit, daß sich die Problematik ohne eine Behandlung nach und nach von selbst vermindert. Dagegen ist die Gefahr sehr groß, daß die Zwänge immer intensiver werden und sich auf immer weitere Lebensbereiche ausdehnen. Vielfach versucht das Kind oder der Jugendliche, die Familienangehörigen in das Zwangsgeschehen einzubinden, um sich zu entlasten. Das kann bis zum »Tyrannisieren« der Familie führen.

Wie ist der Verlauf von Zwangsstörungen?

Über die Hälfte der Kinder und Jugendlichen mit Zwangsstörungen weisen – Jahre bevor die Störung behandlungsbedürftig wird – Zeiten mit besonderer Starrheit im Verhalten oder Wiederholungsritualen auf (z. B. immer den gleichen Weg nehmen). Der Verlauf kann (mit wechselnder Symptomatik) stetig oder episodisch (die Symptome treten nur zu manchen Zeiten auf) sein, es kann auch zu einer spontanen Besserung (bei etwa 30 %) kommen; etwa 20 Prozent der Kinder und Jugendlichen mit Zwangsstörungen behalten ihre Zwangsstörung lebenslang, die anderen weisen mitunter leichtere Erscheinungsformen von Zwangsmerkmalen auf. Mädchen und Jungen scheinen gleichermaßen betroffen. Kinder und Jugendliche mit einer Zwangsstörung scheinen im Erwachsenenalter sozial oft isoliert (viele leben noch bei ihren Eltern, wenige haben Partnerschaften, eine Reihe muß soziale Unterstützung in Anspruch nehmen).

Kann man den Verlauf vorhersagen?

Bisher gibt es keine Hinweise, die eine sichere Abschätzung der zukünftigen Entwicklung der Erkrankung zulassen. Weder das Alter bei Beginn noch die Symptomatik im Kindesalter oder soziale Hintergrundfaktoren weisen hier einen Weg. Lediglich die längere Dauer einer Zwangssymptomatik (sei sie stetig oder episodisch) scheint mit einer insgesamt ungünstigeren Prognose einherzugehen. Auch die Art der Zwangssymptome sowie deren Neigung zum Wechsel im Lauf der Zeit lassen keine näheren Aussagen zu. Allerdings wurden bisher in der Forschung die Faktoren Persönlichkeitsentwicklung, Krankheitsbewältigung, assoziierte neuropsychiatrische Störungen, soziale Unterstützung und adäquate Behandlung nicht berücksichtigt. Ihr Einfluß könnte durchaus wesentlich sein.

Welche Erklärungsmodelle gibt es?

Bis heute gibt es keine eindeutige und allumfassende Erklärung für die Entstehung der Zwänge. Man nimmt an, daß sowohl biologische, erbliche als auch Faktoren aus der Lern- und Lebensgeschichte eine wichtige Rolle für die Entstehung der Zwänge spielen. Weder eine perfektionistische Erziehung durch die Eltern noch verstärkte Ausprägung von im Lauf der Entwicklung üblicher ritualistischer Verhaltensweisen im Kleinkindalter zeigen einen sicheren Zusammenhang mit späteren Zwangsstörungen. Das Auftreten von Zwangsstörungen scheint unabhängig von kulturellen Ritualen und Ansichten zu sein. Allerdings spricht der Nutzen der Verhaltenstherapie in der Behandlung von Zwangsstörungen dafür, daß das Lernen zumindest für die Aufrechterhaltung von Zwangsgedanken und -handlungen wichtig ist.

Neurobiologischer Hintergrund

Die Tatsache, daß die Eltern von Kindern und Jugendlichen mit Zwangsstörungen gehäuft an ähnlichen Problemen leiden (gehäuft Angststörungen, Depressivität, bei Eltern manchmal auch in weniger ausgeprägter Form) weist darauf hin, daß Vererbung eine Bedeutung bei der Entwicklung von Zwangsstörungen haben kann. Über die genauen genetischen Mechanismen ist jedoch noch wenig bekannt.

Insgesamt unterstützt die bisherige Datenlage die Annahme eines biologisch bestimmten Syndroms. Es wird angenommen, daß eine Veränderung des Hirnstoffwechsels vorliegt. Dabei spielt ein Ungleichgewicht zentralnervöser Überträgerstoffe (Dopamin, Serotonin) eine wesentliche Rolle. Diese scheinen durch bestimmte Medikamente (siehe unten), aber auch durch Verhaltenstherapie beeinflußbar zu sein.

Zur Erfüllung bestimmter Aufgaben sind in unserem Gehirn eine Vielzahl von erregend oder hemmend wirkenden Nervenzellen aus bestimmten Gebieten des vorderen Großhirns (dem sog. frontalen Kortex), der Basalganglien, des Thalamus und wiederum des Großhirns zu lokalen Regelkreisen zusammen verschaltet. Ein Beispiel ist der sogenannte kognitiv-emotionale Regelkreis, zuständig für die Steuerung und Kontrolle von Gedankenabläufen und Gefühlszuständen.

Damit wir sinnvolle Gedankenabläufe oder flüssige und zielgerichtete Bewegungen ausführen können, müssen die diesen Funktionen zugrundeliegenden erregenden und vor allem hemmenden Nervenimpulse örtlich und zeitlich genau aufeinander abgestimmt sein. Denn ein Überwiegen von erregenden Nervenimpulsen oder ein Mangel an hemmenden Nervenimpulsen kann zum Beispiel zu einem Krampfanfall oder zur Bewegungsstarre eines Parkinson-Patienten führen.

Neben diesen lokalen Regelkreisen für bestimmte Funktionen gibt es noch globale Systeme, die auf die lokalen Regelkreise modulierend einwirken. Letztere steigen aus tiefer gelegenen Hirnbereichen in die vorgenannten lokalen Netzwerke auf. Ein für den kognitiv-emotionalen Regelkreis wesentliches globales, modulierend wirkendes Transmittersystem ist das serotonerge System.

Dysfunktionen in diesem kognitiv-emotionalen Regelkreis, wahrscheinlich verbunden mit Störungen im Serotonin-System, werden als neurobiologische Grundlage der Zwangsstörungen angesehen. Dem entspricht am ehesten ein unzureichend ausgebildetes Hemmvermögen für gedankliche (und auch emotionale sowie motorische) Abläufe oder ein in Streßsituationen nicht ausreichend wirksames, sozusagen »überfordertes« Hemmvermögen der zuständigen Nervenzellverschaltungen.

Lern- und Verhaltenstheorien

Wenn das Kind oder der Jugendliche schon seit früher Kindheit eher unsicher gewesen ist, an sich gezweifelt hat und sich nicht gut durchsetzen konnte, dann kann es sein, daß das Kind oder der Jugendliche in neuen Anforderungssituationen (z. B. beim Wechsel der Schule) plötzlich anfängt, Dinge häufiger zu kontrollieren oder auch zu reinigen. (»Habe ich die Wohnungstür wirklich abgeschlossen? Habe ich die elektrischen Geräte wirklich abgeschaltet? Ist denn hier auch alles sauber?«) Das Kind oder der Jugendliche hofft, keine Fehler zu machen, besonders gute Noten zu schreiben, nicht abgelehnt oder kritisiert zu werden, wenn es besonders genau, besonders ordentlich und besonders zuverlässig ist.

Wenn ein Junge oder ein Mädchen starke Angst vor verschiedenen Katastrophen hat (z. B. Angst, krank zu werden oder daß den Eltern etwas passieren könnte), kann es sein, daß er oder sie durch Zählzwänge oder Wiederholungs- oder Berührungszwänge, aber auch durch zwanghaft wiederholtes Fragen (»Wird dem Vater wirklich nichts passieren?«) diese Ängste vorübergehend in den Griff bekommen kann, so wie viele Kinder und Jugendliche, aber auch Erwachsene, dreimal auf Holz klopfen, um mit dieser magischen Kraft Unheil abzuwenden. Dabei werden die ursprünglichen Gründe, die dazu geführt haben, daß der Junge oder das Mädchen mit dieser Handlung angefangen hat, schnell vollkommen unwichtig. Das Kind muß einfach waschen, kontrollieren, ordnen, damit es sich besser fühlt. Es entsteht so ein Teufelskreis aus Ängsten und zwanghaften Gedanken, auf die das Kind oder der Jugendliche mit Zwangshandlungen reagiert, um die Ängste zu vermindern. Das gelingt aber nur kurzfristig, und bald beginnen die Zwangsgedanken und Ängste von neuem.

Psychoanalyse und Tiefenpsychologie

Es ist zweifelhaft, ob Zwänge als Abwehrmaßnahmen gegen »verbotene« Impulse aus dem Unbewußten verstanden werden dürfen. Eher von Interesse könnten scheinbare Ähnlichkeiten zwischen zwanghaften Ritualen im Rahmen von Zwangserkrankungen und religiösen Ritualen sein (z. B. Rituale als Hilfe zur eigenen inneren Orientierung).

Als Therapieverfahren sind psychoanalytische (tiefenpsychologische) Ansätze einschließlich spieltherapeutischer Verfahren nach dem gegenwärtigen Stand des Wissens wenig hilfreich.

Welche Behandlungsansätze sind empfehlenswert?

Möglichkeiten vorbeugender Maßnahmen sind nicht bekannt. Unter den Behandlungsmethoden ist eine Verhaltenstherapie für die meisten Kinder und Jugendlichen die Methode der Wahl, weil sie sich in den letzten Jahrzehnten als am wirksamsten für eine dauerhafte Besserung der Störung erwiesen hat. Bei schweren Formen der Zwangsstörung kann durch zusätzliche medikamentöse Behandlung der Behandlungserfolg verbessert werden.

Verhaltenstherapie

Bei der Verhaltenstherapie von Zwängen/Zwangsstörungen im Kindes- und Jugendalter werden drei sich häufig ergänzende Interventionsansätze zur symptomzentrierten Behandlung beschrieben (Döpfner 1999):

– Expositionsbehandlung mit Reaktionsverhinderung
– Familienzentrierte Interventionen
– Kognitive Interventionen

Dieser Abfolge vorausgehend ist noch die *Psychoedukation* hinzuzuziehen, wobei den Betroffenen mündlich oder durch Informationsmaterial das Störungsbild und seine Auswirkungen erläutert werden.

Bei Kindern und Jugendlichen können Zwänge oft durch bestimmte Veränderungen in der Familie vermindert werden. Stärker als bei Erwachsenen werden Zwänge nämlich von den Reaktionen der Familienmitglieder beeinflußt, besonders dann, wenn die Zwänge noch nicht zu lange bestehen. Falls diese Maßnahmen nicht hinreichend erfolgreich sind, kommt ein verhaltenstherapeutisches Verfahren zur Anwendung, das als »Exposition mit Reaktionsverhinderung« bezeichnet wird.

• Veränderungen (Interventionen) in der Familie
Zunächst werden die Auswirkungen der Zwänge auf die einzelnen Familienmitglieder in Familiengesprächen zusammengetragen; die bisherigen Versuche der Familie, die Probleme zu bewältigen, werden besprochen, dies gilt auch für andere Probleme und Konflikte, die möglicherweise mit der Zwangsstörung in Verbindung stehen.

Danach werden die Möglichkeiten erarbeitet, die das Kind beziehungsweise der Jugendliche selbst und die Familienmitglieder haben, um die Problematik zu vermindern. Es ist wichtig, daß alle Beteiligten erkennen, daß Zwänge keine reine »Willenssache« oder »dumme Angewohnheit« sind, sondern nur begrenzt kontrollierbare Verhaltensweisen von Kindern und Jugendlichen darstellen.

Entlastungsbemühungen von seiten anderer Familienmitglieder haben letztendlich meist den Effekt, daß die Probleme eher zu- als abnehmen. Die Aufmerksamkeit der Familie wird häufig ausschließlich auf die Zwänge konzentriert, und andere angenehme Erfahrungen werden kaum noch gemacht. Deshalb ist es häufig wichtig, daß in der Familie wieder angenehme gemeinsame Erfahrungen möglich sind, beispielsweise durch gemeinsame Spiele oder gemeinsame Unternehmungen.

Die Unterstützung durch die Eltern bei der Ausübung von Zwangshandlungen wird schrittweise vermindert (z. B. beantworten die Eltern zwanghafte Fragen ihres Kindes nicht mehr), statt dessen erhält das Kind besondere Zuwendung und auch eine besondere Belohnung, wenn es ihm gelingt, Zwangshandlungen zu begrenzen. Die Eltern werden angeleitet, ihr Kind zu jeder Form von Widerstand gegen die Zwänge und zur Durchführung von anderen, attraktiveren Tätigkeiten zu ermuntern.

• Exposition mit Reaktionsverhinderung

Bei dieser Methode konfrontiert sich das Kind oder der Jugendliche freiwillig unter Anleitung des Therapeuten mit den äußeren angstauslösenden Reizen oder den inneren Zwangsimpulsen, wobei jede Art einer vermeidenden Folgereaktion möglichst unterbleiben soll. So hilft der Therapeut Kindern und Jugendlichen mit Waschzwängen beispielsweise dabei, absichtlich Dinge zu berühren, die üblicherweise Ängste und Waschzwänge auslösen. Kinder oder Jugendliche, die ihre Schultasche vielfach kontrollieren müssen, bevor sie in die Schule gehen, versuchen unter Anleitung des Therapeuten immer wieder, in die Schule zu gehen, ohne eine einzige Kontrolle durchzuführen.

Dadurch lernen die Kinder und Jugendlichen, mit den ängstigenden Gefühlen umzugehen. Sie machen die Erfahrung, daß die Ängste, Schuldgefühle oder das Gefühl eines unbestimmten inneren Drangs in solchen Situationen zunächst zunehmen, aber sich dann auch wieder vermindern, ohne daß die Zwangshandlung durchgeführt wird. Entscheidend für dieses Bewältigungstraining ist, daß die sonst üblichen Zwangshandlungen unterlassen werden und das Kind oder der Jugendliche lernt, mit seinen Gefühlen anders als bisher umzugehen. Das Kind oder der Jugendliche lernt dabei, daß die befürchtete Katastrophe nicht eintritt, wenn man den Zwängen widersteht. Das erfordert von den Kindern und Jugendlichen am Anfang viel Mut, Überwindung und Motivation, die damit verbundenen Ängste und inneren Spannungen auszuhalten. Deshalb werden den Kindern und Jugendlichen auch besondere Belohnungen in Aussicht gestellt, wenn sie die Kraft aufbringen und es ihnen gelingt, gemeinsam mit dem Therapeuten diese Situation anzugehen und durchzustehen.

Häufig ist es hilfreich, wenn der Therapeut diese Behandlung auch im häuslichen Umfeld des Kindes durchführt. Die ersten Behandlungssitzungen dauern häufig deutlich länger als eine Stunde, weil das Kind oder der Jugendliche die Erfahrung machen muß, daß sich die Ängste vermindern, ohne daß die Zwangshandlung ausgeführt wird. Das kann im Einzelfall mehrere Stunden dauern.

Bei den Zwangsgedanken ist die verhaltenstherapeutische Behandlung schwieriger. Zu den häufigsten Vorgehensweisen zählen Expositionen in der Vorstellung. Dabei werden die Kinder und Jugendlichen mit den schlimmsten Befürchtungen konfrontiert. Beim Gedankenstopp werden zwanghafte Gedanken und gedankliche Rituale (z. B. Zählzwänge) bewußt unterbrochen. Bei Zwangsgedanken ist eine ergänzende Behandlung mit Medikamenten besonders angebracht.

Das Prinzip der Exposition mit Reaktionsverhinderung wirkt zunächst als eine einfach durchzuführende Behandlung. Sie sollte jedoch nur von einem erfahrenen Therapeuten und auf keinen Fall von den Eltern allein ohne eine genaue fachliche Anleitung durchgeführt werden. Fehler bei der Behandlung können dazu führen, daß die Störung sich verstärkt.

Die Wirksamkeit der Expositionsbehandlung mit Reaktionsverhinderung kann nicht nur für das Erwachsenenalter, sondern auch für das Kindes- und Jugendalter als belegt angesehen werden; in mehreren klinischen Studien konnten Abnahmen der Zwangssymptome um 50–60 % aufgezeigt werden, die sich zudem über bis zu eineinhalb Jahre als weitgehend stabil erwiesen.

• Kognitive Interventionen

Der dritte Interventionsansatz, kognitive Interventionen zur Verminderung von Zwangsgedanken, sind bei Kindern und Jugendlichen zwar schwierig durchführbar, bieten aber einen ergänzenden Rahmen für weitere Hilfen. Neben Exposition in der Vorstellung zur Linderung angstauslösender Zwangsgedanken (Habituationstraining) und Gedankenstopp muß man dabei folgende Punkte berücksichtigen:

– Beziehungsgestaltung
– Motivations- und Zielerklärung
– Problembezogene Informationserfassung und Verhaltensanalyse
– Zwänge unter funktionaler Perspektive
– Vermittlung eines plausiblen Erklärungsmodells

Medikamentöse Behandlung

Zu den am häufigsten eingesetzten Medikamenten zählen die sogenannten Antidepressiva. In der jüngsten Zeit wurden Clomipramin und vor allem die spezifischen Serotonin-Wiederaufnahme-Hemmer, Fluvoxamin, Fluoxetin, Paroxetin und Sertralin, die in den Stoffwechsel des Überträgerstoffs Serotonin eingreifen, als besonders wirksam bei Zwangsstörungen gefunden. Auch scheint die Substanz Sulpirid in höherer Dosierung ebenfalls wirksam zu sein.

Diese Medikamente führen bei Erwachsenen in etwa 60 Prozent der Fälle zu einem Rückgang der Zwangssymptomatik. Auch im Jugendalter wurden vergleichbare Effekte nachgewiesen. Man sollte aber auch hier an die Kombination mit einer Verhaltenstherapie denken, um für das Alltagsleben wirklich entscheidende Verbesserungen zu erreichen. Leider kommt es nach Absetzen der Medikation bei 70 Prozent der Betroffenen innerhalb von einigen Monaten zu Rückfällen, die am besten durch eine rechtzeitig aufgenommene Verhaltenstherapie vermieden werden können. Andererseits zeigen Studien bei Erwachsenen, daß Serotonin-Wiederaufnahme-Hemmer bei schweren Formen der Zwangsstörung – insbesondere bei schweren Zwangsgedanken – die Wirkung von Verhaltenstherapie verbessern können. Auch zeigen Forschungen bei Kindern und Jugendlichen, daß bei einer Kombination von Verhaltenstherapie und Medikamenten am ehesten gute Therapieergebnisse zu erwarten sind.

Wie erklärt man sich neurobiologisch die Linderung von Zwängen durch Therapie?

Zwängen liegen festgefahrene, gut gebahnte, das heißt leicht auslösbare Erregungsabläufe in den entsprechenden Nervenzellsystemen zugrunde, die, im ungünstigsten Fall durch einmaliges Anstoßen, immer und immer wieder gleichförmig ablaufen. Es reicht nicht aus, ein hemmend wirkendes Transmittersystem in seiner Entwicklung zu fördern beziehungsweise in seiner Aktivität zu erhöhen. Vielmehr ist es wichtig, daß die den Symptomen zugrundeliegenden gebahnten, »festgefahrenen« Nervenzellverschaltungen auch »aufgelöst« werden, damit neue, vom Zwang unabhängige Handlungsmöglichkeiten entstehen können.

Derartige Veränderungen können im Rahmen einer Reizexposition mit Reaktionsverhinderung, der verhaltenstherapeutischen Methode der ersten Wahl, erreicht werden. Denn hierbei werden längerfristige Aktivierungsvorgänge streßempfindlicher Nervenzellverschaltungen ausgelöst. Diese Vorgänge haben eine destabilisierende Wirkung auf die bestehenden, den Symptomen zugrundeliegenden gebahnten Verschaltungen und können sogar zu einer »Auflösung« dieser Nervenzellverschaltungen führen.

Neben einer solchen Destabilisierung und »Auflösung« gebahnter, »festgefahrener« Nervenzellverschaltungen ist eine weitere wesentliche Strategie die Neubildung spezieller Verschaltungen von Nervenzellen als Grundlage neuer Verhaltens- und Bewältigungsmöglichkeiten von Streß und Angst. Diese Bildung spezieller neuer Verschaltungsmuster zwischen Nervenzellen als Grundlage neuer Verhaltensweisen kann durch langfristiges, stetiges Einüben adäquater und erfolgreicher Handlungsabläufe bewirkt werden. Hierdurch können bisher unkontrollierbare Situationen als kontrollierbar erlebt und gedanklich oder durch angemessenes Verhalten bewältigt werden. Ganz wesentlich sind dabei die »Erfolgserlebnisse« der eigenen Bewältigung von nun kontrollierbar gewordenen Herausforderungen. In diesem Aufbauprozeß können eine medikamentöse Behandlung und verhaltenstherapeutische Maßnahmen sinnvoll zusammenwirken.

Diese neu entstehenden Verschaltungsmuster müssen gebahnt und stabilisiert werden. Dies ist am besten im Rahmen der nun als kontrollierbar erlebten Streßbelastungen möglich. Die Betroffenen müssen sich dabei langfristig immer wieder Situationen aussetzen, die Angst, Besorgnis, Anspannung oder Unruhe hervorrufen, und diese erfolgreich selbständig bewältigen. In solchen kontrollierbaren Situationen kommt es über eine Aktivierung streßempfindlicher Nervenzellverschaltungen zu einer Bahnung und Festigung der neu angelegten zentralnervösen Verschaltungsmuster. Das ermöglicht eine immer bessere Bewältigung von zuvor angstauslösenden Situationen.

Gibt es Leitlinien für Eltern?

– Überprüfen Sie, ob Sie selbst bestimmte Tendenzen zu einem zwanghaften Verhalten haben. Einige Eltern leiden unter Zwangsstörungen. Sie helfen Ihrem Kind am besten dadurch, daß Sie sich selbst in eine Therapie begeben.
– Geben Sie die Illusion auf, ihr Kind benötige nur etwas mehr »gesunden Menschenverstand« oder »Willenskraft«, um sei-

ne Zwänge überwinden zu können. Appelle wie »Laß es einfach!« oder Diskussionen über die Notwendigkeit oder Sinnhaftigkeit bestimmter Zwangshandlungen haben sich nicht als hilfreich erwiesen. Sie lösen im Gegenteil bei Ihrem Kind eher Schuldgefühle aus.

– Geben Sie die Illusion auf, Ihrem Kind dadurch helfen zu können, daß Sie es bei der Abwicklung seiner Zwänge unterstützen. Wenn Sie Ihrem Kind beispielsweise irgendwelche Kontrollen abnehmen, unterstützen und stabilisieren Sie damit auf lange Sicht die Zwänge ihres Kindes. Häufig ist es sehr schwer, den Forderungen des Kindes zu widerstehen, weil sie mit sehr viel Wut und Aggression oder auch Verzweiflung vorgebracht werden.

– Lassen Sie nicht Ihren eigenen Alltag von den Zwängen Ihres Kindes bestimmen! Versuchen Sie, klar und deutlich Ihre Grenzen zu zeigen. Wichtig ist hierbei, daß Sie weder zu aggressiv reagieren noch sich komplett an das Zwangssystem Ihres Kindes anpassen. Das ist jedoch häufig sehr schwer zu erreichen.

– Konzentrieren Sie Ihre Anerkennung und Zuwendung, wenn Ihr Kind bei der Bewältigung von Zwängen Fortschritte macht (z. B. statt dessen andere, sinnvolle Tätigkeiten entfaltet). Tadeln Sie Ihr Kind nicht für Rückfälle. Schwankungen in der Stärke des Zwangsverhaltens sind üblich.

Gibt es Selbsthilfegruppen?

Eine wesentliche Ergänzung der fachlichen Behandlungsmöglichkeiten von Kindern und Jugendlichen mit Zwangsstörungen stellen die mittlerweile auch in Deutschland vorhandenen Selbsthilfegruppen für Patienten und ihre Familien dar. Sie bieten die Gelegenheit, sich unter Betroffenen auszutauschen und aktuelle Informationen hinsichtlich der Zwangsstörungen zu erhalten. Selbsthilfegruppen sind daher von großem Nutzen für die Krankheitsbewältigung.

Adresse in Deutschland:

Deutsche Gesellschaft Zwangserkrankungen e. V.
Postfach 1545
49009 Osnabrück
Tel.: 0541/3574433
Fax: 0541/3574435
Internet: *http://www.zwaenge.de*
e-mail: dgz@luce.psycho.uni-osnabrueck.de

Aribert Rothenberger

Informationen zu Medikamenten

Allgemeines zu Medikamenten, die Gefühle und Verhalten beeinflussen

Jedes Kind und jeder Jugendliche ist einzigartig und kann unterschiedliche medizinische und psychologische Probleme haben. Durch die Forschung wächst unser Wissen, das heißt, medizinische Ratschläge können sich im Lauf der Zeit verändern, weil neue Informationen vorliegen. Zudem sind sogar Fachleute nicht immer der gleichen Meinung. Wenn Sie Fragen zur Medikation haben, oder wenn Sie irgendetwas Ungewöhnliches bemerken, fragen Sie bitte Ihren Arzt.

Ein spezielles Medikament kann bei einer bestimmten *Störung* verschrieben werden (wie Tic-Störungen, ADHS, Zwangsstörungen oder Depression) oder um ein *Symptom* zu lindern (wie Nervosität oder Wutausbrüche). Es ist sinnvoll, mit dem Arzt zu besprechen, aus welchem Grund die Medizin gegeben wird und ob noch ergänzende Maßnahmen sinnvoll sind oder ob das gleiche Behandlungsziel auch ohne eine Medikamentengabe erreicht werden kann.

Allgemeine Information über Medikamente

– Es ist sehr wichtig, daß die Medikamente genau so eingenommen werden, wie der Arzt sie verschrieben hat. Da jeder dann und wann einmal vergißt, die Medizin rechtzeitig zu nehmen, ist es gut, mit dem Arzt vorher zu besprechen, was in einem solchen Fall zu tun ist.
– Jedes Medikament hat einen »generischen« oder chemischen Namen. Genau wie Waschpulver oder Papiertaschentücher werden einige Medikamente von mehreren Firmen unter verschiedenen Handelsnamen verkauft. Das gleiche Medikament

kann unter einem generischen und verschiedenen Handelsnamen erhältlich sein. Neu entwickelte Medikamente werden vorerst nur von einer Firma hergestellt, und das Medikament ist dann nur unter diesem einen Handelsnamen erhältlich. Die unter dem generischen Namen erhältlichen Tabletten sind für gewöhnlich billiger als die mit Handelsnamen. Sie haben zwar die gleiche chemische Zusammensetzung der Grundsubstanz, können aber in ihrer Stärke und ihren Zusatzstoffen von den Handelsmarken abweichen. Dies kann sich auf die Verträglichkeit auswirken. Es ist daher sinnvoll, mit dem Arzt und dem Apotheker zu besprechen, ob das Generikum oder eine Handelsmarke eingenommen werden soll.

– Alle Medikamente sollten außerhalb der Reichweite von Kindern aufbewahrt werden. Die Medikamenteneinnahme sollte von einem Erwachsenen überwacht werden. Das Kombinieren verschiedener Medikamente kann zu unerwünschten Nebenwirkungen führen oder dazu, daß eines der Medikamente seine Wirksamkeit nicht mehr voll entfalten kann. Fragen Sie in jedem Fall Ihren Arzt oder Ihren Apotheker, bevor sie ein anderes Medikament zusätzlich geben, egal ob es verschreibungspflichtig ist oder nicht.

– Jeder, der Medikamente nimmt, sollte sich mindestens einmal jährlich untersuchen lassen. Alkohol- und Drogenkonsum während der Medikamenteneinnahme kann zu Problemen führen. Wenn Sie dies vermuten, informieren Sie bitte Ihren Arzt.

– Während der Schwangerschaft ist bei einer Medikamenteneinnahme besondere Sorgfalt geboten. Wenn Sie vermuten, daß Ihr Kind schwanger ist, oder dies bereits sicher wissen, informieren Sie bitte sofort den Arzt.

Beim Tourette-Syndrom verwendbare Substanzgruppen

Das Tourette-Syndrom mit seinen assoziierten Störungen weist eine Vielfalt von Symptomen auf, die mit unterschiedlichen Medikamenten gelindert werden können. Die wichtigsten seien nachfolgend kurz benannt. Genauere Informationen kann man von den behandelnden Ärzten erfragen.

- Was sind Benzamide?

Zu dieser Gruppe von Medikamenten, die den sogenannten Neuroleptika nahestehen, gehören Sulpirid und Tiaprid. Sie werden bei Kindern und Jugendlichen seit über 20 Jahren erfolgreich eingesetzt. Sie vermindern vorrangig die Überempfindlichkeit des Hirnstoffwechsels in speziellen Teilen des Gehirns, damit Bewegungen und Gefühle besser gesteuert werden können.

- Wogegen können Benzamide helfen?

Diese Mittel werden bei Kindern und Jugendlichen vor allem zur Behandlung von Bewegungsstörungen wie dem Tourette-Syndrom, Stottern und seelischen Störungen mit Ängstlichkeit, Depressivität und Zwanghaftigkeit eingesetzt.

Sulpirid kann auch bei Autismus, Asperger-Syndrom, Schizophrenie und selbstverletzendem Verhalten nützlich sein. Diese Medikamente sind recht wirkungsvoll und dabei besonders gut verträglich.

- Was sind Neuroleptika?

Diese Medikamentengruppe, auch antipsychotische Medikamente genannt, beinhaltet Haloperidol, Pipamperon, Thioridazin, Chlorprothixen, Pimozid, Flupentixol, Perphenazin, Clozapin, Fluphenazin, Levomepromazin, Promethazin und Risperidon. Sie beeinflussen vorrangig den Dopaminstoffwechsel im Gehirn.

- Wogegen können Neuroleptika helfen?

Diese Medikamente werden zur Behandlung von Psychosen wie Schizophrenie, Manie oder schwerer Depression eingesetzt. Sie können halluzinatorische oder Wahn-Episoden mildern und zur Entspannung und Beruhigung des Patienten dienen. Sie können die gestörte Fähigkeit, klare Gedanken zu fassen, verbessern. Auch helfen sie, bizarre Gedanken (z. B. überwertige Verschmutzungsideen) zu lindern. Zudem werden manche von ihnen (z. B. Pimozid) eingesetzt, um motorische und vokale Tics bei Patienten mit Tourette-Syndrom zu verringern. Manchmal werden sie verwandt, um Aggression oder schwere Verhaltensprobleme bei jungen Menschen mit einer Verhaltensstörung, geistiger Behinderung oder Autismus zu mildern. Dies sind sehr starke Medikamente, die zur Behandlung schwerwiegender Probleme eingesetzt werden.

Neuere Mittel wie Risperidon sind besser verträglich als beispielsweise Haloperidol.

- Was ist ein Selektiver Serotonin-Wiederaufnahme-Hemmer?

SSWH wie Fluoxetin, Paroxetin, Fluvoxamin, Sertralin, Citalopram sind neue Medikamente, die als Mittel gegen Depressionen entwickelt wurden. Sie haben eine andere chemische Zusammensetzung als andere Antidepressiva und wirken auf andere Weise. Speziell der zentralnervöse Botenstoff Serotonin, der bei verschiedenen psychiatrischen Erkrankungen eine Rolle spielt, wird besser verfügbar.

- Wogegen wirken Selektive Serotonin-Wiederaufnahme-Hemmer?

Da SSWH noch so neu sind, gibt es bisher wenig Forschung über die Anwendung bei Kindern und Jugendlichen, auch wenn über die Anwendung bei Erwachsenen bereits viel bekannt ist. Sie werden bei Kindern und Jugendlichen eingesetzt, die unter Depression und Zwangsstörungen – oder Zwangsstörungen als Teil des Tourette-Syndroms – leiden.

- Was sind stimulierende Medikamente?

Methylphenidat, Amphetaminsulfat und Pemolin werden manchmal »Stimulantien« genannt. Sie sind schon seit vielen Jahren in Gebrauch. Wenn sie Menschen verschrieben werden, die an einer ADHS leiden, stimulieren sie Teile des Gehirns, die nicht gut genug arbeiten. Dies sind keine Beruhigungsmittel, die Kinder werden nicht gedämpft, sondern erlangen eine bessere Fähigkeit, sich selber zu steuern.

- Wogegen können stimulierende Medikamente helfen?

Sie können die Aufmerksamkeitsspanne verbessern, Ablenkbarkeit vermindern, die Fähigkeit erhöhen, eine Aufgabe zu Ende zu bringen. Auch die Fähigkeit, Regeln einzuhalten, wird verbessert, Hyperaktivität vermindert und die Fähigkeit gestärkt, erst zu denken und dann zu handeln (Verminderung der Impulsivität). Die Lesbarkeit der Handschrift und das Zuendeführen von Schul- und Hausarbeiten können verbessert werden. Aggressivität und Eigensinn kann bei Kindern mit HKS gemindert werden.

Stimulantien können auch gemeinsam mit anderen Mitteln (z. B. Tiaprid zur Linderung der Tics) gegeben werden.

Literatur

Für alle Interessierten

Baer, L.: Alles unter Kontrolle – Zwangsgedanken und Zwangshandlungen überwinden. Bern 1994.

Bundesverband der Elterninitiativen zur Förderung hyperaktiver Kinder e. V. Fachbeiträge zum Thema Aufmerksamkeitsdefizit-Syndrom. (Es sind bisher mehrere Themenbücher erschienen).

Döpfner, M.; Schürmann, S.; Lehmkuhl, G.: Wackelpeter und Trotzkopf. Weinheim 1999.

Foster, C. H.: Kids like me. Bern/Hannover 1998.

Hartung, S.: »... sonst bin ich ganz normal«. Leben mit dem Tourette-Syndrom. Hamburg 1995. (Zu bestellen bei der Tourette-Gesellschaft Deutschland).

Krause, J.: Leben mit hyperaktiven Kindern. München 1995.

March, J. S.; Mülle, K.: OCD in children and adolescents. A cognitive-behavioral treatment manual. New York 1998.

Rapoport, J. L.: Der Junge, der sich immer waschen mußte. Wenn Zwänge den Tag beherrschen. München 1990.

Reinecker, H.; Halla, R.; Rothenberger, A.: Zwangsstörungen – Grundlagen, Zwänge bei Kindern, Psychotherapie. Lengerich 2000.

Rothenberger, A.: Wenn Kinder Tics entwickeln. Stuttgart 1991.

Rothenberger, A.; Moll, G.: Klassifikation und neurobiologische Grundlagen des Hyperkinetischen Syndroms (HKS). In: Franke, U. (Hg.), Therapie aggressiver und hyperaktiver Kinder. Stuttgart 1999.

Sacks, O.: Der Mann, der seine Frau mit einem Hut verwechselte. Reinbek 1994.

Sacks, O.: Eine Anthropologin auf dem Mars. Reinbek 1995.

Schäfer, U.: Mußt du dauernd rumzappeln? Die hyperkinetische Störung. Ein Ratgeber. Bern 1988.

Tourette-Gesellschaft Deutschland e. V. (Hg.): Gilles de la Tourette Syndrom – ein Leitfaden für Lehrer. 1997.

Wever, C.; Phillips, N.: Ein verheimlichtes Problem. Lübeck 1999.

Für Fachleute

Banaschewski, T.; Rothenberger, A. (1998): Tic-Störungen: Diagnostische Leitlinien und Verhaltenstherapie. Kindheit und Entwicklung 7: 99–111.

Banaschewski, T.; Rothenberger, A. (im Druck): Medikamentöse Behandlung der Aufmerksamkeits-Hyperaktivitätsstörung im Kindesalter unter Berücksichtigung komorbider Aspekte. Sprache – Stimme – Gehör 24.

Barkley, R. A. (1998): Attention Deficit Hyperactivity Disorder, 2. Aufl. New York.

Czerwenka, K. (Hg.) (1994): Das hyperaktive Kind. Weinheim.

Döpfner, M. (1997): Verhaltenstherapeutische Behandlung eines Jugendlichen mit Zwangsstörungen. Kindheit u. Entwicklung 6: 90–97.

Döpfner, M. (1999): Zwangsstörungen. In: Steinhausen, H.-C. u. Aster, M. v. (Hg.), Handbuch Verhaltenstherapie und Verhaltensmedizin bei Kindern und Jugendlichen, S. 276–328, 2. Aufl. Weinheim.

Döpfner, M.; Schürmann, S.; Frölich, J. (1998): Therapieprogramm für Kinder mit hyperkinetischem und oppositionellem Problemverhalten THOP, 2. Aufl. Weinheim.

Knölker, U. (1987): Zwangssyndrome im Kindes- und Jugendalter. Göttingen.

Leckman J. F.; Cohen, D. J. (1999).: Tourette's Syndrome: Tics, Obsessions, Compulsions. Developmental Psychopathology and Clinical Care. New York.

Moll, G.; Rothenberger, A. (1999): Nachbarschaft von Tic und Zwang. Nervenarzt 70: 1–10.

Moll, G.; Rothenberger, A. (2000): Verhaltenstherapie bei Kindern und Jugendlichen mit Zwangsstörungen. Verhaltenstherapie 10: 120–130.

Pliszka, S. R.; Carlson, C. L.; Swanson, J. M. (1998): ADHD with comorbid disorders. New York.

Rapoport, J. L. (Hg.) (1989): Obsessive compulsive disorder in children and adolescents. Washington, D.C.

Rapoport, J. L., Inoff-Germain, G. (2000): Practioner Review: Treatment of obsessive-compulsive disorder in children and adolescents. Journal of Child Psychology and Psychiatry 44: 419–431.

Reinecker, H. (1994): Zwänge – Diagnose, Theorien und Behandlung. 2. überarb. u. erw. Aufl. Bern.

Rothenberger, A. (1996): Tourette-Syndrom und assoziierte neuropsychiatrische Auffälligkeiten. Zeitschrift für Klinische Psychologie 25: 359–279.

Rothenberger, A. (1999): Psychopharmakotherapie bei Zwangsstörungen im Kindes- und Jugendalter. In: Preuss, U.; Felder, W. (Hg.), Berner

Schriftenreihe zur Kinder- und Jugendpsychiatrie, Ausgabe 1. Zur Psychopharmakologie in der Kinder- und Jugendpsychiatrie, S. 46–58. Bern.

Rothenberger, A. (1999): Zwangsstörungen. In: Palitzsch, D. (Hg.), Lehrbuch der Jugendmedizin, S. 750–754. Stuttgart.

Rothenberger, A.; Banaschewski, T. (im Druck): Tic-Störungen. In: Schlottke et al. (Hg.), Enzyklopädie der Psychologie, Bd. 5. Göttingen.

Sergeant, J. (Hg.) (1995): Eunethydis – European approaches to hyperkinetic disorder. Zürich.

Steinhausen, H. C. (1995): Hyperkinetische Störungen im Kindes- und Jugendalter. Stuttgart.

Trott, G. E. (2000): Aufmerksamkeitsdefizit-/Aktivitätsstörung bei Erwachsenen. Psycho 4: 177–189.

Glossar

Amygdala: Ansammlung von Nervenzellen, deren Funktion mit Angst und Wut in Zusammenhang steht.

Autonomes Nervensystem: Der Teil des Nervensystems, der die vitalen Körperfunktionen ohne bewußte Kontrolle reguliert, einschließlich Herzmuskeltätigkeit, Verdauungssystem und Atmung.

Basalganglien: Teil des Gehirns, der in Abhängigkeit von dem momentanen Aktivitätsmuster der Hirnrinde den Fluß der Erregung von Thalamus zur Hirnrinde und damit u. a. motorische Bewegungen reguliert. Er beinhaltet den Nucleus caudatus, das Putamen, den Globus pallidus.

Caudatum: Siehe Nucleus caudatus

Chorea Sydenham: Das Auftreten unaufhörlicher, vielfältiger, schneller, ruckartiger, unwillkürlicher, aber meist wohlkoordinierter Bewegungen. Beginn zwischen dem 5. und 15. Lebensjahr. Die meisten Patienten gesunden innerhalb von zwei oder drei Monaten, mit einem Wiederauftreten der Krankheit in einem Drittel aller Fälle. Die Symptome treten nach einer vorhergehenden Infektion mit Bakterien auf, die zur Gruppe der hämolytischen Streptokokken (GABHS) gehören und das Rheumatische Fieber auslösen können, in dessen Folge mitunter Tics/Zwänge entstehen.

Corpus striatum: Die Gehirnregion, die sich aus Nucleus caudatus und Putamen zusammensetzt. Siehe auch Basalganglien.

Dopamin: Ein Neurotransmitter (zentralnervöser Überträgerstoff), der Auswirkungen auf eine Vielzahl motorischer und

anderer zentralnervöser Funktionen hat. Er ist in die Gehirn-
kreisläufe der Basalganglien eingebunden, die mit den unwillkürlichen Bewegungen und Tics beim Tourette-Syndrom in
Verbindung gesetzt werden.

Dyskalkulie: Rechenschwäche.

Dystonie: Beeinträchtigung des Muskeltonus. Betrifft üblicherweise Kopf, Nacken und Zunge und tritt häufig als Nebenwirkung von Medikamenten auf.

Echokinese: Der Zwang, die Bewegungen anderer nachzu-
ahmen.

Echolalie: Wörter oder ganze Sätze anderer werden nachge-
sprochen und ohne erkennbaren Grund wiederholt (wie ein
Echo).

Echopraxie: Bewegungen, Gesten, Handlungen anderer
Menschen werden übernommen und nachgemacht.

Enuresis: Bettnässen.

Globus pallidus: Eine der Gehirnstrukturen, aus denen die
Basalganglien bestehen.

Hypothalamus: Gehirnstruktur unterhalb des Thalamus, die
an der Regulation des autonomen Nervensystems, des endokri-
nen Systems und anderer Körperfunktionen (z. B. Schlaf, Ap-
petit und Körpertemperatur) beteiligt ist.

Kabelnetz im Gehirn: Diese Verkabelungen werden in ihrer
Ausbildung und Entwicklung sehr durch unser Streßerleben beeinflußt. Erleben wir Streß als Herausforderung, so stärken sich
die entsprechenden Verbindungen. Kommt es bei Streß zum Gefühl der Belastung und dem »ich schaffe das nicht«, so werden
die damit zusammenhängenden Verbindungen eher schwach
bleiben und die biologischen Voraussetzungen zur Bewältigung
weiterer Aufgaben ungünstig.

Komorbidität: Voneinander unabhängige Krankheiten oder
Befindlichkeiten, die bei ein und demselben Patienten vorliegen.

Koprolalie: Hierbei werden sozial wenig akzeptable Wörter
mit obszönem Inhalt unwillkürlich und heftig herausgeschleu-
dert. Eine ausgeprägte Koprolalie ist selten, führt in diesen Fällen jedoch in der Regel zu erheblichen sozialen Schwierigkeiten.

Kopropraxie: Hierbei werden Bewegungen mit obszönem Inhalt gemacht, beispielsweise das Mittelfingerzeigen (Stinkefinger) oder das Berühren der eigenen Genitalregion.

Legasthenie: Lese-Rechtschreibschwäche. Kommt gehäuft mit ADHS gemeinsam vor.

Neurotransmitter: Chemische Botenstoffe im Gehirn (z. B. Serotonin, Dopamin oder Norepinephrin), die die Impulsübertragung zwischen den Nervenzellen vermitteln und beeinflussen.

Nucleus caudatus: Eine der die Basalganglien bildenden Strukturen. Zusammen mit dem Putamen bildet der Caudatus das Corpus striatum.

Palilalie: Selbstgesprochene Wörter, Silben oder Satzteile werden wiederholt. Ausgeprägte Formen erinnern an Stottern. Gelegentlich besteht eine Art Sprechblockade.

Putamen: Eine der Gehirnstrukturen, aus denen die Basalganglien bestehen. Zusammen mit dem Nucleus caudatus bildet das Putamen das Corpus striatum.

Rezeptoren: Empfängerstelle für Botenstoffe an der Nervenzelle.

Sensorische Integrationsstörung: Hier ist es für das Kind schwer, die Sinne miteinander (z. B. Sehen, Hören, Fühlen) und diese mit Bewegungen optimal aufeinander abzustimmen. So kann es zu Problemen mit der Hand-Augen-Koordination bei zielgerichteten Bewegungen oder der Hör-Seh-Koordination beim lauten Lesen kommen.

Substantia nigra: Eine Ansammlung von Nervenzellen an der Gehirnbasis, die verantwortlich ist für die Produktion des Neurotransmitters Dopamin. Ein Absterben von Zellen in der Substantia nigra, das die Verminderung der Dopaminproduktion bewirkt, ist mit der Parkinsonschen Krankheit verbunden.

Thalamus: Gehirnstruktur, durch die eine Vielzahl von Gefühlen und Empfindungen auf die Hirnrinde übertragen wird, einschließlich Schmerz, Temperatur, Berührungen, mit Lust- und Unlust verbundene Gefühle und Erregungsmechanismen.

Touching: Unwillkürliches Berühren von Gegenständen und Personen; häufig lediglich mit einem kurzem Antippen, seltener mit Berührungen des Gegenübers in dessen Brust,– Gesäß- oder Genitalbereich.

Veitstanz: Früher gebräuchlicher Begriff für die Chorea Sydenham.

Bericht einer Betroffenen für ihre Leidensgefährten

Ulrike S. / Gerhard
Crombach / Hans Reinecker
**Der Weg aus der
Zwangserkrankung**
Transparent 34.
3. Auflage 2000. 122 Seiten,
kartoniert
ISBN 3-525-01724-3

Ulrike S. schildert die Entstehung ihrer Zwänge und vor allem die vielen Einschränkungen, die mit der Krankheit verbunden sind – im Beruf, in der Partnerschaft, der Familie, dem sozialen Umfeld. Dann berichtet sie im Detail über die Schritte der Veränderung in der Verhaltenstherapie, heraus aus dem Gefängnis ihrer Zwänge zu einem normalen Leben.

Gerhard Crombach, ihr Verhaltenstherapeut, erklärt die einzelnen Stufen ihrer Therapie aus seiner Sicht.
Hans Reinecker stellt grundsätzliche Merkmale der Verhaltenstherapie von Zwangsstörungen dar.

Das Buch macht Betroffenen Mut zur Therapie und zur Veränderung ihrer Lebenseinstellungen.

„Ein sehr einfühlsamer und fesselnder Bericht einer Betroffenen, die 27 Jahre lang unter einer schweren Zwangsstörung gelitten hat und sich mit Hilfe einer zweijährigen ambulanten Verhaltenstherapie davon lösen konnte. Die Autorin ... berichtet wie sie sich mit Hilfe von Gesprächen, Konfrontationsübungen (in und außerhalb der Therapiesituation), Tagebuchaufzeichnungen, Modellernen, täglichen Übungen, Aufbau von Alternativverhalten und immer wieder kontinuierlicher ‚sicherheitsvermittelnder Anwesenheit‘ des Therapeuten aus dem Zwangssystem befreite. Die konkreten Übungen im Zwangsbereich sind in dem Erlebnisbericht klar und anschaulich beschrieben. Bewertung: Ein Erlebnisbericht, der Verständnis über die Entstehung und Bewältigung von Zwängen vermittelt und Betroffene zur Therapie ermuntert." *psycho*

V&R
Vandenhoeck
& Ruprecht

Annäherung an ein beklemmendes Rätsel

Gilbert Lelord /
Aribert Rothenberger
**Dem Autismus
auf der Spur**
Verstehen, erklären,
behandeln– ein Lesebuch

2000. 164 Seiten, Paperback
ISBN 3-525-01459-7

Das Buch berichtet von autistischen Kindern, die sich immer wieder zurückziehen, die sich nicht oder nur sehr schwer mit anderen Menschen austauschen können und oft in einer vollkommen unerwarteten, bizarren Art und Weise reagieren. Dabei gleicht kaum ein autistisches Kind dem anderen. Manche Kinder sprechen, andere gar nicht; einige passen sich ihrer Umgebung an und profitieren von therapeutischen Maßnahmen; andere haben massive Schwierigkeiten, sich überhaupt irgendwie zurechtzufinden.
Eltern schildern, wie sie sich mit merkwürdigen, äußerst irritierenden Verhaltensweisen ihres autistischen Kindes konfrontiert sehen, die sie sich nur schwer erklären können.

Bei der Suche nach möglichen Ursachen für den frühkindlichen Autismus werden unter anderem die Gehirnaktivität autistischer Kinder und ihr Imitationsverhalten beobachtet; als Behandlungsmöglichkeit wird ein spezieller psychotherapeutischer Zugang vorgestellt, aber auch wirksame Medikamente stehen zur Verfügung. Das zentrale Anliegen des Buches ist es, für autistische junge Menschen Chancen, Förderungen und Therapiemaßnahmen aufzuzeigen und eine befriedigende Lebensperspektive für sie in unserer Gesellschaft zu ermöglichen.
Übersetzt und im Hinblick auf das deutsche Gesundheitswesen überarbeitet wurde das Buch von einem hervorragenden Kenner autistischer Erscheinungsformen.

Vandenhoeck
& Ruprecht